정치학이해의 길잡이

정치학핸드북 Vol. 4

정치경제

한국정치학회 편

法 文 社

서 문

2007년도 한국정치학회는 정치학의 정체성 확립과 연구발전을 위해 『정치학 이해의 길잡이』를 출판한다. 전 7권에 달하는 본서는 정치학자 80여명이 참여하여 완성된 학회사상 최초이자 최대의 연구출판기획이다. 정치학의 전 분야를 망라하여 핸드북 형태로 출판하는 이 책들은 제1권 정치사상, 제2권 정치이론과 방법론, 제3권 비교정치 1: 정치과정, 제4권 비교정치 2: 정치경제, 제5권 국제정치 1: 국제정치와 안보, 제6권 국제정치 2: 국제정치경제와 새로운 영역, 제7권 한국정치로 구성되어 있다.

정치학의 학문영역은 정치현상 만큼이나 모호하고 광범위하다. 또한 정치학은 태생 때부터 타학문의 영향을 받으면서 성장해 왔기 때문에 학제적 연구(interdisciplinary study)의 성격을 강하게 띠고 있다. 따라서 정치학은 흔히 무정형적·이질적 정체성을 지닌 학문으로 평가되기도 한다. 더욱이 최근에 와서는 전문화(specialization), 단편화(fragmentation), 혼성화(hybridization)현상이 두드러져 학문적 정체성의 문제가 심화되고 있다.

정치학은 고대 그리스의 플라톤과 아리스토텔레스의 연구로부터 시작되어 20세기에 접어들면서 하나의 독립적인 순수학문체계로서 확고한 입지를 굳혔다. 그러나 하나의 학문으로 성숙되어 오면서 정치학은 지속적인 분화와 통합을 경험해 왔으며 학문적 영역은 여전히 개방되고 변화하는 것으로서 그 영역을 굳이 규정할 필요가 없는 것으로 인식되기도 한다. 정치학은 하부영역이 훨씬 더 세분화되고 경험적인 세련된 연구를 진행해 오면서 전문화 과정을 거쳐 오고 있으며, 이것은 다시 하부 영역 내에서 단편화 현상을 초래하고 있다. 물론 이러한 현상은 단순히 무정형적이라기보다는 잘 조직화 되고 창의적이며, 이질적이라기보다는 인접 학문의 전문적 하부 분야와의 교류를 통해서 혼성화 된 연구형태로 나타나고 있다. 대표적인 예를 들면 정치사회학, 정치심리학, 정치경제학, 정치지리학 등의 출현인데 이러한 혼성화 현상은 전문성을 강조하는 발전적 형태이기는 하나 여전히 학문적 정체성에 혼란을 일으키기도 한다.

이에 덧붙여 신흥 인접 학문들이 출현하면서 정치학 고유의 영역들이 침식당하고 있다. 예를 들어 여론과 선전, 정치커뮤니케이션, 정부론, 공공정책론, 헌법 등이 마치 정치학의 영역이 아닌 것처럼 간주되기도 하며 타 응용학문에서 가르쳐지기도 한다. 학문체계의 분화와 더불어 인접 응용학문의 등장은 정치학의 영역을 왜소화 내지 축소화시키는 영향을 미침으로써 정치학의 정체성을 더욱 혼돈시키고 있다. 이러한 영역의 축소화가 기계적으로 하부영역을 떼어내는 형태가 되어서는 해당 주제의 정상적 발전을 기대하기 힘들다. 정치학자들은 정치학 본래의 영역에 정치학적 전문성을 가미하여 관련 주제의 발전을 도모해야 하는 과제에 직면해 있다.

2007년도 한국정치학회는 “잃어버린 영역을 찾아서”라는 기획을 통해 오늘 날 정치학이 처한 학문적 정체성의 문제를 해결해 보려는 노력을 기울여 왔으며, 이제 그 결실을 보게 되었다. 이를 계기로 정치학의 영역을 보다 분명히 규명하고 연구 진작 도움이 되었으면 한다. 그러나 기획했던 주제 중에서 몇몇 주제가 포함되지 못하고 지역학 분야를 다루지 못한 것은 오로지 기획 책임자의 탓으로 돌려주기를 바란다.

『정치학 이해의 길잡이』가 정치학도 및 정치학에 관심 있는 여러분들에게 진정한 길잡이가 되기를 기원한다. 이 책들이 출판되기까지 편집위원장으로서 모든 업무를 관장해 주신 경희대 임성호 교수님, 각 권의 편집위원님들 그리고 편집 실무를 맡아준 김종법 박사님께 진심으로 감사 말씀을 드린다. 또한 집필진 여러분의 헌신과 출판을 기꺼이 허락해 주신 법문사 배효선 사장님께 충심으로 감사 말씀을 드린다.

2008. 2. 27.

2007년도 한국정치학회장

연세대학교 정치외교학과 교수 양승함

이 책을 읽기에 앞서

비교정치는 세계화 추세와 더불어 그 중요성을 더해가고 있다. 전체 교과서 기획에서의 순서상 앞 권에 해당하는 "정치과정"이 개별국가 내부의 중요한 공식적인 정치과정과 정치행위자를 중심으로 구성되어 있다면, 정치경제는 이와는 차별적으로, 공식적인 정치행위자에 의한 것은 아니지만 중요한 거시적 변동(예를 들어 계급, 민족, 혁명, 근대화 등)과 함께 거시적 행위와 구조 사이의 관계를 다루고 있다. "정치과정"이 행위자 중심으로 구성되어졌다면 "정치경제"는 거시적, 구조적 변동을 중심으로 구성되어졌다고 할 수 있다.

서문에서 각장의 내용을 일일이 소개할 필요는 없을 것 같다. 단지 어떤 주제들이 다루어지고 있는지를 간단히 정리하여 본다. 우선 일반적인 차원에서의 정치문화, 근대화와 정치발전과 정치변동의 역동적 관계를 다루고 있는 장들과 아울러 계급과 사회갈등, 민족과 민족주의 등의 거시적 문제가 다루어지고 있다. 또한 중요하게 부각되고 있는 시민사회와 민주주의의 공고화 문제 등이 다루어지고 있다. 마지막으로 동아시아의 역동적 발전은 왜 가능하였나를 검토하는 장과 함께, 세계화시대에 새롭게 요구되는 국가와 시장의 관계는 무엇이며 이에 따른 자본주의의 다양성 문제를 정치경제학적으로 어떻게 이해할 것인가의 문제 등이 포괄적으로 다루어지고 있다.

독자들의 이해를 돕기 위하여 각 장의 필자들은 다음과 같은 공동의 방식으로 집필하려고 노력하였다. 우선, 문제제기 및 주요 개념에 대한 정의를 내린 후, 이론적 논쟁을 포함한 기존 연구 동향을 검토하고, 앞으로 연구가 필요한 주제들을 연구 지평을 제시한다는 차원에서 제시하였으며, 심화된 연구를 위한 몇 가지의 참고문헌(Further Readings)을 간략히 내용을 소개하였다.

이 교과서를 기획하고 공동집필하는 과정에서 중복되는 부분이 발생하지 않도록 노력하였으나 충분히 만족스러운 수준을 달성하였다고 하기는 어려울 것 같다. 예를 들어 정치발전과 민주화, 정치변동의 주제는 상호 밀접히 연관되어 있기 때문에 중복 소개되는 측면을 피할 수 없었다. 이 교과서가 거시적 변동과 관련된 모든 주제를 섭렵하지도 못하였고, 새롭게 제기되는 문제들을 별도의 장으로 구성하지 못하였다는 점이 아쉽게 느껴지나, 이런 문제들이 완전히 빠진 것은 아니고 각각의 장에 조금씩 녹아들어가 있다고 자위를 해보고, 실지로 그렇기도 하다. 이 책이 독자들의 비교정치에 대한 이해를 높이는데 일조하기를 희망해본다.

2008. 2. 27.
집필진을 대신하여
서강대학교 유석진

차　　례

1 정치문화

어 수 영

Ⅰ. 정치문화 개념

정치문화(political culture)개념을 논의하기 위하여서는 문화(culture)라는 개념을 먼저 논의하여야 한다. 문화라는 말의 어원은 라틴어의 "cultura" 라는 단어에서 나왔는데 이 뜻은 "땅을 경작 한다"라는 의미를 갖고 있었다. 그러나 후에 와서 학문과 철학 전반을 총칭하는 의미를 내포하게 되었다. 뿐만 아니라 한 특정 사회가 생산해내고, 보존해 가는 인간의 예술, 사상, 관습, 제도의 복합물을 의미하게 되었다.

문화개념은 인류학에서 사용한 용어에서 유래하는데, 하나의 공동체 구성원들이 습득한 지식, 예술, 도덕, 법, 관습, 제도 등 전반적인 문물을 문화라는 개념에 포함시키고 있다(Clyde Kluckhohn 1964). 이와 같이 문화는 공동체 구성원이 창출한 모든 것을 의미하는 것으로 개념정의하고 있다. 그러나 일군의 학자들은 문화는 생활습관(way of life)을 의미하며, 심리적인 요소를 강조하고 있다. 포드(C. S.

Ford)는 공동체 구성원이 어떻게 필요한 것을 만족 시키는가 그 방법과 문제가 발생했을 때 어떻게 해결하는 가 그 방법에 중점을 두고 문화를 논하고 있다(Ronald H. Chilcote 1994).

이와 같은 광범한 문화개념 안에서 정치문화라는 개념이 발전하게 되었다. 문화를 개별 국가의 문화를 의미하는 국민문화(national culture)라 명명하거나 국민성(national traits)이라는 개념으로 인식하는데 문제점을 파악한 학자들이 보다 보편적인 개념으로서 정치문화(political culture)개념을 발전시켰다.

문화개념을 활용하여 정치체계(political system)를 비교연구하기 위하여 알몬드(Gabriel Almond)는 1956년에 정치문화 개념을 처음 도입하였다. 그는 "모든 정치체계는 정치적 행동에 특별한 정치적인 정향(political orientation)이 내제되어 있다"라고 주장하면서 "이 특별한 정치적 정향을 정치문화"라고 명명하였다(Almond 1956, 396). 알몬드에 의하면 정치문화는 일반 문화와 깊은 관련성이 있으며 정치체계를 구분하는 주요한 개념이 될 수 있다고 하였다. 예를 들어 영국과 미국의 정치체계에는 비슷한(homogeneous) 정치문화가 존재하고, 대륙 계 정치체계에는 분산적인(fragmented) 정치문화가 존재한다고 하였다. 정치문화 개념은 민족성이나 문화적 에토스(ethos)와 같은 개념보다 비교정치 연구에 보다 보편성과 논리적 우월성을 지니고 있다고 하였다(Almond 1956, 396-8).

알몬드에 의해 제시된 정치문화 개념은 인류학적인 개념이 라기보다 베버(Max Weber), 파슨스(Parsons), 쉴즈(E. Shils) 같은 사회심리학자들에 의해 영향을 받은 사회심리학적인 요소를 많이 포함하고 있는 개념이다. 정치문화의 가장 주요한 핵심개념은 정치적 정향(political orientation)이라는 개념으로서, 이는 정치체계의 구성원이 정치적 상징물에 대한 태도(attitude)와 행동(behavior)을 의미한다. 정치적 정향은 인지적 정향(cognitive orientation), 정서적 정향(affective orientation), 평가적 정향(evaluative orientation)으로 구성되어 있다고 한다(Almond and Verba 1963,14). 이 세 요소의 결과물이 결국 개개인의 정치적 정향을 이루게 된다. 이와 같이 정치문화는 정치적 상징물(political symbols)에 대한 심리적 정향을 의미하기 때문에 정치문화와 일반문화는 구별된다. 정치문화가 한 사회의 일반 문화와 관련이 있을 수 있으나 그 자체는 아니다.

알몬드는 포웰(G. Bingham Powell)과 공동연구를 통해 정치문화 개념을 더욱 구체화시켰다. 정치문화란 "정치체제 구성원 개개인이 정치에 대해 나타내는 독특한 태도나 정향"을 의미한다고 하였다(Almond and Powell 1966, 50). 결국 정치문화 개념은 정치적으로 의미 있고 타당성이 있는 심벌이나 정치 전반에 대한 태도, 가치관, 사고양식, 행동 양태라고 할 수 있으며. 현대의 정치학자들은 이러한 정치문화 개념을 이용하여 인간의 정치행동을 분석할 수 있을 뿐만 아니라, 사람과 사람사이에 행동 유형과 정치적 정향을 분석하여 정치체계 혹은 정치제도의 변화와 존속을 분석하는 유용한 개념으로 활용하고 있다.

Ⅱ. 정치정향의 의미

앞에서 논의한 바와 같이 정치문화의 핵심 개념은 정치정향(political orientation)이라는 개념이다. 정향(orientation)은 개인이나 집단이 나타내는 일정한 행동이나 태도를 의미한다. 어떤 대상이나 현상에 대하여 일정한 태도나 행동을 보일 때 이를 정향이라 부른다. 정치정향이란 정치현상이나 정치적 상징물에 대하여 일정한 태도나 행동을 나타낼 때 이를 정치정향이라 부른다(한배호 2000, 122).

이러한 정치정향은 인지(cognition) 혹은 지식, 감성(affection), 그리고 평가(evaluation)라는 세 가지 요소로 구성되어 있다(Almond and Verba 1963, 14). 이 세 가지 요소에 대하여 좀 더 자세히 설명한다면 다음과 같다.

(1) 인지 혹은 인지적 정향(cognitive orientation)

인지 혹은 인지적 정향이란 개인이나 집단이 정치나 정치적 상징물에 대하여 어떻게 인식하고 이해하는 가라는 지식(knowledge)과 관련된 개념이다. 개인이나 집단은 정치적으로 의미 있는 대상에 대해서 나름대로 인식하여 지식이 쌓일 수 있다. 우리의 정부는 정당하게 국민의 뜻에 의해 선출되었다거나 반대로 국민의 뜻과는 다른 방법, 즉 폭력이나 부정한 방법으로 형성되었다라고 인식할 수도 있다. 정당하게 선출되었다고 인식하면 정부는 국민들로 부터 정당성(legitimacy)을 부여 받게 되고, 그 반대 일 때 정당성을 잃어 시민들로 부터 저항을 받게 된다. 개인이나 집단이 정치에 대해 독특하고 고유한 인식이 고착하게 되면 개인이나 집단의 정치적인 신념 혹은 정치관 또는 정치적인 세계관이 형성된다. 이러한 인지적 정향은 정치사회화(political socialization)과정을 통해 형성된다. 부모나 학교, 동료, 혹은 매스미디어를 통해 정치적인 정향이 습득되거나 형성된다. 때문에 인지적 정향은 사람마다 다를 수 있으며 집단마다 다를 수 있고, 사회마다 다를 수 있다.

(2) 감성적 정향(affective orientation)

감성적 정향이란 개인이나 집단이 정치적 대상에 대해 갖는 감정(feeling)을 의미한다. 개인이나 집단이 정치에 대해 긍정적인 감정을 나타낼 수도 있고, 반대로 부정적이거나 소외된 감정을 느낄 수 있다. 때로는 적개심을 느낄 수도 있으며 분노도 느낄 수 있다. 이렇게 느끼는 대상은 정치 전반일 수도 있으나 부분적일 수도 있다. 즉 행정부 수반인 대통령에 대해서는 좋은 감정을 가질 수 있으나 국회의원에 대해서는 부정적인 감정을 가질 수 있다. 때에 따라서는 여당 의원에 대해서는 부정적인 느낌을 갖으나, 야당 의원에 대해서는 긍정적인 느낌을 가질 수 있다. 이러한 긍정적인 감정이나 부정적인 감정은 시기와 대상에 따라 변하게 된다. 항상 같은 감정을 갖지는 않는다. 특히 정부의 정책에 대해서는 그 선호가 수시로 변모할 수 있다. 사람이 느끼는 감정은 수시로 변할 수도 있기 때문이다.

사람이 느끼는 감정은 특별한 이유 없이 좋은 긍정적이 감정을 소유할 수 있고 그 반대일 수도 있다. 우리나라에 대해서는 무조건 좋은 감정을 갖고 우리나라 선수에 대해 열광적인 응원을 보내나, 반대로 특정 국가 혹은 국민에 대해서는 항상 부정적인 감정을 나타낼 수도 있다.

(3) 평가적 정향(evaluative orientation)

평가적 정향은 감정적 정향과 구별되어야 하는 개념이다. 일반적으로 사람들은 좋은 감정을 갖고 있을 때 평가를 긍정적으로 하게 되며, 반대로 나쁜 감정을 갖고 있을 때 평가가 부정적이게 된다. 즉 감정과 평가는 아주 밀접한 관계가 있는 것이 보편적인 현상이다. 그러나 평가를 제대로 하기 위하 여는 감정에 사로잡히지 말아야 한다. 사람이 느끼는 감정에 따라 평가를 한다면 평가를 제대로 할 수 없게 된다. 감정은 자신의 이해에 따라 크게 영향을 받을 수 있다. 따라서 사람들의 자기 자신의 이해에 의해 평가를 한다면 올바른 평가를 하기가 어려워진다. 무엇을 기준으로 평가를 해야 하는가라는 문제는 대단히 어려운 과제이다. 평가의 기준이 개개인의 사적인 이해(personal interests) 보다는 공공의 이익(public interests), 대중의 이익, 다수 시민의 이익이 기준이 되어야 한다. 나 개인으로 보아서는 손해가 되는 정책이라 하더라도 많은 사람에게 이익이 된다면 그 정책을 긍정적으로 평가해야 한다. 그러나 사람은 자기의 사적인 이익을 더 중요하게 보기 때문에 올바른 평가를 하기가 어렵다. 합리적인(rational) 평가가 이루어 져야하는데 흔히 비합리적(irrational)인 평가가 있을 수 있다. 사람들이 개인의 사적인 이해나 감정에 의해 평가를 많이 하는가 아니면 감정을 억제할 수 있으며, 공공의 이해에 따라 합리적인 평가를 하는 사람이 얼마나 많은가에 따라 한 국가의 정치문화의 질이 결정된다고 하겠다.

Ⅲ. 정치문화 차원과 유형

지금 까지 정치문화의 주요 개념인 정치적 정향의 3요소, 인지적 정향, 감정적 정향, 평가적 정향에 대하여 논의하였다. 정치문화는 이러한 3요소가 정치적으로 의미 있는 상징물이나 정치적 대상에 대하여 그 사회의 구성원 개개인이나 집단이 어떻게 반응 하는가 그 반응의 방법과 양태에 따라 달라질 수 있다. 정치문화의 유형(type)을 논의하기 전에 정향의 3요소가 반응을 나타낼 대상 즉 정치적으로 의미 있는 상징물(symbols)에 대하여 먼저 논의하기로 한다.

정치적으로 의미 있는 상징물이란 무엇을 의미하는가? 이 용어는 복잡하고 다양한 정치적인 대상을 집합적으로 나타내는 집합 개념이다. 학자에 따라 이 개념이 다르게 나타나고 있다. 알몬드와 버바(G. Almond and S. Verba)는 이들의 공저 『시민문화』(*The Civic Culture*)에서 정치정향의 대상으로 4개의 차원을 제시하였는데 첫째 정치체제(political system), 둘째 투입(input), 셋째 산출(output), 넷째 능동적인 참여자로서 자아(self)이다.

이들이 제시한 정치체제란 전반적인 총체적 정치체제를 의미한다. 표현을 달리하면 국가라는 뜻이다. 국가적 모든 상징물, 역사적 전통 인물 등도 포함되며, 민족적 자긍심이 중요한 개념일 수 있다. 사람들은 국가에 대해 애국심을 느끼거나 소외감을 느끼거나 우리 국가가 약하다거나 강하다고 느낄 수 있다. 투입이란 정책결정 과정에 관련된 다양한 제도, 예를 들어 정당, 이익집단, 선거, 의회 등을 집합적으로 표현한 개념이다. 시민들이 정당, 이익집단, 선거 등에 대하여 이러한 제도가 어떻게 작용하는지에 대하여 잘 아는 경우도 있고, 반대로 별로 아는 바가 없을 수도 있다. 산출이란 시민들의 요구나 선호가 정책으로 입안되어 나타난 결과물 즉 각종 정책과 시책을 의미한다. 끝으로 능동적인 참여자로서 자아라는 개념은 시민들이 각자의 정치적인 선호를 표시했을 때 정부가 시민들의 의사를 반영시킬 것이라는 믿음이 있는 시민, 정치과정에 적극적으로 참여하는 시민, 정치참여에 열심인 시민을 뜻한다. 민주정치는 시민 각자가 자신의 정치적 의사표시가 정부로 부터 무시당하지 않는다는 신념을 갖고 정치과정에 관여하는 정치참여(political participation)가 대단히 중요하다. 시민 각자의 마음에 이러한 믿음이 얼마나 존재하는가? 이스튼과 데니스(D. Esaton and J. Dennis)는 이러한 개념을 정치효율감(political efficacy)이라 불렀다. 긍정적인 정치효율감을 갖는 시민이 많은 사회가 정치참여가 활발하고, 따라서 민주주의가 잘 발전될 수 있는 정치문화가 나타나게 된다.

알몬드와 버바가 이상과 같은 4개 차원의 정치정향의 대상을 제시하여 이를 5개국 비교연구에 적용한 후, 버바는 이를 다시 수정하여 보다 구체적이고 알기 쉬운 개념으로 다음과 같은 4개의 차원을 제안하였다. 첫째로, 국민적 일체감(national identity), 둘째는 동료시민들과의 일체감(identification with one's fellow citizens), 셋째는 정부 정책(governmental output), 넷째는 정책결정 과정(process of making decisions)을 제시하였다(Sidney Verba 1965, 529-543).

버바는 정치체제라는 포괄적이고 모호한 개념 대신에 국민적 일체감이라는 개념으로 구체화 시켰다. 국민적 일체감이란 정치체제 구성원 각자가 자기가 속하고 있는 국가나 정치체제에 얼마나 그리고 어떠한 소속감을 갖느냐하는 개념이다. 어떤 사람은 자기가 태어나고 성장한 국가에 대해 자부심이나 자긍심을 강하게 갖을 수도 있으나 반대로 자부심을 느끼지 못하고 실망하며 소외감을 갖게 될 수도 있다. 자신이 속한 국가에 대한 소속감 대신에 자신이 속한 특정 지역이나 부족에 대한 소속감이 더 강한 경우도 있을 수 있다. 높은 국민적 일체감을 향상시키기 위하여 국가가 지리적으로 통일되어야하고, 통일된 언어가 사용되어야하며, 경제여건이 지역 간, 계층 간, 종족 간에 비슷해져야한다. 표현을 달리하면 민족적 동질성(nation-building)이 이룩되어야 한다.

버바가 제시한 정치문화의 두 번째 차원은 동료시민과의 일체감이다. 정치공동체의 구성원 각자가 동료시민에 대한 태도와 신념은 다양하기 때문에 여러 차원에서 논의할 수 있다. 동료시민을 어느 정도 신뢰하는가하는 문제가 대단히 주요한 차원이다. 내 이웃과 동료를 신뢰하지 못하고 불신감을 갖는 사람들이 많은 사회는 협동정신이 성장하기가 힘들다. 따라서 함께 협력하여 공동의 목표를 달성하는 정치활동, 특히 정당정치가 발달하기 힘들다. 정치하는 사람들이 서로 한 말을 믿지 못하고 그들의 행동을 신뢰하지 못하는 사회에서는 민주주의가 성장하기 어렵다. 홉스가 언급한 만인에 대한 만인의 투쟁 상태가 만연하고, 동료시민 간에 불신이 팽배해 있다면, 민주정치는 성장하지 못하고 강한 철권에 의한 독재정치가 나타날 수밖에 없다.

신뢰의 문제는 정치 영역에서 뿐만 아니라 경제 영역에도 주요한 역할을 한다. 동료 시민을 신뢰하지 못하고 가족만을 믿게 되는 사회에서는 경제활동이 필연적으로 가족을 중심으로 이루어지게 된다. 가족 중심의 경제활동은 투명경제, 전문경영을 가로막아 올바른 경제발전이 이룩되기 힘들게 된다. 로버트 퍼트남(Robert Putnam)의 저서, 『사회적 자본과 민주주의』(원 제목: *Making Democracy Work: Civic Traditions in Modern Italy* ,안청시 외 역)에서 남부 이탈리아의 경제적 후진성의 가장 주요한 이유가 바로 동료 시민을 신뢰하지 못하는 문화적 배경에 있으며, 가족 중심의 폐쇄적인 경제 운용에 그 이유가 있다고 분석하고 있다. 북부 이탈리아는 경제적으로 부유하며 산업이 발달하게 된 요인은 남부와 달리 동료 시민들에 대한 신뢰심이 높아 가족을 초월한 경제운영이 가능하기 때문이라고 분석하였다.

동료 시민간의 일체감이라는 개념에는 시민 상호간의 신뢰문제뿐만 아니라 시민 상호간의 관계가 수평적인가 수직적인가라는 측면이 또 하나의 주요한 요소가 되고 있다. 한 사회에서 동료 시민간의 관계가 하나의 척도로 수평적인가 수직적인가로 판단하기는 대단히 어려운 문제이다. 그러나 인간관계에서 상호 평등하다는 생각보다는 서열과 신분에 의한 위계질서를 강조하는 사회가 있을 수 있다. 과거 우리 사회가 서열을 중시하는 유교문화가 사회를 지배하였고 정치 영역 역시 이러한 문화의 영향을 지대하게 받아왔다.

버바가 제시한 세 번째 차원인 정부 정책은 비교적 간단명료한 개념이다. 시민이 선호하거나 선거 과정에서 후보들이 제안한 각종 공약이 어떻게 정책으로 구체화 되어 실천에 옮겨지는 가라는 문제는 대단히 중요하다. 나라의 산업과 경제를 발전시키기 위해 정부가 결정하고 추진하는 각종 정책에 대해 시민이 어떻게 인식하고, 어떻게 평가하는 가라는 문제가 선거와 연결될 때 한 정권의 권력 재창출과 지속성에 깊은 관련이 되고 있다.

마지막 네 번째 차원은 정책결정 과정이다. 시민들은 일반적으로 정부의 정책에 대해서는 관심을 갖고 있으나 그 정책이 어떻게 형성되는 가에는 별로 관심이 없다. 정부의 시책은 시민 각자의 삶과 이들의 이해에 직접적으로 관련이 있기 때문에 관심을 갖고 평가도 하고 때에 따라서는 강력하게 비판도 하며 시위도 벌리고 있다. 그러나 정책결정 과정에 대해서는 일반적으로 무지하며 크게 관심을 두지 않는다. 이렇게 되는 이유는 정책결정 과정이 복잡하고 다양한 경로를 거처 정책이 형성되기 때문이기도 하지만 일반 시민들은 정책이 만들어 지는 과정에서 자신들의 역할이 별로 없다는 생각 때문이기도 하다. 정책결정 과정에서 적극적으로 참여하는 시민으로서가 아니고 정부의 정책을 잘 수행하고 정부시책에 순응하는 것이 시민의 미덕이라는 문화 때문일 수 있다. 유교 문화권에서 성장한 세대가 갖는 순종형의 시민의식이 강할 때 정책결정 과정에 대해 별로 관심이 없게 된다. 과거 한국사회에서나 일본의 군국주의 시절에 시민들은 정책결정 과정에 자신들의 역할에 대해 아주 소극적이었다.

지금 까지 정치문화의 주요 차원에 대해 언급하였다. 정치문화 연구에서 정치문화 차원(dimensions)을 파악하는 작업 못지않게 주요한 연구는 정치문화 유형(typology)에 관한 논의이다. 정치문화 차원을 규명하는 작업은 자연 정치문화 유형을 규명하는 연구로 연계된다. 알몬드와 버바는 그들이 제시한 정치문화의 4개의 차원을 활용해 세 가지 정치문화 유형을 제시하였다. 이들의 저서 『시민문화』(*The Civic Culture*) 에서 4개의 차원 즉, 정치체계, 투입, 산출, 능동적 참여자로서의 자아(self)에 대해 시민들이 어떻게 인식하고, 어떠한 태도를 나타내며, 어떠한 신념을 나타내느냐에 따라 향리형 정치문화(parochial political culture), 신민형 정치문화(subject political culture), 참여형 정치문화(participant political culture)라는 3개 정치문화의 기본 유형(ideal type)을 제시하였다. 이 3개의 기본 유형을 먼저 설명하고 이 3개의 기본 유형의 혼합으로 제시한 또 다른 4개의 혼합 유형에 대하여도 설명하기로 한다.

향리형 정치문화 — 알몬드와 버바에 의하면 정치체제 구성원들이 정치문화의 4개의 차원 즉, 정치체제, 투입, 산출, 능동적 참여자로서의 자아에 대해 특별한 인식과 반응이 거의 없는 상태일 때 이러한 사회의 정치문화를 향리형 정치문화라 부르고 있다. 정치제제 구성원들이 자신이 살고 있는 국가의 정치제도, 지도자의 역할, 정책의 형성 과정에 대해 별로 아는 바가 없으며, 자신의 역할에 대해서는 더 더욱 그 역할이 무엇이어야 되는지 아는 바가 없다. 아프리카 족장 사회가 향리형 정치문화의 전형적인 한 예이다. 이러한 족장 사회에서는 정치와 종교가 분리되지 않아 정경일치 현상이 존속한다. 족장이 종교의식을 주관하는 종교 최고 지도자가 되며, 권력의 분립이 없이 한 개인이 모든 결정을 단행한다. 이러한 족장 사회는 특수한 예일 수 있다. 그러나 이 보다는 완화된 형태의 향리형 사회가 있을 수 있다. 예를 들어 나이제리아, 가나 사회에서 족장을 중심으로 부족사회의 구성원들은 국가에 대해서는 별 인식이 없으나 어떤 느낌, 선호를 갖을 수 있다고 한다(Almond and Verba 1963, 18-19).

신민형 정치문화 — 이 문화유형은 시민들이 정치문화의 4개의 차원 중 정치체제와 정부정책인 산출(out put)에 대해서는 비교적 높은 인식과 반응을 나타내고 있으나, 기타 차원 즉 정책결정 과정인 투입과 능동적인 참여자로서의 자신의 역할에 대해서는 별로 인식이 없거나 제 역할을 수행하지 않는 사회의 정치문화를 신민형 정치문화라 한다. 이 문화유형에 속한 시민들은 정부의 권위와 역할에 대해 높은 이해도를 나타내고 있으나, 수동적인 시민으로서 정부시책을 잘 수행하는 순종적인 시민이지, 능동적으로 정책결정 과정에 자신들의 주장을 표현하고, 이를 관철시키기 위하여 행동으로 옮기는 경우가 거의 없다. 충성스러운 시민일 뿐이다. 순종적인 시민 즉 신민(臣民)은 자기 나라에 대해 호불호의 감정을 나타내나 정부에 대해 비판적으로 자기주장을 펴는 능동적인 시민은 아니다.

참여형 정치문화 — 세 번째 정치문화 유형에 속하는 참여형 정치문화란 시민들이 정치체제의 각종 구조에 대해 분명한 인식을 갖으며, 산출 즉 정부의 각종 정책과 정부의 업적에 대해 평가를 할 수 있을 뿐만 아니라 정책을 결정하는 과정에 자신들의 역할이 무엇이며 어떻게 하면 자신들의 주장과 이해가 관철되는지 그 방법에 대해 알고 있으며, 자기주장을 관철시키기 위하여 행동하는 시민의 문화를 말한다. 시민은 순종적인 신민이 아니라 적극적인 정치참여자(political activists)이다. 정책결정 과정에 참여하기 위하여 다양한 방법을 사용하고 있다. 정책 입안자들에게 편지를 쓰거나 인터넷을 이용해 항의 글을 보내기도하며, 직접 찾아가 면담도하고, 서명을 하거나, 보이콧에 참여하기도 하고, 때에 따라서는 파업에 동참하며, 시위에 참가도 한다. 다양한 방법을 통해 시민들의 주장과 선호를 정책결정 과정에 반영시키는 문화가 존재하는 사회가 바로 참여형 정치문화이다.

알몬드와 버바가 제시한 3가지 정치문화 유형은 전형적 혹은 이상적(ideal type)인 문화유형으로서 현실적으로는 많은 변형이 있게 된다. 한 사회 구성원 전원이 하나의 정치문화 유형의 특징을 갖을 수는 없기 때문이다. 한 사회가 동질의 정치문화를 나타낸다는 것은 현실적이 아니다. 정치체계의 구성원 전부가 신민형의 정치문화적 특징을 갖을 수 없으며, 참여형의 정치문화적인 특징을 나타낼 수도 없다. 사회는 여러 계층으로 구성되어 있다. 교육수준이 다르며 따라서 다양한 직업군이 존재한다. 지역적으로도 여러 특색이 있기 때문에 지역적 편차가 존재할 수밖에 없다. 사회가 다양한 구조와 지역으로 구성되기 때문에 이에 따라 자연 하위문화(subculture)가 존재하게 된다. 하위문화란 사회구성의 개별 집단이 갖는 문화를 의미한다. 예를 들면, 특정 지역에 거주하는 사람들이 갖는 문화, 노동자의 문화, 도시 상류층의 문화, 젊은 층의 문화, 등이다. 이렇게 하위문화가 존재하기 때문에 한 사회에서 어떤 집단은 향리형의 정치문화적 특징을 나타내고 있으나, 또 다른 집단은 참여형의 정치문화적인 특징을 나타내는 경우도 있을 수 있다. 이러한 혼합문화가 더욱 현실감 있는 문화적인 특징을 나타낼 수 있으며, 다음과 같은 혼합 정치문화가 존재할 수 있다.

향리 · 신민 정치문화 — 이 형태의 정치문화는 사회 구성원의 상당수는 향리형 정치문화적인 특징을 나타내는 반면, 또 다른 집단이나 구성원은 신민형 정치문화적인 특징을 보여주는 사회의 정치문화를 말한다. 사회 구성원의 어느 정도가 향리형인 정치문화 유형을 보여주고, 반면에 어느 정도가 신민형 정치문화적인 성향을 나타내는지는 가늠하기 어렵다. 이러한 형태의 사회는 그 구성의 형태가 사회마다 다를 수 있다. 구성원의 상당수가 족장이나 봉건적인 통치형태를 부인하고, 중앙집권적인 통치형태나 권위구조를 인정하며 그러한 통치구조하에 생활하고 있다. 예를 들면, 아프리카의 왕권 체제하에 사는 사람들이 갖는 정치문화나, 오토만 제국하의 신민들이 이러한 유형의 정치문화를 나타낸다고 한다(Almond and Verba 1963, 23-4).

신민 · 참여 정치문화 — 신민 · 참여 정치문화는 정치체계 구성원의 상당부분이 신민적인 문화적인 특징을 보유하고 있어 시민 자신의 긍정적인 역할에 소극적이며 정책결정 과정에 별로 역할을 하지 못하는 시민이 존재하며, 또 다른 상당부분의 시민은 정책결정 과정에 적극적이고 긍정적인 역할을 담당하는 시민으로 구성된 혼합 정치문화를 의미한다. 서구 사회에서에서 이러한 혼합 정치문화는 19세기와 현대의 불란서, 독일, 이탈리아 등에서 찾을 수 있다. 이러한 사회는 권위주의 정치체제와 민주정치 정치체제가 번가라 가며 등장하게 되어 극심한 정치적 혼란을 경험하였다. 독일에서는 바이말 민주 정치체제가 붕괴되고 나치독재정치가 등장하였고, 이탈리아에서도 뭇소린의 독재정치를 경험한 후 민주정치를 이룩하였다. 이러한 과정에서 권위주의적인 문화에 익숙해진 시민이 존재하게 되었고, 또 한편으로는 민주정치를 되찾으려는 열망이 있는 시민이 공존하게 되었다.

향리 · 참여 정치문화 — 향리 · 참여 혼합 정치문화는 사회구성원의 대부분이 향리적인 정치문화 특징을 보유하고 있어 정치제제에 대해 별로 인식이 없으며 정책과정에 대해 아무런 역할을 하지 못하고 있으나, 시민의 일부는 교육을 받고 민주주의 정치 환경에 접촉할 기회가 주어져 이들은 참여적이며 능동적인 시민의 정치문화를 보유하고 있는 사회의 정치문화를 의미한다. 이러한 문화적인 특징은 과거 식민통치를 경험한 사회에서 나타난다. 식민통치하에서 국민의 대부분은 식민통치의 폭압과 탈정치화 정책으로 정치에서 멀어졌으나 일부 계층은 외국 유학 등 서구 문화를 접촉함으로서 민주정치 문화를 경험한 지도층이 존재하는 사회에서 나타나는 혼합 정치문화 유형이다. 아프리카의 식민통치를 경험한 국가가 이러한 정치문화 유형을 보여 주고 있다.

시민문화(Civic Culture) — 시민문화는 알몬드와 버바가 제시한 여러 정치문화 유형 중 이해하기 어려운 문화 유형으로, 시민의 대부분은 참여형의 정치 문화적 특징을 지니고 있어 정치과정에 적극적인 태도와 행태를 나타내고 있으나, 일부의 시민은 향리형 혹은 신민형의 정치문화적인 정향을 띄고 있는 혼합 정치문화이다. 시민의 대부분이 정치과정에 관심을 갖고 적극적인 참여를 하고 있으며, 정책결정 구조와 과정을 잘 이해하며 능동적인 참여를 한다. 알몬드와 버바가 시민문화(civic culture)를 참여형 정치문화(participant political culture)와 구별하는 하나의 특징으로 시민문화에는 정치참여자가 적극적이고 능동적 참여자일 뿐만 아니라 이성적(rational) 참여자라는 개념을 첨가하고 있다. 즉 이성적이고 능동적인 참여자("rationality-activists") 상을 제시하고 있다. 이성적 참여가 무엇을 의미 하는지 그 개념에 대해 많은 논쟁이 있을 수 있으나 이들이 제시하고 있는 기본 개념은 참여자가 정치과정과 정책결정 구조에 대해 긍정적인 태도를 견지하며, "충성스러운(allegiant)" 참여자 상을 의미하고 있다.

시민문화의 또 하나의 특징은 참여형 정향이 신민형이나 향리형 정향을 배제시키지 않고 이들 두 정향과 공존한다는 데 있다. 사회 구성원 모두가 적극적이고 능동적인 참여자가 될때 자칫하면 정치 참여가 과열되고 폭발적인 양상으로 변질될 수 있는 위험성도 존재하게 되는데 신민형 참여자나 향리형 참여자가 존재하기 때문에 이러한 과열현상을 완화시킬 수 있다. 정치에 관심이 없는 시민이 있으므로 정치참여의 균형이 이루워지게 된다(Almond and Verba 1963, 31-2).

Ⅳ. 정치문화의 생성과 변화

정치문화의 생성과 변화를 보는 시각에는 아주 대조되는 이론이 있다. 마르크스(Karl Marx)이론과 베버(Max Weber)의 이론이 판이한 시각을 제공하고 있다. 마르크스는 문화를 물질주의적인 역사관 즉 유물론(materialism)에 입각하여 해석하고 있다. 사회발전 구조는 상부구조와 하부구조로 구성되어 있는데 하부구조를 이루는 근간은 생산양식(mode of production)이라고 하였다. 자본주의는 지주와 자본을 제공하는 계급과 노동력을 제공하는 노동계급에 의한 착취관계에서 생산이 이룩된다고 한다. 이러한 하부구조 위에 정치 문화 예술 등

상부구조가 나타나는 사회구조이기 때문에 상부구조가 변화하려면 하부구조가 변화되어야 한다고 한다. 이것이 바로 유물사관이고 경제결정론이다. 문화가 생성되고 변천되는 원동력은 경제 즉 하부구조의 핵인 생산양식이다. 생산양식의 변화가 나타나면 상부구조인 정치, 문화, 예술 등은 자연 변화된다고 주장하고 있다(Karl Mark 1967: Richard Ashcraft 1972: Ronald Chilcote 1994).

이에 반하여 베버의 이론에 의하면 문화는 개개인의 신념과 생활양식의 총화이며, 문화는 개개인의 신념과 생활 습관, 행동양식에서 변화가 나타나면 문화는 자연 변화한다고 하였다. 마르크스가 문화는 경제에 의하여 종속되는 현상으로 인식한데 반하여, 베버는 문화가 경제를 변화시킬 수 있다고 보았다. 문화와 경제는 상호 연관되어 있으며 상호 영향을 미치는 현상으로 인식하고 있다. 문화가 경제에 의하여 결정되는 경제결정론을 배격하고 있다. 표현을 달리하면, 정치 사회 경제적인 환경은 문화에 의해 영향을 받는다. 문화는 인간행동에 주요한 영향을 미치는 요소이며, 문명의 발달에도 지대한 영향을 미친다. 이러한 문화이론은 개인의 선택과 합리성에 기초를 둔 20세기 자유주의(liberalism)의 주요한 한 축을 이루게 되었다. 베버의 문화이론은 사회학자인 파슨스(Talcott Parsons), 쉴즈(E. Shils). 정치학자인 알몬드(G. Almond), 버바(S. Verba) 등 정치문화를 연구하는 많은 현대 정치학자들의 정치문화이론의 철학적 기반이 되었다(Almond 1956: Almond & Verba 1963: Almond & Powell 1966: Pye 1965: Kluckhohn 1964: Chilcote 1994).

베버의 이론에 기반을 두고 발전시킨 정치문화 이론은 개인을 근간으로 한다. 문화의 생성과 변화는 결국 개인과 집단의 정치적 신념, 사고, 생활습관, 행동양식의 습득과 변화에 의하여 영향을 받는다. 정치문화는 개인이나 집단이 습득 혹은 학습하여 나타난 결과라고 본다. 개인이나 집단이 문화에 대해 학습하거나 습득하는데 영향을 주는 요소는 다양하다. 이러한 요소를 두 가지 측면으로 대별하여 논의하기로 한다. 하나는 비정치적인 환경에서의 경험과 학습이고, 또 하나는 정치적 환경에서 습득한 경험이다.

(1) 비정치적 환경에서 습득한 경험이 정치문화의 형성과 변화에 미치는 영향

사람은 비정치적 환경, 즉 가족, 학교, 동료, 직장, 종교생활 등에서 습득한 경험이 정치적 대상에 대한 태도, 가치, 신념체계, 행동에 영향을 미치게 된다. 정치에 대한 기본적인 가치는 어린 시절부터 형성된다고 한다. 많은 정치사회화(political socialization) 연구가 이를 뒷받침하고 있다(Robert S. Siegel 1965; Fred Greenstein 1965; Robert Hess and Torney 1967; Richard Dawson and Kenneth Prewitt 1969; David Easton and Jack Dennis 1969; Herbert Hyman 1959; Kenneth Langton 1969). 어린이들은 권위(authority)에 대한 기본적인 가치를 가정에서 배우게 되고, 인간에 대한 신뢰심이나 정치와 정치가에 대한 신뢰심 역시 가정으로 부터 배우게 된다. 이탈리아 아동의 경우 부모로 부터 다른 사람을 신뢰하는데 장애가 되는 이야기를 자주 듣는다. 밴휠드(Edward Banfield)의 연구에 의하면 남부 이탈리아의 불신풍조의 만연은 가족주의에 기인한다고 한다(Banfield 1958). 가족이외의 사람들에 대해 신뢰하지 않는 문화적 전통은 결국 가족 구성원이외의 사람들을 부모세대가 불신하는 대화를 늘 듣고 자란 아동들은 성장해서도 부모 세대와 비슷한 불신감을 갖게 되고, 결국 이러한 습관이 문화적 유산으로 남게 된다.

위리(Lawrence Wylie)의 불란서 아동들에 대한 연구는 또 하나의 사례를 제시하고 있다. Vauclues 마을의 아동들은 성인들의 대화를 엿듣는데 성인들은 자신이 사는 촌락 밖의 사람들은 위험한 존재라고 이야기하고 있으며, 촌락 밖의 사람들은 자신들을 지배하려 들고, 이들은 본질적으로 사악하다고 이야기 한다. 대부분의 이 촌락 사람들은 정치가를 “악한들의 무리”(pile of bandits)라고 이야기한다. 그리고 정부를 운영하는 사람들은 악의 도구로서 말하는 것을 끊임없이 듣게 된다(Lawrence Wylie 1961, 206-8). 이러한 대화를 늘 듣고 자란 아이들이 성인이 되었을 때 이들이 정부와 정치가에 대한 태도가 어떻게 나타날 찌 상상하기가 어렵지 않다. 정치와 정치가 또한 정당에 대한 불신 풍조는 성인이 된 이후 이들이 직접 접한 경험에서 유래하는 경우도 있겠으나 이들이 가정에서 성장하면서 부모나 성인들의 대하를 통해 들은 이야기로 부터도 불신감이 조성된다고 본다.

정치문화의 보전과 전수에 대해 헤스(Ronald Hess)와 토니(J.V. Torney)는 가정이 3가지 방법으로 그 역할을 하고 있다고 한다. 첫째로, 가정은 아동들에게 부모를 통해 특정한 가치나 태도를 전수한다. 둘째로, 부모는 아동들에게 모델(role model)로서 역할을 한다. 셋째로, 가정구조 내에서의 부모의 역할과 기대는 정치적 대상에 대해 투영된다(R. Hess and J. Torney 1965).

정치사회화를 연구하는 학자들에 의하면 권위주의적 자녀교육이 자녀들의 정치적인 태도에 크게 영향을 미치고 있다고 한다. 후랭캘-부른스윅(Frankel-Brunswick)의 연구에 의하면 아동들의 독선적인 성격은 가정의 권위형태와 깊은 관련이 있다. 즉, 독선적인 성격은 아버지가 독선적이고 환고하며, 부모와 자녀의 관계가 복종적인 가정

환경과 깊은 관련이 있음이 판명되었다(Else Frenkel-Brunswick 1954). 핀너(Frank Pinner)의 밸지움, 네델란드, 불란서 학생들에 대한 비교연구에 의하면 고등학교 학생과 대학교 학생들의 정치에 대한 불신감과 정치적 흥미를 잃은 사실은 부모들의 과보호(parental overprotection)와 관련이 있음이 나타나고 있다. 과보호를 받고 자란 자녀들은 자아가 발달하지 못하고, 정치적 자아(political self)가 발달하지 않기 때문에 정치가는 믿을 수 없으며, 정당은 쓸모가 없고, 정치란 갈등을 조장하는 행위라고 믿는 경향이 크다는 사실을 발견하게 되었다(Frank Pinner 1965).

권위주의적인 가정환경과 반대로 개방적인 가정환경에서 자란 자녀들은 정치에 대해 긍정적인 태도를 나타내고 있음을 여러 학자가 실증적 연구를 통해 발견하였다. 알몬드와 버바의 5개국 비교연구에 의하면 가정에서 가족의 의사결정 과정에 참여한 경험이 많은 개인은 정부의 정책결정에 개인이 영향을 미칠 수 있다는 생각 즉, 정치효능감(political efficacy)이 대단히 높다는 사실을 발견하였다(Almond and Verba 1963). 알몬드와 버바는 가정에서 어떤 결정을 할 때 참여해 본 경험이 있는 미국 학생들은 부모의 정치적 가치에 대해 반발하는 경향이 적다는 사실을 발견하였다. 즉 부모들의 정치적 가치를 비교적 잘 전수하는 경향이 있다는 사실을 발견하였다. 만하임(Karl Mannheim)과 프롬(E. Fromn)은 안정되고 독립적이고 민주적인 성격(democratic personality)은 가정인 1차 집단에서 성장하고 있다고 주장하였다(Karl Mannheim 1951).

민주적인 정치문화의 성장에 가정과 부모의 역할이 중요하다면 학교에서 어떠한 교육을 받고 어떠한 환경에서 교육을 받는가라는 문제도 민주적 정치문화 성장에 영향을 미치고 있다. 아동들이 학급의 제반 정책결정에 참여한 경험이 있는 경우에는 나중에 성인이 되어서 정치를 보다 긍정적인 측면에서 평가하고 정치에 참여하는 경우가 많아지게 된다. 즉 참여적인 정치문화 형성에 도움이 되고 있음을 발견하였다(Almond and Verba 1963). 뿐만 아니라 교사가 민주적인 사고와 민주적인 수업방식을 갖느냐 아니면 권위적인 태도나 권위주의적인 수업방법을 갖느냐에 따라 아동들의 민주적 정치문화 형성은 영향을 받고 있다. 민주적인 교사로 부터 민주적인 수업을 받은 학생들은 보다 민주적인 사고와 태도를 견지하게 된다.

(2) 정치적 환경에서 직접적인 경험이 정치문화의 형성과 변화에 미치는 영향

정치문화는 개인이 정치적 사건이나 정치과정에서 직접 목도한 경험이나 기억이 정치문화의 생성과 변화에 상당한 영향을 미치고 있다. 정치적으로 주요한 역사적 사건이나 혁명 또는 대중운동 등은 그 시대에 생존했던 사람들에게 지대한 영향을 미치고 있다. 우리나라의 예로, 3월 1일 독립운동, 6.25 전쟁, 4.19 혁명, 광주민주화 운동 등은 그 시대에 생활했던 사람들에게 깊은 영향을 미치고 있다. 전쟁을 경험한 세대와 전쟁을 경험하지 않은 세대간의 정치문화는 많은 차이를 보이고 있다(어수영 1999; 한배호 · 어수영 1987; 어수영 · 한배호 1996). 6.25 한국전쟁이나 제2차 세계 대전과 같은 전쟁을 경험한 세대는 보수화되는 경향이 강하며 물질주의적인 가치관(materialistic values)을 갖게 되는 반면, 전쟁을 경험하지 못하고 풍요와 안정된 환경에서 성장한 세대는 탈물질주의적인 가치관(post-materialistic values)을 갖게 되는 경향이 강하다(어수영 1999; 어수영 1992).

이러한 현상은 잉글하트(Ronald Inglehart)가 유럽의 18개 국가를 비교 연구한 결과에서 전쟁을 경험하고 물질적인 빈곤을 경험한 세대는 정치적으로 보수적이고 물질주의적인 세계관을 견지하고 있으며, 반대로 풍요와 전쟁의 위협을 받지 않은 세대는 탈물질주의적인 세계관을 갖게 되고 있는 현상을 실증조사를 통해 발견하였다(Ronald Inglehart 1971; 1987; 1990; 2003). 전쟁이나 물질적 궁핍현상을 인생의 인격형성기(formative period)에 경험하였다면 그 영향은 상당히 오랫동안 지속되고 있으며, 이 때문에 전쟁세대, 전후 세대, 4.19세대, 6.30세대, 386세대와 같은 정치세대(political generation)개념이 나타나고 있다.

우리나라 정치문화에 영향을 미친 역사적 사건과 같이 유럽 국가에서도 이러한 역사적 사건은 얼마든지 존재한다. 독일의 정치문화를 논의하려면 히틀러의 나치즘을 논의하지 않을 수 없으며, 이탈리아에서는 뭇소린의 파시즘의 영향을 논의하지 않을 수 없다. 불란서에서는 불란서 대혁명의 영향이 불란서 정치문화에 지대한 영향을 미치고 있다는 사실은 역사적 유물에 속한다고 할 수 있다. 불란서 대혁명의 영향은 불란서 시민의 정치의식에 영향을 주었을 뿐만 아니라 유럽의 여러 사회의 시민운동에 영향을 주었으며, 나아가서는 전 세계 시민의 자유와 평등사상에 영향을 주었고 자유주의 정치문화 형성에 지대한 영향을 미쳤다는 사실은 많은 역사적 사실이 이를 증명하고 있다. 옛 소련의 경우 1918년 러시아 공산혁명으로 짜르 정부가 전복되고 마르크스-레닌의 공산당 정권이 등장하여 무산자 독재정치를 실시하였기 때문에 그 당시 생존하였던 소련 사람들의 생활 양태와 사고방식, 신념체계, 그리고 정치문화에 마르크스-레닌주의가 폭넓게 자리 잡았다고 하겠다. 중국의 경우도 이와 비슷한 환경이 존재한다. 장개석의 자본주의 정권이 모택동 공산정권에 의해 1949년 몰락한 이후 모택동식 마르크스 공산주의가 수십 년 통치원리로 자리 잡았으며 1960년대에는 문화혁명으로 중국사회가 한층 더 격렬한 변혁을 경험하였다. 이시기에 성장한 세대를 문혁세대라하여 중국사회에서는 독특한 생활양식과 정치적인 행태를 나타내고 있다.

이러한 정치적인 변혁이 정치문화의 생성과 변화에 미치는 영향은 세계 곳곳에서 찾을 수 있다. 가장 우리와 근거리에 있는 북한사회를 논의하지 않을 수 없다. 김일성과 부자세습으로 이어진 김정일의 부자세습의 정치원리, 어버이 수령사상, 주체사상 등의 변형된 공산독제체제가 북한 주민의 생활습관은 물론, 생존방식을 철저하게 바꾸었다는 사실은 우리가 현실에서 눈으로 피부로 느끼고 보는 바이다. 홍수로 물에 떠나려 갈 때조차 김정일 사진을 먼저 들고 살려달라고 하는 북한 주민의 생존방식은 이들의 정치문화가 얼마나 철저하게 김정일 숭배사상으로 변화되었는지 잘 알려주고 있다.

정치문화는 이상과 같은 혁명이나 정치 이데오로기의 급격한 변화에 의해 지대한 영향을 받기도 하지만 일상의 정치현실에서 나타나는 정치가와 정치현실로 인해 정치문화가 변화될 수 도 있다. 사람들은 정치과정 즉 선거 때 나타나는 정치가들의 행태에 대해 실망하거나 개탄함으로서 정치현상에 대해 무관심하게 되거나 정치를 사악한 것으로 보게 되는 경우가 대단히 많다. 지금까지 믿고 존경하던 정치가들이 의리를 배반하거나 동료정치가를 배반하는 경우를 흔히 경험하여왔다. 이러한 경험은 현대에 들어 매스미디어가 발달하고 전자매체가 보편화되면서 정치가들의 사생활과 공직생활이 낱낱이 밝혀지면서 더욱 심화되고 있다.

정치과정에서 나타나는 각종 정치부패로 인해 시민들이 정치적 소외감과 허탈감, 심지어는 정치적 아노미현상으로 이어지고 있다. 1970년대 미국에서 나타난 닉슨 대통령의 워터게이트 사건으로 미국 시민의 정치무관심이 대폭 증가하게 되었다는 사실은 수많은 여론조사가 이를 잘 밝혀내고 있다. 전두환, 노태우 대통령의 정치부패 사건, 한나라당의 대통령선거 때 받은 부정한 정치헌금 사건 등은 한국 국민들의 정치적 냉소주의(political cynicism)증대에 지대한 영향을 미치게 되었다.

정치문화의 생성과 변화에 대한 논의 중에서 우리가 관과 해서는 안 되는 주요한 또 하나의 이슈는 개인이 성장하면서 가정과 학교에서 습득한 정치에 관한 일반적인 사항과 실제로 정치현실에서 나타나는 정치현상과의 괴리현상이 문제가 되고 있다. 학교에서나 가정에서 습득한 권위(authority)에 대한 태도나 행동양식과 실제 정치현실에서 나타나는 권위에 대한 태도와 행동에는 현격한 차이가 나타나고 있다. 괴리현상이 크고 심각 할 수 록 개인은 불안하고 스트레스를 받게 된다. 어디에 근거를 두고 행동해야하는지 혼란스럽게 된다. 이러한 현상은 개발도상국 일수록 더 심화되는 것이 보편적인 현상이다. 개발도상국의 정치현실은 정상적인 정치라 기 보다는 개인이나 집단의 독재에 의한 정치가 수행되고 있는 예가 많기 때문이다. 독재자나 철권을 휘두르는 자가 법과 관행을 존중하지 않고 이를 파괴하기 때문에 야기되는 현상이다.

가정과 학교의 사회화 과정에서 습득한 정치적 사고방식과 행동양식은 급속하게 근대화되는 사회에서 가치의 혼란을 일으키는 경우가 많다. 특히 가정에서 습득한 전통적인 가치체계는 근대화된 사회구조에서 갈등을 일으키게 된다. 전통적인 행동양식과 가치체계는 근대적인 행동양식과 가치체계와 충돌하게 된다. 전통적인 정치문화는 근대화된 정치문화와 갈등을 일으키게 되어 근대화가 빠른 속도로 진행되는 사회에서 그 구성원들은 혼란과 스트레스를 받게 된다.

V. 정치문화와 정치안정

지금 까지 우리는 정치문화의 개념에 따른 문제와 정치문화가 어떻게 생성되고 변화되는가라는 문제를 논의하였다. 지금 부터는 정치문화개념의 유용성 즉 정치문화개념을 사용하여 무엇을 설명할 수 있는가라는 문제에 분석의 초점을 맞추려 한다. 정치문화개념을 분석하고 이에 따른 문제를 연구하는 것도 중요하나 그 보다도 이를 이용하여 정치현상을 설명하는 이론이나 개념으로 활용될 때 그 가치가 더 높아진다.

정치문화 개념은 정치안정과 정치적 불안문제를 설명하는데 아주 유용하게 활용될 수 있다. 정치안정은 정치적으로 어떠한 상태를 의미 하는가 라는 문제 즉 정치안정에 대한 개념정의는 아주 복잡하고 학자마다 다양한 이론을 제시하고 있다. 우선 정치안정은 무엇을 의미하는지 그 개념에 대해 논의를 한 후에 정치문화가 어떻게 활용되는지에 대해 논의하기로 한다.

정치안정에 대해 헐위츠(Leon Hurwitz)는 폭력이 없는 사회가 정치적으로 안정된 사회이고, 정부가 오랫동안 지속되는 사회 즉 내각이나 정부가 쉽사리 무너지거나 변경되지 않고 일정기간 지속적으로 통치하는 사회, 정당하고 합법적인 정부가 존재하는 사회, 사회의 각 부분이 혼란스럽지 않고 질서정연하게 움직이는 사회, 끝으로 민주적인 각종 제도와 관행이 존재하는 사회는 정치적으로 안정된 사회라고 하였다(Leon Hurwitz 1973). 헐위츠가 제시한 정치안정의 5가지 상황에 대해 좀 더 논의하기로 한다.

그가 제시한 폭력이 없는 사회가 정치적으로 안정된 사회라는 개념은 정치적 갈등과 혼란이 있을 때 합리적 수단과 민주적 절차를 거쳐 문제와 갈등을 해결하는 능력을 지닌 사회 즉 갈등을 폭력이나 힘으로 해결하지 않는 사회가 정치적으로 안정된 사회라고 한다. 이 개념은 상당히 중요하다. 개발도상국에서 흔히 있는 의회 내에서의 폭력사태, 정당간의 갈등이 있을 때 폭력으로 문제를 해결하려는 사회는 정치적 안정과 거리가 멀다고 하겠다. 우리의 의회에서 흔히 나타나는 폭력사태, 의원들 끼리 몸싸움, 단상점령 등이 존재하는 사회는 아직 정치안정이 이룩되었다고 하기 어렵다.

정치안정의 두 번째 상황 즉, 정치안정을 정부나 내각의 장수성을 의미한다. 내각이 빈번하게 교체되지 않고 일정기간 통치가 지속될 때 그러한 사회는 정치적으로 안정된 사회라고 한다. 그러나 의원내각제를 채택하고 있는 사회는 내각이 빈번히 교체될 수가 있다. 빈번한 내각 교체만으로 정치안정과 불안정을 논의하기에는 너무나 평면적인 개념이다. 빈번한 내각 교체의 이유와 상황을 고려하지 않는 단순 수자적인 교체 회수만을 분석할 때 정치안정과 정치 불안의 본질과 멀어질 수 있다. 권위주의 정권이나 독재정권에서는 내각인 정부가 오래 지속될 수 있다. 이 경우 정치적으로 안정된 사회라고 할 수 있을 찌 의문이다.

정치적으로 안정된 사회의 세 번째 조건은 정당하고 합법적인 정부가 존재해야한다. 정부가 정당성(legitimacy)을 획득할 때 정부는 시민으로 부터 지지를 획득할 수 있다. 정부 성립에 합법적이고 정당한 절차를 거쳐 구성되어야 그 구성원으로 부터 저항을 받지 않고 지지를 얻어 통치할 수가 있다. 그렇지 않을 경우 심각한 저항에 직면하여 시민의 지속적인 시위나 심지어는 폭력적인 항거가 발생하게 된다. 개발도상국에서 이러한 경우를 수도 없이 경험하였고, 한국 사회에서도 이러한 상황을 경험하였다. 4.19 혁명이 바로 이러한 경우이다. 이승만 정부가 합법적이고 정당한 방법으로 정부를 구성하지 않고 부정 투표로 정권을 연장하려하자 학생과 시민의 시위와 폭력적인 항거가 일어나 결국 정권이 붕괴하게 되었다. 박정희 정부 역시 이와 비슷한 양상을 초래하였고 전두환 정권 역시 이러한 항거에 직면하게 되었으며, 이러한 시민항의는 6.10항쟁으로 연결되어 한국사회는 대통령을 국민이 직접 선출하는 절차적 민주화가 이룩되는 계기를 마련하였다. 한국사회가 이러한 과정을 밟는 기간은 정치 불안의 연속이었으며, 이것은 결국 합법적이고 정당한 절차를 거친 정부가 부재하였기 때문이다.

정치가 안정되려면 사회의 각 부분이 질서 정연하게 움직이어야 한다. 사회가 다양한 조직과 부분으로 구성되어 있어 대단히 복잡하다. 이러한 복잡하고 다양한 조직들이 서로 갈등하고 반목함으로서 질서를 벋어나 폭력이 발생하게 되면 결국 정치는 불안하게 될 수 밖에 없다. 노사의 갈등으로 대규모 시위가 발생하여 교통이 마비되거나 물류가 단절될 때 사회는 불안하고, 이것이 결국 정치적 논쟁으로 이어지게 되면 정치가 불안하게 된다. 이러한 경우는 선진 민주주의 사회에서도 가끔 나타나고 있으며, 개발도상국은 물론 한국사회에서는 흔히 경험하는 일이다. 끝으로 정치가 안정되려면 민주적인 관행과 제도가 존재하여야 한다, 이러한 조건은 네 번째 조건과 유사하나 좀 더 다른 각도에서 정치적 안정의 문제를 논의하고 있다. 사회의 제도와 관행이 민주화되면 갈등을 폭력이 아닌 대화와 합리적인 방법으로 해결하게 된다. 민주적 제도의 존재와 그 운영은 밀접한 관련이 있다. 때문에 네 번째와 다섯 번째 조건은 거의 같은 조건일 수 있다.

1. 체제문화, 과정문화, 정책문화

이상과 같은 이론은 정치제도나 관행을 통하여 정치 불안 문제를 다루고 있으나 이 보다 좀 더 깊은 인간의 내면적인 측면에서 정치 안정이나 정치 불안의 문제를 다루는 데는 정치문화 접근법이 더욱 효과적이다. 즉 제도와 법을 운영하는 사람의 인식과 행동 및 신념 체계를 분석함으로써 보다 근본 문제를 분석하게 된다. 사회 구성원의 만족도, 충성심, 사람과 사람사이의 신뢰심이나 적대감의 정도, 구성원간의 갈등의 정도에 따라 정치적인 불안과 정치안정의 문제를 분석할 수 있다고 본다. 이러한 측면에서 알몬드와 파월은 그 들의 저서 『비교정치론』(*Comparative Politics*, 1978)에서 체제문화, 과정문화, 정책문화라는 개념을 제시하고 이를 통해 정치안정과 정치 불안 문제를 분석하고 있다.

알몬드와 파월이 제시한 체제문화(system culture)의 핵심적인 개념은 정치체제에 대한 일체감(national identity)과 정치체제가 그 구성원으로 부터 정당성을 얻고 있느냐 하는 데 중점을 두고 있다. 대다수의 시민이 정치체제에 대해 일체감을 갖고 있으며, 정치체제에 대해 정당성을 인정하고 긍정적인 정치정향을 나타낼 때, 법의 집행이나 정책을 수행할 때, 특별한 강압적인 방법이나 폭압적인 수단을 사용할 필요 없이 용이하게 이를 집행할 수가 있다. 정치체제의 구성원들이 전체 국가에 대한 일체감이 미약하고 특수한 지방이나 지역에 대해서 보다 강한 일체감을 나타낼 때 중앙정부의 법집행이나 정책 추진에 어려움이 나타나게 된다. 러시아 국가에 대한 일체감은 없고, 반대로 체첸지역에 강한 일체감을 보일 때 정치체제는 불안하고 사회는 혼란스럽고 폭력이 발생하게 된다. 필립핀의 경우, 3000개 이상의 수많은 섬으로 나라가 구성되어 있기 때문에 섬에 사는 사람들은 중앙정부와는 지리적으로 멀리 떨어져 있으며 내왕도 어려운 상황에 있기 때문에 중앙정부 보다는 자신들이 나서 자란 섬에 대해 강한 일체감을 보여 주고 있다. 결국 중앙정부의 법 집행에 따르기보다 섬의 세력가나 토호들의 영향 하에 들게 되는 경우가 많을 수 있다.

알몬드와 파월이 제시한 두 번째 개념인 과정문화(process culture)는 정치체제 구성원들 각자가 정치과정에 미칠 수 있는 영향력에 대해 시민 각자가 어느 정도 자신감을 갖느냐 즉 정치효능감(political efficacy)을 갖고 있느냐는 문제와 시민 각자의 상호관계에서 나타나는 신뢰 문제가 핵심 개념이다. 시민 각자가 정치참여 문제에 적극적인 태도를 보이고 합리적인 참여를 할 때 알몬드와 버바가 제시한 시민문화(civil culture)개념의 범주에 속하게 된다. 시민문화는 이들이 제시한 다양한 정치문화 개념 중 가장 정치적으로 안정된 사회에 속하게 된다.

시민 상호간의 신뢰심(trust in fellow citizens)은 정치가 안정되고 사회가 제 기능을 발휘하기 위하여서는 대단히 중요한 문제이다. 사회 구성원들이 상호 신뢰하지 못하고 상호 불신하며, 적대감을 나타낼 때 정치적 조직인 정당은 제 기능을 발휘하기 어렵다. 정치가들이 서로 신뢰하지 못하고 서로 불신하고 비방하거나, 일반시민들이 정치가를 신뢰하지 못하고 불신의 풍조가 만연하다면 민주주의 정치의 핵심인 정당정치는 어려워진다. 정당정치는 서로의 말과 약속을 믿고, 신뢰의 틀 속에서 정당정치가 이룩되는데 정치의 기초가 되는 신뢰가 무너진다면 신뢰가 기초인 정당정치는 무너지게 된다. 신뢰가 혈연관계인 가족구성원에 국한되거나 동창관계, 지역관계의 좁은 틀을 벋어나지 못한다면 이 역시 정당정치의 성장을 방해하고 정치적 안정을 저해하게 된다.

우리(we)와 그 이외의 사람(others)을 구별하여 우리 사람은 신뢰하고 우리의 범주를 벋어난 사람은 적대시하거나 불신한다면 이 역시 정치적으로 불신 풍조가 증대되는데 기여하게 된다. 앞에서 이미 설명한 바와 같이 이탈리아의 남부와 북부는 정치 경제적으로 큰 격차가 나는 사회이다. 남부 이탈리아와 북부 이탈리아가 하나의 국가일까 하는 정도로 격차가 나고 있다. 이러한 차이는 결국 북부 이탈리아인들은 상호 신뢰심이 높으나 남부 이탈리아인들은 가족이외에는 서로 신뢰하지 못하고 불신하는 풍조가 만연하기 때문에 금융제도가 발달하지 못하고 경제적으로 후진성을 벋어나지 못하며, 결국 정치적으로도 북부의 영향과 지배를 받게 되었다(Robert Putnam, 1994).

동료시민간의 신뢰심이 부족하거나 정치가 상호간에 신뢰심이 없는 사회에서는 정치적인 갈등을 극복하는데 어려움이 많아진다. 정치는 갈등을 어떻게 해결하고 조화를 이룩하느냐 하는 문제가 핵심인데 그 방법의 하나로 타협(compromise)이 주요한 수단이 되고 있다. 불신이 많은 사회에서는 민주주의 사회에서 가장 주요한 갈등해소 방법인 타협이 불가능해 질 수 있다. 서로 믿지 못하기 때문에 타협 자체를 불신하게 되고 타협하는 사람을 불신하게 된다. 동지를 배반 한다 던지, 원칙을 무시하는 행동이라 비난하는 경우가 흔히 나타나게 되어 타협에 의한 정치는 사라지고 원칙을 고수하거나 전혀 양보할 수 없는 주장을 되풀이하게 되어 결국에는 힘으로 또는 폭력으로 갈등을 해결하려 하기 때문에 정치적 불안이 노정될 수밖에 없다. 이러한 사회에서는 정당 간 연합(party coalition)도 어렵게 된다. 정책연합이나 정당 간 연합도 민주주의 정치의 하나의 주요한 수단인데 이를 위하여 정치가 상호간의 신뢰가 가장 주요하다. 그런데 서로 신뢰하지 못하고 서로 비방하면서 어떻게 정당 간 혹은 정책의 연합이 가능하겠는가? 민주주의 정치에서 타협과 연합을 배제하면 갈등해소 방안은 결국 힘으로 경쟁 상대를 제압하거나 수를 이용한 해결 방법이외에 평화적이고 민주적인 방법은 찾기가 어렵다.

정치적 안정의 문제를 다루는 세 번째 개념은 정책문화(policy culture)이다. 이 개념은 정치체제나 사회전체가 지향해야 할 목표에 대해 그 구성원들이 어느 정도 동의하고 있느냐 하는 문제이다. 어느 사회이든지 그 구성원들 즉 시민들이 꿈꾸는 이상 사회(ideal society)가 있을 수 있다. 시민들이 지향하는 이상 사회의 목표가 비슷하거나 일치할 경우 그 사회는 합일된 의견으로 정책을 평가하거나 추구하게 된다. 이렇게 되면 정부의 정책 조율과 집행이 순조로워 질 수 있다. 시민들의 목표와 정부의 정책 목표가 비슷하기 때문에 큰 갈등과 모순이 없어지게 된다. 그러나 정치체계의 구성원들인 시민들이 추구하는 이상적인 목표와 정부가 추진하는 목표사이에 큰 차이가 있을 경우 정부의 정책은 시민들이 저항에 직면하게 될 수가 있다. 이 경우 사회는 불안하고 정책은 표류하게 된다. 예를 들어 경제정책 중 성장과 분배의 두 정책 목표에서 시민들이 동의하는 목표와 정부가 추진하는 목표에서 차이가 날 때 문제가 일어나게 된다. 정치적인 목표를 예로 든다면, 사회 구성원은 민주화 또는 조속한 민주주의 회복인데 비해 정부는 효율성을 강조한 권위주의적인 통치를 목표로 정책을 추진한다면 정부의 정책이나 정부 자체에 대해 시민들의 저항이 발생하게 되고 사회전체는 폭력에 휩싸일 가능성이 많다. 우리 사회가 70년대와 80년대에 겪은 정치적 불안이 바로 이러한 정책문화의 격차로 발생한 일련의 사태들 때문이었다.

2. 합의적 정치 문화, 다극적 정치문화

정치안정과 정치 불안의 문제를 분석하는데 정치문화이론이 또 다른 각도에서 활용될 수 있다. 정치적인 이념 혹은 이데오로기의 성향이 어떻게 분포되고 있느냐에 따라 정치문화를 여러 유형으로 분류할 수 있다. 정치적인 이념을 여러 유형으로 분류할 수 있다면 즉 극좌, 온건 좌, 중도, 온건 우, 극우 등으로 분류하는 것이 가능하다면 시민들의 이데오로기 선호에 따라 시민들을 이에 상응하게 분류할 수가 있다. 이때에 시민들의 선호가 어떻게 분포 되느냐에 따라 합의적인 정치문화(consensual political culture)와 다극적 정치문화(polarized political culture)로 분류할 수 있다. 〈그림 1〉에서 보여주는 바와 같이 합의적 정치문화는 시민들의 이데오로기적인 선호가 양극 즉 극좌나 극우로 몰리지 않고 중간에 집중되어 종(bell shape)의 모형을 나타내는 경우를 의미한다. 반대로 다극적 정치문화는 시민들의 정치적인 선호가 양 극으로 나누어지는 경우를 의미한다. 중간에 선호가 모이지 않고 양 끝으로 심하게 편중되는 경우이다. 합의적인 정치문화와 다극적인 정치문화를 구별하는 척도로 활용되는

그림 1 정치적 이념의 분포와 정치문화 유형

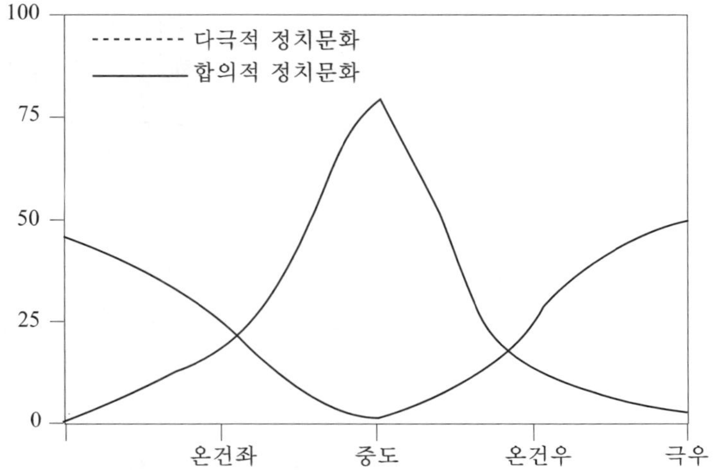

정치적 개념에는 정치이념 이외에도 정부형태인 정체의 문제 즉, 민주정치, 공산주의 일당 독재, 권위주의 정부도 이용될 수 있다. 따라서 정부형태의 문제에 따라서 시민들의 선호가 어떻게 분포되는가에 따라서도 합의적 정치문화와 다극적 정치문화로 분류할 수가 있다. 결국 이 문화개념은 시민의 정치적 선호가 비슷하여 한곳으로 모이는가 아니면 선호가 선명하게 나뉘어 대립하느냐에 따라 구별되는 개념이다.

따라서 합의적인 정치문화에서는 시민들의 정치적 선호가 대부분 비슷한 양상을 띠고 있기 때문에 어느 정당이 정권을 잡는다 하여도 급격한 정책적인 변화나 이념적인 선회가 거의 없다. 어느 정당이든 정권을 쟁취하기 위하여 유권자들이 선호하는 정책이나 이념을 따르지 않고는 표를 얻지 못하기 때문에 결국 야당이든 여당이든 서로 비슷한 정책과 이념을 표방하게 된다. 이러한 합의적인 정치문화가 있는 사회에서는 이념적인 급선회나 정책의 급격한 변화가 거의 없기 때문에 이로 인한 정치 불안은 많지 않다고 하겠다.

그러나 다극적인 정치문화에서는 상황이 전혀 다르다. 유권자들의 이념적인 선호나 정책적인 선호가 양극으로 나누어 져있기 때문에 이념적인 측면에서나 정책적인 측면에서 급격한 선회가 있을 수 있다. 극좌적인 정책과 극우적인 정책은 그 표방하는 정책에서 큰 차이가 있다. 이보다 중도적인 입장을 취하는 정책이라 하더라도 좌와 우의 정책에는 상당한 차이가 있을 수 있다. 유권자들의 정책적 선호와 이념적인 선호가 분명하게 양분되고 거리가 있기 때문에 정권이 바뀌었을 때 정책의 선회와 이념의 선회가 따르게 마련이다. 이때 이념과 정책의 차이가 심하면 심할수록 정치적인 불안이 심화된다. 자본주의적인 이념에 입각한 정책이 추진되다가 정권이 바뀌어 사회주의적인 정당이 들어서 지금 까지 추진되던 정책을 모두 폐기하거나 중단하고 사회주의적인 경제정책을 추진한다고 하면 자본가들은 해외로 자금을 옮기고, 이들도 해외로 떠나게 되면 경제는 타격을 받아 큰 혼란이 일어나게 될 것이다. 경제적인 혼란과 불안은 사회적인 불안으로 정치적인 불안으로 나타나게 될 것이다. 이상과 같이 합의적 정치문화와 다극적 정치문화 개념은 정치적 불안의 문제를 분석하는데 유용한 개념이다.

Ⅵ. 정치문화 이론의 활용

1. 시민문화(The Civic Culture)-5개국 비교연구

정치문화 이론을 정치현상을 설명하는데 활용한 대표적인 학문적 작업은 알몬드와 버바가 공동 저술한 『시민문화』(*The Civic Culture*)이다. 이 저술은 5개국을 대상으로 실증조사(survey)를 해서 분석한 정치학의 고전에 속하는 저술로서, 정치문화 연구에 지대한 영향을 남긴 학문적 업적이며, 비교정치연구에서도 반드시 읽어야하는 고전이다.

시민문화는 앞장에서 설명한 정치문화의 다양한 이론을 제시하였을 뿐만 아니라 국가 간 정치현상 특히 시민들의 정치적 태도와 행태 및 가치를 서베이 방법에 의한 통계학적인 기법을 활용한 실증조사의 대표적인 저술로 평가되고 있다. 알몬드와 버바가 제시한 시민문화이론은 가장 많이 언급되는 이론이기도 하지만 한편으로는 많은 비판을 받는 이론이기도 하다. 이제 시민문화를 저술 하게 된 연구목적 부터 논의하기로 한다.

알몬드와 버바가 시민문화를 저술 하게 된 주요한 학문적인 목적에 대해 다음과 같이 밝히고 있다. 이들이 학문적으로 가장 깊은 관심을 갖은 문제는 "민주주의 국가의 생존"(the survival of democracies)이였다. 표현을 달리하면, 민주주의 국가 중에서 어떤 국가는 민주주의 정치체제가 장기간 지속되고 발전하나, 반대로 어떤 민주주의 국가는 오래 지속하지 못하고 몰락하였는데 그 이유는 어디에 있는 가라는 문제였다. 이 문제는 개발도상 국가(developing countries)에 국한되는 문제가 아니라 발전된 국가(developed countries)에도 관련된 문제이다. 2차 대전 전에 독일과 이탈리아의 민주주의 정치체제는 오래 지속 되지못하고 몰락했으며, 불란서 제 4공화국 역시 1960년대에 몰락하였고 심지어 제 5공화국 역시 불안한 상태였다(Almond & Verba ed., 1980, 407). 민주주의 국가의 안정적인 발전 문제를 설명하기 위하여 알몬드와 버바는 정치문화가 어떻게 민주주의 정치체제에 영향을 미치는가에 대하여 행태주의적인 비교연구(cross-cultural behavioral study)를 하였다.

안정적인 민주적 정치체제의 존속에 적합한 정치문화는 존재하는가? 어떠한 형태의 정치문화가 민주주의를 발전시키는가? 알몬드와 버바는 미국과 영국의 정치문화가 민주적 정치체제를 발전시키는데 적합하다는 사실을 발견하였고, 이 두 사회의 정치문화가 시민문화(civic culture)와 아주 유사하다는 사실을 발견하였다. 민주적 정치체제가 안정적으로 존속하기 위하여는 시민들은 정치에 대하여 높은 관심을 갖고, 많은 정치적 정보에 접하며, 정치에 적극적으로 참여하고 이들의 정치참여가 영향력을 발휘 하게 될 때 민주주의 정치체제가 발전하게 된다 라고 하였다. 시민이 중요한 정치참여를 할 때 즉, 투표를 할 때 시민들은 여러 후보자나 정당이 제시하는 정책과 공약을 면밀히 검토, 평가한 후 투표를 하는 합리적인 투표행위가 이루어 질 때 민주주의는 잘 발전한다고 하였다. 반대로 많은 시민들이 투표에 참가하지 않으며, 정치에 관한 정보도 부족하고, 정치에 무관심하게 될 때 민주주의는 발전하지 못한다고 하였다. 이상과 같은 이상적인 정치문화, 합리적-정치참여 모형(rationality-activist model)이 현실적으로 미국이나 영국 사회에 존재하는가? 현실적으로 미국 사회나 영국 사회에서 합리적-정치참여 모형에 맞는 정치문화가 존재하기 보다는 이상적인 정치문화를 소유한 시민도 존재하고 그렇지 못한 시민 즉 신민형의 정치문화나 향리형의 정치문화가 혼재하는 혼합형의 정치문화 즉, 시민문화가 존재한다고 하였다.

미국과 영국의 사회가 시민문화에 가장 접근하고 있으나 이 두 사회도 약간 씩 다른 점을 나타내고 있다. 영국 사회는 시민문화의 신민적인 정치정향이 참여적인 정치정향보다 약간 우세하고, 반대로 미국 사회는 참여적인 정치정향이 신민적인 정치정향보다 약간 더 우세한 특징을 보여주고 있다. 독일의 경우 수동적인 신민형의 정치정향이 우세하여 참여적인 정치정향과는 불균형 상태가 나타났다. 독일의 응답자들은 정부정책의 결과물에 대해서는 많은 정보와 지식을 소유하고 있었으나 정책결정에 영향을 미치는 참여에는 소극적 이였다. 독일의 응답자들은 정부의 업적에 대해서는 높은 만족도를 나타내고 있었으나 정치제제에 대해서는 낮은 애착심을 보여주었다. 결국 이들에게는 정부는 행정을 하는 하나의 기구(agency of administration)로 평가되고 있었다.

이탈리아의 경우, 수동적인 신민형의 정치정향이 참여형의 정치정향을 보여주는 응답자가 많다는 측면에서는 독일의 경우와 매우 유사한 측면이 있었다. 그러나 이탈리아 응답자들은 정치체제에 대해 충성심이 낮았으며, 적극적인 참여자나 신민형 참여자 모두가 정치에 대해 냉소적인 태도를 나타내는 경우가 독일의 경우 보다 훨씬 많았다. 멕시코의 경우 충성심을 보여주는 응답자가 5개 사회 중 가장 낮았으며, 소극적인 신민형의 정치정향을 나타내는 사람들이 다수를 이루고 있었고, 이들은 정치에 대해 소외되어 있었다.

독일, 이탈리아, 멕시코 사회의 문화가 시민문화로 부터 유리되어 있다는 사실은 결국 민주적인 정치체제가 효율적이지 못하고 안정적으로 작동하지 못하는 근원적인 이유가 되고 있다. 문화적인 측면 이외에도 민주 정치가 제대로 운영되기 위한 조건은 다양하나 정치문화적인 요소가 다른 요소 보다 근원적이라고 할 수 있겠다. 민주 정치체제에 대한 지지나 충성심이 약한 경우 시민들이 정부의 운영과 작동에 대해 불만이 고조될 때 민주주의 정치를 지탱할 저력이 시민으로 부터 나오지 않는다. 자발적인 시민공동체(voluntary civic associations)에의 참여가 낮은 문화에서는 지도자와 시민의 관계가 수직적인 경우가 많으며 자연 수직적인 지도력을 선호하는 경우가 많아 민주주의가 발전하는데 지장이 되고 있다. 정치제도는 잘 갖추어져 있다 하더라도 이러한 제도를 움직이는 사람들의 민주적인 태도와 행동이 미약할 때 제도는 제대로 움직이지 않는다. 이러한 측면에서 독일과 이탈리아, 멕시코 사회에서 정치제도는 잘 발달하였으나 민주주의가 혼란을 겪고 민주정치 체제가 불안한 이유가 여기에 있었다(Almond and Verba 1963).

민주주의 정치체제의 원활한 작동에 필요한 또 하나의 문화적 요소는 동료시민에 대한 신뢰심과 협동정신이다. 5개 사회를 비교했을 때 영국과 미국사회에서 신뢰심과 협동정신이 가장 높으며, 독일, 이탈리아, 멕시코에서는 이들 두 사회에서 보다 훨씬 낮은 수치를 보여주었다. 동료시민간의 신뢰심(interpersonal trust)이나 사회적인 신뢰심(social trust)은 정치영역에서 정치적인 협동심을 향상시키며, 일반 시민과 정치 지도자들과의 신뢰관계를 조성시키기 때문에 민주주의의 원활한 작동에 아주 주요한 요소가 된다. 동료시민 간 신뢰심이 미약하고 사회적인 신뢰심이 약한 사회에서 민주주의가 발전하기는 힘들다.

어느 사회에서든 사회적 갈등이 존재한다. 5개 사회 모두에서 갈등이 존재하고 있었다. 이러한 갈등을 어떻게 해결하는가에 따라 민주주의 정치가 원활히 작동하기도 하고 좌초하기도 한다. 시민문화는 혼합문화이기 때문에 갈등(cleavage)과 일치(consensus)가 균형이 잡혀야한다. 갈등이 전혀 없고 모든 사회 구성원들 특히 정치 엘리트들 간에 의견 일치만 존재한다면, 민주주의는 제대로 작동하기 힘들다. 민주주의는 여러 선택 중에서 하나의 선택을 다수로 결정하는 제도이기 때문에 여러 대안 간에 선의의 경쟁과 평가가 따라야 사회가 발전하게 되고 정치도 발전하게 된다. 갈등이 너무 심각할 때도 문제가 나타난다. 사회 구성원 간에, 정치 엘리트 간에 갈등이 심각하여 대화와 타협으로, 법 태두리 내에서 민주적으로 해결하기 어렵다면 민주주의는 작동하지 않는다. 때문에 갈등과 일치가 조화를 이루고 있는 시민문화가 존재할 때 민주주의는 원활하게 작동할 수가 있다. 이러한 측면에서 멕시코와 이탈리아가 가장 시민문화와 멀리 떨어져 있어 민주주의가 어려움을 겪게 되었다.

민주주의가 잘 발전하려면 정치문화가 균형이 잡혀야 한다. 적극적인 정치참여와 무관심, 수동적 참여가 균형을 이루어야 한다. 참여의 양과 적극성에서 균형이 이루어 져야할 뿐만 아니라 정치참여의 형태(type)에서도 균형이 잡혀야 한다. 참여에 감성적인 참여(emotional involvement)와 목적지양적인 참여(instrumental involvement)가 균형을 이루어야 한다. 정치가 감성적인 측면을 완전히 상실하고 모두가 실용적(pragmatic)이거나 목적 지양적 이서는 안 된다. 반면에 감성적인 충성심이 너무 심각해서도 문제가 발생하게 된다.

민주주의 정치체제에서 실용성이 너무 강조될 때 시민들은 정치체제의 업적에 지나치게 억매이게 되어 정치가 기회주의로 흐를 가능성이 많아진다. 정치체제의 업적만을 유일한 평가기준을 삼아 정치를 바라볼 때 민주주의는 어려움을 겪게 된다. 정부 업적이 시민들을 만족시키지 못할 때 시민들은 허탈해 지고, 냉소주의가 심화되어 정치에 대해 소외감을 갖게 된다. 민주정치 체제가 장기적으로 안정을 이룩하기 위하여서는 업적만을 강조하지 말고 시민의 일상적인 지지(general attachment)나 "체제에 대한 애착심"(system affect)이 필요하다.

반대로 감성에 의한 지지나 평가가 지나치면 민주주의 정치에 불행한 결과가 초래된다. 감성이 지나칠 때 대중운동(messianic movements)이 일어날 수 있다. 특정 정치체제나 정당 혹은 정치엘리트에 대한 지나친 감성적인 몰입은 나치즘, 파시즘과 같은 대중운동이 일어나 민주주의를 위협한 역사적 사례가 존재한다. 집권당의 정치엘리트에 대한 지나친 감정적인 지지나 호응은 이들에 대한 객관적인 평가를 할 수 없게 만들어 무조건적인 지지와 정권에 대한 신앙으로 변질될 위험이 있다. 시민들은 정치체제나 정당 혹은 정치엘리트에 대해 무조건적인 지지가 아니라 거리감을 두고 객관적으로 바라볼 수 있을 때 이들에 대한 평가가 올바르게 된다.

감성과 실용성의 균형 감각이라는 측면에서 5개 사회를 비교했을 때, 영국과 미국의 응답자들은 보다 균형 잡힌 참여와 평가를 하고 있었다. 이 두 사회의 응답자들은 정치체제에 대해 감성적인 만족(affective satisfaction)을 나타내었고, 정치체제에 대해 긍정적으로 효율성을 평가하였다. 그러나 독일, 이탈리아, 멕시코의 응답자들은 이와는 다른 성향을 보여주었다. 즉 불균형적인 참여를 나타내었다. 이탈리아와 독일의 응답자들은 정치체제에 대해 실용성을 강조하는 평가를 한 반면 체제에 대해 애착심이 미약하였다. 멕시코의 응답자들은 이와 반대현상을 보여 주고 있다. 즉 정치체제에 대해서 애착심은 높으나, 체제의 업적에 대해 아주 불만을 나타내었다. 독일과 이탈리아 사회에서는 정치체제에 대한 지지는 대단히 실용적인 시각을 나타내는 반면, 애착심이나 감성적인 지지가 약하였다. 멕시코 사회에서는 비정상적일 정도로 체제에 대해 감성적인 지지가 강하였다(Almond & Verba 1963).

알몬드와 버바의 저술인 시민문화는 비교정치연구와 정치문화연구에 지대한 영향을 남긴 반면 또 한편으로는 많은 비판과 논란을 불러왔다. 많은 비판 중에서 우선 시민문화개념에 대한 비판을 논하기로 한다. 비판논자들은 시민문화 개념이 서구중심주의라고 보았다. 특히 영국과 미국의 정치문화를 중심으로 만들어진 개념이라는 비판이다(Carole Pateman 1980). 다양한 사회의 정치문화를 분석하는데 적절하지 못하고 시민문화와 다른 문화는 민주주의 정치의 안정적 발전에 기여하지 못한다는 주장은 문화단원론 내지 영미중심의 우월주의에 기인한다는 비판을 받아왔다. 시민문화개념에 대단히 동떨어진 인도의 정치문화에서는 민주주의가 안정적으로 발전할 수 없는 문화적 토양인데도 민주정치체제가 지속적으로 작동하고 있는 현실을 어떻게 설명할 수 있는지 이에 대한 해답이 궁금하다.

시민문화의 연구대상인 5개국, 영국, 미국, 독일, 이탈리아, 멕시코를 연구 대상국가로 삼았는데 이중 멕시코사회가 절적치 못하다는 비판이다. 정치문화가 민주주의 정치의 안정적 발전에 어떻게 영향을 미치는가를 연구하려면 멕시코 보다는 스칸디나비아의 스웨덴, 혹은 덴마크가 더욱 적절하다고 하였다. 멕시코는 이미 민주적 정치 안정을 이루지 못한 사회이기 때문에 독일과 이탈리아와 함께 민주주의가 안정적으로 발전하지 못한 사회로 평가되어 민주주의가 안정적으로 발전한 미국과 영국 그리고 안정적으로 발전하지 못한 3개의 사회로 2분되기 때문에 그 중간 단계에 속하는 국가가 없어 연구가 세밀하지 못하는 문제가 발생한다고 하였다. 안정적으로 발전한 사회, 중간단계의 사회, 안정적으로 발전하지 못한 사회로 3분되었을 때 정치문화와 민주주의 안정적 발전의 문제를 좀 더 심도 있게 분석할 수 있다고 보았다(Arend Lijphart 1980).

방법론에서 제기된 아주 어려운 문제로서 개개인의 자료(micro level data)를 어떻게 체제(macro level data)와 연결시키는가라는 문제이다. 이 문제는 아주 복잡하고 방법론에서 가장 난해한 문제 중 하나이다. 작은 단위 즉 개인의 특징을 이용하여 큰 단위 즉 제도나 체제의 특징을 설명하려 한다면 소위 개인적인 오류(individualistic fallacy)가 발생하게 된다. 개인들의 특징을 들어서 한 국가의 정치제제나 제도의 문제를 설명한다면 이러한 개인적인 오류가 일어날 위험이 있다. 에윈 쉬우흐(Erwin Scheuch)에 의하면, 알몬드와 버바가 가장 주요하게 본 이론적인 문제 즉 정치문화가 개별국가의 민주적 안정에 어떻게 영향을 미치는가를 연구할 때 바로 개인적인 오류가 일어난다고 하였다. 알몬드와 버바가 민주적 안정성을 측정할 때 개인들의 응답을 토대로 하였기 때문이라고 하였다. 영국, 미국, 독일, 이탈리아, 멕시코 사회의 민주적 안정성을 평가할 때 개인들이 응답한 답변을 토대로 평가하였기 때문이라고 하였다(Erwin K. Scheuch 1969, 138-9).

이러한 비판에 대해 반론도 다양하다. 아랜드 리자트(Arend Lijhart)에 의하면 5개 국가의 민주적 안정의 문제를 측정할 때 개인들의 답변을 이용하여 측정하지 않고 다른 거시적인 자료 즉 서베이 자료를 이용한 것이 아니고 서베이 자료 이외의 통계자료를 이용하였기 때문에 개인적인 오류는 일어나지 않는다고 반박하였다 (Arend Lijhart 1980, 45-47). 버바는 이러한 개인적인 오류의 가능성에 대해 다음과 같이 반론을 제기하였다. 『시민문화』(*The Civic Culture*)에서는 개인적인 수준(individual level)에서 거시적 체제의 수준(level of macropolitical system)으로 이동하는 것을 가정하지 않았고, 반대로 거시적 수준의 특징("macrocharacteristic-the set of attitudes found within the public")으로 부터 또 다른 거시적 수준의 특징-정치체제의 작동의 문제("functioning of the political system")를 논의했기 때문에 개인적인 오류는 일어나지 않는다고 반박하였다. 다만 시민 개개인의 가치로 부터 민주적 체제의 작동의 문제로 연결시킬 때 연결고리가 아주 미약하다는 사실은 인정하고 있다(Verba 1980, 402-3).

시민문화 연구에서 나타나는 또 하나의 난제가 있다. 원인(cause)과 결과(effect)에 관한 문제이다. 이 문제는 정치문화 연구에서만 나타나는 문제는 아니고 사회과학의 전 영영에서 발생할 수 있는 문제이다(Arend Lijphart 1980; Verba 1980). 독립변수(independent variables)와 종속변수(dependent variables)와의 관계이다. 독립변수는 원인을 제공하는 변수이고 종속변수는 그 결과로 발생하는 현상을 말한다. 시민문화에서 독립변수는 정치문화이고 종속변수는 민주적 안정이다. 정치문화가 어떠한가에 따라 특정 사회의 민주정치가 안정적으로 발전하느냐 아니면 불안정을 초래하는가를 경험적으로 분석하였다. 정치문화가 민주정치의 안정에 영향을 미치는 것으로 보았다. 표현을 달리하면, 문화가 체제에 영향을 미치는 현상을 설명하였다. 이러한 이론 구조에서 문화는 원인이고 체제의 민주적 안정은 그 문화의 결과이다. 이러한 이론 구조는 간단하지 않다. 시민문화가 발전하는 데는 정치구조 즉 민주적 정치구조가 영향을 미치게 된다는 사실이다. 영국 사회에서 시민문화가 발전하는 데는 영국의 민주적 정치구조가 오랫동안 발전해 왔기 때문에 그 정치체제 속에서 생활한 시민들이 민주주의 발전에 적합한 시민문화를 발전시키게 되었다는 사실을 무시할 수가 없다. 문화는 정치구조에 영향을 미치고 정치구조는 다시 문화에 영향을 미치게 된다면 무엇이 원인이고 무엇이 결과인지 밝히기가 대단히 난해하다. 이러한 현상은 사회과학 전반에 일어날 수 있는 현상이기도 하다.

2. "정치문화의 문예 부흥" – "The Renaissance of Political Culture"

"정치문화의 문예 부흥"이라는 글은 1988년 12월에 발간되는 미국정치학회보(American Political Science Review, Vol 82 No 4 pp.1203-1230)에 출간된 잉글하트(Ronald Inglehart)의 논문이다. 이 논문은 알몬드와 버바의 『시민문화』*(The Civic Culture)*에서 제기한 민주정치의 안정적 발전과 정치문화와의 관계를 좀 더 발전시키기 위하여 24개 국가를 상대로 조사한 실증자료(survey data)를 사용하였으며 한 번의 조사에서 나온 일회성 자료가 아닌 다년간 조사자료(longitudinal survey data-1973-1987)를 이용하였다. 잉글하트가 사용한 다년간 자료는 유럽의 많은 국가를 대상으로 1973년부터 매년 반복적으로 조사한 Euro-Barometer survey data를 이용하였다.

정치문화가 독립변수로 정치체제의 작동에, 다르게 표현하면 정치문화 특히 시민문화가 민주정치 운영에 영향을 미치려면 한 국가 구성원의 문화가 지속성(cultural continuity)을 가져야 한다. 구성원의 문화가 조석으로 변화한다면 문화가 정치에 영향을 미친다고 할 수가 없다. 특정 사회의 구성원들이 갖는 정치문화의 특징들이 시기에 따라 변화하지 않고 일정한 수준을 유지할 때 독립변수로서 민주정치 체제의 운영에 영향을 미칠 수가 있다. 알몬드와 버바의 연구는 일회성에 그친 연구이기 때문에 이러한 측면을 연구할 수 없는 태생적인 한계점을 갖고 있었다. 일글하트의 다년간의 연구 자료를 활용해 이러한 근본문제를 해결하는데 획기적인 공헌을 하였다.

시민문화의 주요한 구성 요소가 다양하나 이들 중 인간에 대한 신뢰(interpersonal trust)와 생활에 대한 만족(satisfaction with life)을 주

그림 2 생활에 대한 만족도의 국가 간 차이, 1973-87

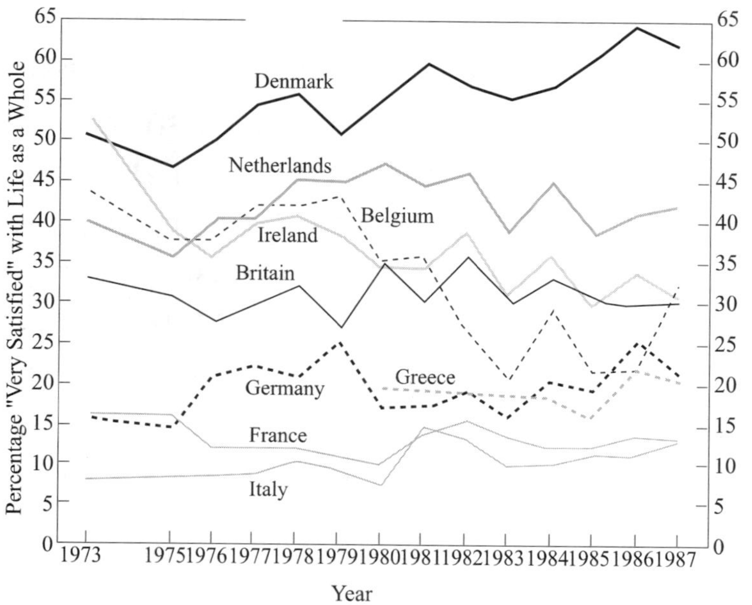

자료: Ronald Inglehart, "The Renaissance of Political Culture," *American Political Science Review*, Vol. 82, No .4, 1988, p.1206.

요 구성 요소로 간주하고 이 두변수가 나라마다 다르며, 지속성을 유지한다는 사실을 발견하였다. 〈그림 2〉에 나타난 자료에 의하면 1973부터 1987년 까지 거의 매년 "생활에 어느 정도 만족 하십니까"라는 동일한 문항으로 9개 국가에서 실증조사를 실시하였다. 그 결과에 의하면 생활에 대한 만족도는 나라에 따라 다르며 조사 시기에 따라 약간의 변동은 존재하나 지속성이 유지되고 있었다. 이탈리아 사람들이 생활에 대한 만족도가 9개국 중에서 가장 낮았으며 그 낮은 정도가 1973년부터 1987년까지 거의 지속되고 있다. 그 다음으로 낮은 만족도를 보여주는 사회는 불란서 사회였다. 가장 높은 만족도를 나타내는 사회는 덴마크사회이고 그 다음은 네델란드 사회이었다.

시민문화의 또 다른 주요한 변수인 동료시민에 대한 신뢰심역시 행복감과 같이 지속성을 유지하고 있었다. 〈그림 3〉이 이러한 사실을 잘 보여 주고 있다. 유럽의 여러 국가 중에서 이탈리아 사람들이 동료 시민에 대한 신뢰심이 가장 낮았다. 이탈리아 사회에서도 남부 이탈리아 사람들이 가장 낮은 신뢰도를 나타내었다. 이러한 발견은 다른 연구자, 로버트 퍼트남의 이탈리아 연구에서 나타난 사실과 일치하고 있었다(Robert Putnam 1994). 동료시민에 대한 신뢰심이 가장 높은 사회는 북유럽 국가들이다. 이들 사회에서 시민들이 보여주는 인간에 대한 신뢰도는 조사 시기별로 약간의 등락은 있으나 대체적으로 일정 수준을 유지하고 있어 문화적인 지속성이 유지되고 있다는 사실을 발견하였다.

이러한 문화적인 지속성은 정치에 어떠한 영향을 미치는가? 잉글하트는 동료시민에 대한 신뢰심은 민주주의 성장에 기여한다고 주장하고 있다. 생활에 대한 만족도가 낮고 행복감을 느끼지 못하고

그림 3 유럽국가 국민 간 동료 시민에 대한 신뢰심, 1976-86

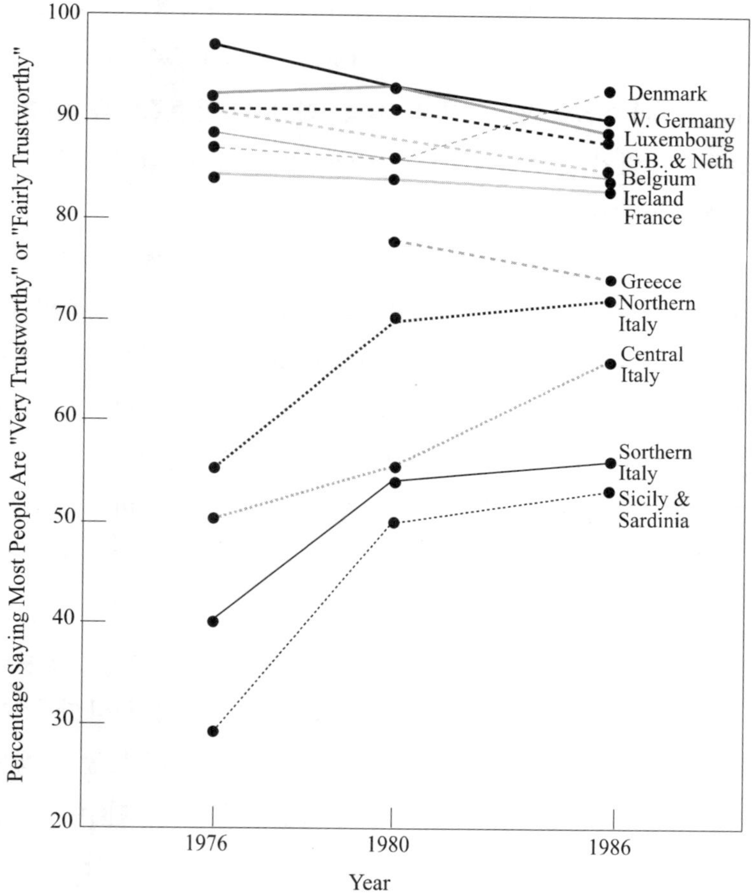

자료: Ronald Inglehart, "The renaissance of Political Culture," *American Political Science Review*, Vol. 82, No. 4, 1988, p.1210.

동료시민에 대해 신뢰하지 못하는 사회에서는 극단적인 정치세력이 성장하고 있다고 주장하였다. 즉 이탈리아의 경우 생활에 대한 만족도가 낮고 동료시민에 대한 신뢰심이 낮은 사회에서 극우세력과 극좌세력이 정치에서 영향력을 발휘할 수 있도록 시민들은 이러한 정치세력에 표를 주고 있다. 이러한 극단적인 정치세력의 등장과 존속은 민주주의의 원활한 운영에 기여하지 않는다. 극우세력인 파쇼(Fascists)나 나치(Nazi)의 등장과 세력 확장은 민주주의를 위협하게 된다. 극좌세력인 공산주의자(Cor ımunists)의 등장도 역시 민주주의를 파괴하는 세력이다.

잉글하트의 연구에 의하면 시민들이 생활에 만족하고 행복감을 느끼며 동료시민에 대해 신뢰심을 나타내는 사회는 민주주의가 발전할 뿐만 아니라 경제도 발전하게 된다고 하였다. 그런데 이러한 주장에 문제가 있다. 잉글하트 자신이 언급한 바에 의하면 경제가 발전하였기 때문에 생활에 대한 만족감도 높고 따라서 행복감도 높아 자연히 민주정치도 원활하게 운영될 수도 있다. 민주정치가 잘 운영되기 때문에 경제가 발전하게 되고 시민들도 행복한 생활을 영위하며, 결과적으로 동료시민을 신뢰하게 될 수도 있다. 어떤 변수가 독립변수가 되는지 즉 어떤 변수가 원인을 제공하는 변수인지 확정적으로 인과관계를 밝힌다는 사실은 사회과학에서 대단히 어려운 일이다. 이러한 한계에도 불구하고 생활에 만족감이 높고 행복감이 높은 사회에서 동료시민에 대한 신뢰감이 높으며, 민주주의 정치가 잘 발전하게 되고, 경제도 발전하는 국가가 많다는 사실을 10년이 넘게 수집한 20여개 국가의 실증자료에서 발견하였다.

잉글하트는 베버(Max Weber)가 주장한 문화는 경제에 의해 종속되지 않고 반대로 문화가 경제에 영향을 미치며 때로는 경제가 문화에 영향을 미친다는 명제를 뒷받침하는 연구를 하였다. 문화의 독립성에 대한 베버의 명제는 칼 마르크의 주장과 정면으로 배치되는 주장이다. 마르크스는 문화는 경제에 의해 종속되는 종속변수라는 명제 즉, 경제 결정론(economic determinism)을 주장하였다. 잉글하트의 연구에 의하면 프로테스탄트 윤리(Protestant ethic)와 경제발전은 긴밀한 관련성이 있다고 하였다. 1870년부터 1913년 사이의 유럽 국가에서 베버의 프로테스탄트 윤리와 경제발전과는 밀접한 관련이 있다는 사실을 발견하였다. 근면하고 절약하여 경제력을 발전시키는 것이 하나님의 축복이라는 기독교의 개신교 문화인 베버의 프로테스탄트 윤리의 문화가 존재하는 유럽사회에서는 경제도 발전하게 되고 민주주의 정치도 발전하게 되었다고 하였다. 결국 잉글하트의 문화에 대한 연구는 베버의 빛나는 명제인 문화는 경제에 종속되지 않고 반대로 경제의 본질에 영향을 미치며 정치에도 크게 영향을 미친다는 이론을 경험적 자료를 통해 검증하였다.

3. 한국의 정치문화

한국의 정치문화를 연구한 학자나 문헌은 다양하다. 역사적인 문헌을 중심으로 연구하여 한국인의 정치문화 특징을 밝힌 연구(김운태 1978, 1982; 김경동 1983; 김한교 1973; 이택휘 1984)가 있으며, 실증조사를 통해 한국인의 투표행태나 정치문화적인 특징을 논한 연구(윤천주 1961, 1963, 1979, 1986; 윤형섭 1970, 1981; 이남영 1985; 길승흠 1980; 길승흠 · 김광웅 · 안병만 1987; 김광웅 1984b, 1985; 배성동 · 길영환 · 김종림 1975; 신명순 1986; 이영호 1979, 1980, 1986; 정득규 1970)가 있다.

이러한 많은 문헌 중에서 이곳에 소개하고자 하는 연구는 한배호 · 어수영의 공저인 『한국정치문화』(법문사 1987)이다. 이 저서는 한국의 정치문화를 실증적 자료를 토대로 분석한 연구 중에서 최초로 전국을 모집단으로 추출한 무작위 표본 1500이상을 면접조사한 자료를 토대로 분석한 연구이기 때문에 여기에 소개하고자 한다.

한배호·어수영의 한국정치문화 연구는 한국인의 정치문화의 본질을 밝히고자 하였으며, 우리의 문화적 특징으로 주장되어 왔던 "한국의 정치문화는 권위주의 정치문화이다"라는 문화 단원론을 객관적으로 분석 평가하기 위하여 실증조사를 실시하였다. 한국인의 정치정향 즉 정치문화를 연구하기 위하여는 알몬드와 버바가 제시한 시민문화 유형을 그대로 채택하지 아니하였다. 이들이 제시한 참여형의 ideal type은 영미, 특히 영국의 정치현상에서 부각된 특징을 개념화한 것이기 때문에 한국의 정치문화를 규명하는데 절적하지 않다고 판단하였다. 우리의 정치체제처럼 장기간의 정통성 위기를 겪은 상황 아래에서 참여형 이라는 이념형(ideal type)은 과연 얼마나 의미를 지니는지 많은 개념상의 문제가 있다고 보았다. 때문에 알몬드와 버바가 제시한 시민문화 개념을 활용하지 않는다.

이 연구의 주요한 연구 목적은 첫째로, 한국 사람들의 정치적 심벌에 대한 태도와 정향과 일반적인 사회적 관계에서 나타나는 태도와 정향이 각각 다르면서도 유관하다는 점을 가정하고 이 양자 간의 연관성을 파악하고자 하였다. 둘째로, 한국사회가 지난 20여 년간 급속한 근대화의 변화를 경험하였다. 도시화, 산업화, 교통통신의 눈부신 변화로 인해 사회구조의 변화는 물론 사회정치적인 가치관의 변화가 일어났다고 본다. 따라서 한국의 정치문화는 단일적인 것이기 보다 복합적이고 혼합적인 것으로 변질되었다고 가정할 수 있다. 이러한 변화 속에서 한국 정치문화가 계층적으로 지역적으로 세대 간 어느 정도 이질화가 일어나고 있 나를 밝히고자 하였다. 세째로, 한국인의 가치관과 내용에 오랫동안 지대한 영향을 미치고 있는 유교사상과 윤리체계가 서구적 영향아래 유입된 민주적 가치관과 어떠한 충돌을 일으키며 어떻게 변화하고 있 나를 분석하고자 하였다.

실증연구를 통해서 한국의 정치문화를 "권위주의적 정치문화"로 단정하려는 문화적 단원주의의 허구성을 밝혀냈으며, 동시에 한국의 정치문화가 매우 이질성이 높은 혼합문화이며 뚜렷한 하위문화(subculture)들로 형성되고 있는 동태적인 문화라는 사실을 발견하였다. 한국인 사이에 널리 퍼져 있는 가치정향으로서 사회적으로나 정치적으로 의미 있고 관련성이 있는 상징물에 대한 태도에서 적어도 일곱 가지의 가치차원이 서로 다르면서도 밀접히 연결된 특징을 발견하였다. 일곱 가지 차원은 묵종성, 의인주의(personalism), 형식주의, 신뢰성, 평등주의, 관용성, 권리의식 등이다.

위에 열거한 가치정향이 일관성이 있고 서로 모순되지 않게 반응하는 한국 사람들은 1552명의 응답자 중 과반수에도 미치지 못하였다. 한국인의 정치문화가 단순하고 일원적인 정향으로 구성되어 있지 않고, 매우 복합적이고 다면적인 정향으로 구성되어 있다는 사실을 발견하였다. 표현을 달리하면 "한국 정치문화는 권위주의적이다"라고 단정 지을 수가 없다. 때문에 한국의 정치문화는 권위주의 정치문화라는 단원적 주장을 대폭 수정해야 한다고 하였다.

한국인의 문화적 특징 중에서 묵종성, 의인주의, 형식주의가 한국의 전통적인 사회적 가치로서 한국인의 인간관계의 성격을 규정하는 주요한 규범으로 작용해 왔으나, 오늘의 한국인 사이에서는 이러한 전통적인 규범에 대한 태도에 현저한 변화가 일어나고 있다는 사실을 발견하였다. 오늘날의 한국 정치문화는 복합, 혼합문화 일 뿐만 아니라 여러 가지 하위문화를 포용한 정치문화로 보아야 한다.

지역이나 연령층을 중심으로 한 하위집단, 교육수준이나 직업수준에 따른 하위집단들이 각기 다른 하위정치문화(sub-political culture)를 형성하고 있다.

한국 정치문화의 혼합성과 복합성의 유형과 특징을 찾기 위하여 사회적 태도(전통-근대)와 정치적 태도(권위주의적-민주적) 사이의 일치성과 적합성을 중심으로 하위정치문화를 유형화하였다. 응답자들의 태도에서 '전통-권위주의'의 가치에 대한 일치성과 일관성, '근대-민주'의 가치에 대한 일치성과 일관성을 보인 사람들에 대해 전자를 묵종형, 후자를 길항형(defiant)이라 칭하였고, 반면에 '전통-민주', '근대-권위주의'와 같은 비 일관적 이고 불일치적인 반응을 보인 사람들을 수용형이라 칭하였다. 이 3 유형의 하위 정치문화는 각기 다른 사회적 배경과 속성 그리고 정치참여 패턴과 관련이 되어있었다. 분포는 대략 묵종형이 30%, 수용형이 40%, 길항형이 30%를 이루고 있었다.

한국 정치문화의 이 3 유형의 하위정치문화를 소유한 사람들 사이에 존재하는 가치관과 태도 사이의 괴리 또는 균열(cleavages)이 대단히 심각하다는데 한국 정치의 문제점이 있다. 한국정치문화의 저자들은 한국 정치사회에서 구성원을 분열시키는 3개의 정치문화적 균열이 형성되고 있다고 하였다. 첫째로, 세대 간의 균열이다. 20-30대 연령집단과 40대 이상의 연령 층 사이에 사회경제적 태도와 가치정향에 있어서 심각한 격차가 존재하고 있었다. 20-30대의 젊은 층은 묵종, 의인주의, 형식주의와 같은 전통적 문화와 깊은 관련이 있는 사회적 가치에 대해 부정적인 반면, 장노년 층에서는 이러한 가치에 대해 긍정적이다. 전전세대와 전후세대간에 가치관에서 대단한 격차가 존재하고 있었다.

둘째로, 도시와 농촌간의 균열이다. 도시에 거주하는 사람들은 전통적 가치인 묵종, 의인주의, 형식주의를 배격하고 있는 반면, 농촌에 거주하는 사람들은 이러한 가치를 수용하고 있었다. 도시민은 새로운 가치인 신뢰성, 평등성, 관용성 그리고 권리의식에 대해 강한 집착을 하고 있었다. 셋째로, 계층 간의 균열이다. 농민, 노동 층이 하나의 계층을 이룬다면 그 계층의 사회정치적 태도와 또 하나의 계층으로서의 중산층의 사회정치적 태도와는 뚜렷한 차이가 존재하고 있었다. 묵종에 대한 반응에서 농민·노동 층은 긍정적인 반응을, 중산층은 부정적인 반응을 나타냈으며, 형식주의에서도 이와 비슷한 반응을 보여주었다. 관용성과 권리의식에서도 농민·노동계층은 부정적인 반응을 반대로 중산층은 긍정적인 반응을 나타내었다. 이상과 같은 세대 간, 지역 간, 계층 간 정치문화의 차이와 갈등 요소는 한국의 정치적 안정과 민주주의의 원활한 운영에 많은 문제점과 과제를 남기고 있다.

한국의 정치문화에 대한 실증조사연구에서 한국인의 민주주의에 대한 태도와 행동은 일관성보다 불일치성, 모순성을 드러내고 있다는 사실을 발견하였다. 정치적 태도에서 수용성에 해당하는 정치정향의 소유 층이 다수를 이루고 있다는 사실이 이를 반증하고 있다. 수용성은 정치적 태도에서 애매하고 비 일관적인 특징을 보여주는 정치문화 유형이다. 이러한 수용형과 묵종형의 하위정치문화의 변화에 가장 중요한 영향을 미치는 요소는 교육이라는 사실을 발견하였으며, 교육의 수준과 질이 향상될 때 정치문화의 질도 향상될 수 있다고 보았다. 정치문화의 질이 향상되면 민주주의도 발전하게 된다는 점을 강조하였다.

Ⅶ. 정치문화연구에 대한 제안

정치문화에 대한 앞으로의 연구 분야는 다양하다. 정치문화가 다양한 요소로 구성되어 있기 때문에 다양한 분야에서 연구가 가능하다. 정치문화의 개념에 관한 연구 역시 다양한 방면에서 가능하다. 지금까지 논의된 문화개념은 베버(Max Weber)의 문화개념에 기초를 두고 연구한 이론을 주로 검토하였는데 마르크스의 이론에 기초한 문화개념도 면밀히 분석하여 이를 좀 더 심도 있게 비교할 필요가 있다. 뿐만 아니라 유교 문화권에 기초를 둔 정치문화연구, 이슬람 문화에 기초를 두고 발달한 정치문화 역시 많은 연구가 필요하다. 이를 위하여 아민(Samir Armin)의 마르크스관점에서 문화를 비판한 논문-"Universality and Cultural Spheres,"(*Monthly Review*, Vol 28, February); 좌파학자들의 문화적 시각을 다룬 앤덜슨(Perry Anderson)의 논문-"A Culture in Contraflow,"(*New Left Review*, Vol 180, March-April 1990); 마르크스의 문화이론을 분석한 듀프레(Louis Dupre)의 학술저서-*Marx's Social Critique of Culture*(New Haven: Yale Univ. Press, 1983): 공산주의 사회에서 문화개념을 다룬 메이여(Afred G. Meyer)의 논문-"The Use of the Term Culture in the Soviet Union,"(in Alfred Kroeber and Clyde Kluckhohn, *Culture: A Critical Review of Concepts and Definitions*, Cambridge, Mass. Peabody Museum, 1952) 등을 소개한다.

정치문화의 생성과 변화에 관하여 앞에서 간략하게 논의했으나 이 분야는 앞으로 더욱 연구해야할 중요한 연구 분야이다. 전통사회에서 근대사회로 사회가 발전하면서 사회구성원들이 지금 까지 지니고 있던 문화에는 어떠한 변화가 일어나는가? 문화가 변화할 때 구성원들의 정치에 대한 정향은 어떠한 변화를 일으키는가? 유럽사회에서의 변화는 많은 연구가 진행되어 왔다. 그러나 기독교권 이외의 사회 즉 유교와 이슬람, 불교 사회에서의 변화에 대한 연구는 아직도 미진한 수준이다.

한국 사회가 급격한 첨단 산업의 발전을 토대로 풍요한 물질문명의 해택을 가져왔는데 이러한 해택을 받고 성장한 세대들이 정치에 대해 어떠한 태도와 정향을 나타내는가에 대한 연구는 아직 초보 단계에 머물러 있다고 하겠다. 물질적으로 풍요한 생활은 정치문화에 어떠한 영향을 미치는가? 첨단 과학 문명의 급속한 생활화는 정치에 대한 태도와 행태에 어떠한 영향을 가져오는가? 이러한 문제에 대한 연구는 앞으로 더욱 진행되어야 한다.

정치문화의 주요 요소 중 정치참여에 관한 연구가 앞으로 다양하게 진행되어야 할 분야이다. 알몬드와 버바가 제시한 참여형의 문화와 『시민문화』(*The Civic Culture*)에서 제기된 주요한 문화개념은 바로 정치참여(political participation) 개념이다. 특정 사회에서 참여가 어떠한 유형으로 분포되어 있는 가라는 문제는 그 사회의 민주주의의 원활한 운영을 위하여 반드시 분석해야 할 연구 분야이다. 정치참여는 대부분 투표에 관한 연구로 알려 저 있다. 그러나 정치참여에는 다양한 유형의 참여가 존재한다. 투표 이외에 선거유세에 참여하는 각종 행위 즉 유세장에 참여하는 행위, 유세를 직접 돕는 행위, 정치가나 정책 입안자들을 직접 면담하는 행위, 우편이나 이메일로 정치적 선호와 주장을 개진하는 행위, 각종 항의 행위, 데모, 가두시위, 항의 집회, 태업, 진정서에 서명하기, 정치적인 대화를 나누는 행위, 신문이나 텔레비전에서 뉴스와 각종 TV 토론회를 경청하거나 참관하기 등 다양한 형태의 정치참여가 존재한다. 이러한 다양한 정치참여를 유형화 한다면 선거유형(voting mode), 선거유세유형(campaigning mode), 정보추구유형(information-seeking mode), 항의유형(protest mode) 등으로 분류할 수 있다. 이러한 유형의 정치참여가 나라마다, 사회마다, 문화권에 따라 다를 수 있다. 이에 대한 연구는 앞으로 개별 국가에서 진행되어야 하나 비교연구도 진행 되어야 한다.

일반적으로 개별 국가에 대한 연구(country study)는 활발하게 진행되어 왔으나 국가 간 비교연구나 문화권간 연구(cross-cultural study)는 아직 미진한 수준이다. 한국과 일본에 관한 비교연구, 동양권에 속한 사회 즉 일본, 대만, 한국 사회에서의 정치참여에 관한 연구는 앞으로 반드시 진행되어야 할 과제이다. 문화가 서로 다른 사회에서의 연구 즉 기독교 문화권에 속한 사회와 불교 문화권에 속한 사회와의 비교연구, 유교 권에 속한 사회와 비유교권에 속한 사회와의 비교연구는 중요한 연구 과제이다.

참고문헌

길승흠 · 김광웅 · 안병만. 1987.『한국선거론』, 서울: 다산출판사.

김광웅. 1985. "민주의식과 투표행태: 제12대 국회의원선거에서." 한국정치학회재북미 한국인정치학자회 편,『한국정치학회 제6회 합동학술대회논문집』.

김재영, 외 공저. 1990『정치문화와 정치사회화』, 서울: 형설출판사.

배성동 · 길영환 · 김종림. 1975. “한국인의 정치참여형태와 그 특징.” 한국정치학회, 『제1회 합동학술대회논문집』.

신명순. 1986. “한국의 민주주의와 정치문화.” 현대사회연구소 편, 『한국정치발전의 현실과 과제』, 현대사회연구소.

안병만. 1980. “한국의 정치문화와 관료제.” 한상복 외, 『한국문화의 연속과 변화에 관한 연구』, 한국사회과학연구협의회.

안청시 외 번역. 2000. 『사회적 자본과 민주주의』(Robert D. Putnam, 1994. *Making Democracy Work: Civic Traditions in Modern Italy*. Princeton University Press.), 서울: 박영사.

어수영. 1999. “한국인의 가치변화와 지속성 그리고 민주화.” 『한국정치학회보』, 제33집, 제3호.

______. 1991. 『민주주의와 한국정치』, 서울: 법문사.

______. 1992. “한국인의 가치변화와 민주화.” 『한국정치학회보』, 제25집, 2호.

어수영 · 곽진영. 2001. “한국인의 정치참여의 변화와 지속성: 남성과 여성의 참여 변화를 중심으로.” 『한국정치학회보』, 제35집, 4호.

어수영. 2004. “가치변화와 민주주의 공고화: 1990-2001년간의 변화 비교연구.” 『한국정치학회보』, 제38집, 1호.

______. 편저, 2006. 『한국의 선거 V』, 서울: 오름.

어수영 · 한배호. 1996. “한국 정치문화의 변화와 지속성.” 『한국정치학회보』, 제30집, 3 호.

윤형섭. 1981. “선거정당문화-11대 한국 선거결과 분석.” 『월간조선』, 5월호

윤형섭 외. 1970. “한국인의 투표행태와 정치적 정향.” 연세대학교, 『연세논총』, 제2집.

윤천주. 1963. 『한국정치체계: 정치상황과 정치참여』, 서울: 서울대학교출판부.

______. 1961. “읍면의 투표행태.” 고대 아세아문제연구소, 『아세아연구』, 제4권 1호.

______. 1979. 『한국의 정치체계: 정치상황과 정치참여』, 서울: 서울대학교출판부.

______. 1986.『투표참여와 정치발전』, 서울: 서울대대학교 출판부.

이남영. 1995. "성별이 투표에 미치는 영향: 제14대 대통령 선거를 중심으로."『한국과 국제정치』, 제 11집, 1호.

______. 1985. "산업화와 정치문화-민주의식 변화를 중심으로."『한국정치학회보』, 재19집

이상구. 1978. "정치문화론의 평가-접근법에 대한 제 주장을 중심으로."『한국정치학회 보』, 제 12집.

______. 1981. "정치문화는 개선될 수 있는가?"『정경문화』, 제193호, 3월.

이영호. 1986. "현대 한국의 정치문화- 그 전화기적 성격과 전환 방향." 김운태 외『한국정치론』, 법문사.

______. 1979. "한국농촌문화의 변화: 4개 부락을 중심으로." 이화여자대학교,『한국문화 연구원논총』, 제3 · 4집.

______. 1980. "한국의 사회경제적 변혁과 정치문화의 변화." 이화여자대학교,『사회과학 논집』, 제1집.

이정복. 1993. "한국인의 투표행태: 제14대 총선을 중심으로."『한국정치학회보』, 제26 집, 3호.

이지훈. 1982. "한국정치문화의 기본요인."『한국정치학회보』, 제16집.

정진민. 1993. "한국사회의 세대문제와 선거." 이남영 편.『한국의 선거』, 서울: 나남.

한배호 · 어수영. 1987『한국정치문화』, 서울: 법문사.

한배호. 2000『비교정치론』, 서울: 법문사.

______. 2003.『한국정치문화와 민주정치』, 서울: 법문사.

Almond, Gabriel A. 1956. "Comparative Political Systems." *Journal of Politics*. 18. August.

Almond, Gabriel A. and G. Bingham Powell, Jr. 1966. *Comparative Politics: A Developmental Approach*. Boston: Little, Brown and Co.

Almond, Gabriel A. and G. Bingham Powell, Jr. 1978. *Comparative Politics: System, Process and Policy*. Boston: Little, Brown & Co.

Almond, Gabriel A., and Sidney Verba. 1963. *The Civic Culture: Political*

Attitudes and Democracy in Five Nations. Princeton: Princeton University Press.

Almond. eds., 1980. *The Civic Culture Revisited.* Boston: Little, Brown.

Amin, Samir. 1977. "Universality and Cultural Spheres." *Monthly Review*. 28. February.

Anderson, Perry. 1990. "A Culture in Contraflow." *New Left Review*. 180, March-April 1990.

Ashcraft, Richard. 1972. "Marx and Weber on Liberalism as Bourgeois Ideology." *Comparative Studies in Society and History*. 14, March.

Banfield, Edward C. 1958. *The Moral Basis of a Backward Society*. Chicago: Free Press.

Benedict, Ruth F. 1934. *Patterns of Culture*. New York: Mentor Books.

Clausen, John A., et at. 1968. *Socialization and Society*. Boston: Little, Brown and Co.

Chilcote, Ronald H. 1994. *Theories of Comparative Politics*. Boulder: Westview Press.

Dawson, Richard G. and Kenneth Prewitt. 1969. *Political Socialization*. Boston: Little, Brown & Co.

Easton, David and Jack Dennis. 1967. "The Child's Acquisition of Regime Norms; Political Efficacy." *American Political Science Review*. 73, March.

Dupre, Louis. 1983. *Marx's Social Critique of Culture*. New Haven: Yale University Press.

Eckstein, Harry. 1988. "A Culturalist Theory of Political Change." *American Political Science Review*. 82, September.

Fagen, Richard R. 1969. *The Transformation of Political Culture in Cuba*. Stanford: Stanford University Press.

Frenkel-Brunswick, Else. 1954. "Father Explorations by a Contributor to the Authoritarian Personality." in Richard Christic and Marie Jahoda, eds., *Studies In the Scope and Method of "the Authoritarian*

Personality." Glencoe, Ill. Free Press.

Greenstein, Fred I. 1969. *Children and Politics*. New Haven and London: Yale University Press.

Hall, Stuart. 1992. "Race, Culture, and Communications: Looking Backward at Cultural Studies." *Rethinking Marxism*. 5, Spring.

Halliday, Fred. 1989. "Notes on the New Political Culture." *The Nation*. 234, September.

Hess, Robert D. and Judith V. Torney. 1967. *The Development of Political Attitudes in Children*. Chicago: Aldine Publishing Co.

Hitchcock, Peter. 1992. "Cultural Studies and the Prospects for a Multicultural Materialism." *Rethinking Marxism*. 5, Spring.

Hurwitz, Leon. 1973. "Contemporary Approaches to Political Stability." *Comparative Politics*. 5, April.

Hyman, Herbert. H. 1959. *Political Socialization: A Study in the Psychology of Political Behavior*. New York: Free Press of Glencoe.

Inglehart, Ronald. 1988. "The Renaissance of Political Culture." *American Political Science Review*. 82 December.

________. 1971. "Silent Revolution in Europe: Intergenerational Change in Post-Industrial Societies." *American Political Science Review*. 65, December.

________. 1977. *Silent Revolution: Changing Values and Political Styles*. Princeton: Princeton University Press.

________. 1987. "Value Change in Industrial Societies." *American Political Science Review*. 81.

________. 1990. *Culture Shift in Advanced Industrial Society*. Princeton: Princeton University Press.

________. ed. 2003. *Human Values and Social Change: Findings from the Value Surveys*. Leiden. Netherlands: Brill

Inkeles, Alex. 1961. "National Character and Modern Political System." in

Francis W. K. Hsu, *Psychology and Anthropology Approaches to Culture and Personality*. Homewood ILL.: The Dorsey Press.

Jennings, M. Kent & Richard Niemi. 1981. *Generations and Politics.* Princeton: Princeton University Press.

Kluckhohn, Clyde. 1964. "Culture." In Julius Gould and William Kolb, eds., *Dictionary of the Social Science*. New York: Free Press of Glencoe.

Kroeber, Alfred L., and Clyde Kluckhohn. 1952. *Culture: A Critical Review of Concepts and Definitions.* Cambridge, Mass.: Peabody Museum.

Langton, Kenneth P. 1969. *Political Socialization: Studies in Behavioral Political Science.* New York: Oxford University Press.

Lehman, Edward W. 1972. "On the Concept of Political Culture: A Theoretical Reassessment." *Social Forces*. 50, March.

Lijphart, Arend. 1980. "The Structure of Inference." in G. Almond and S. Verba, ed., *The Civic Culture Revisited*. Boston: Little, Brown and Co.

Mannheim, Karl. 1951. *Freedom, Power and Democratic Planning.* London: Routledge and Kegan Paul.

Marx, Karl. 1961. *Economic and Philosophical Manuscripts.* Translated by T.B. Bottomore and included in Erich Fromm, *Marx's Concept of Man*. New York: Frederick Ungar Publishing.

Marx, Karl. 1967. *Capital: A Critique of Political Economy.* Edited by Frederick Engels. New York: International Publishers. 3 vols.

Meisel, John. 1974. "Political Culture and the Politics of Culture." *Canadian Journal of Political Science.* 7, December.

Meyer,

Alfred G. 1952. "The Use of the Term Culture in the Soviet Union." in Alfred Kroeber and Clyde Kluckhohn, *Culture: A Critical Review of Concepts and Definitions.* Cambridge, Mass.: Peabody Museum.

Pateman, Carole. 1980. "The Civic Culture: A Philosophic Critique." in G.

Almond and S. Verba, *The Civic Culture Revisited*, Boston: Little, Brown and Co.

Patrick, Glenda M. 1894. "Political Culture." in Giovanni Sartori ed., *Social Science Concepts: A Systematic Analysis.* Beverly Hills, Calf.: Sage Publications.

Peck, Robert K. "Family Patterns Correlated with Adolescent Personality Structure." *Journal of Abnormal and Social Psychology*. 57, November.

Pinner, Frank A. 1965. "Parental Overprotection and Political Distrust." *The Annals of the American Academy of Political and Social Science*. 361, September.

Putnam, Robert, et al. 1988. "Institutional Performance and Political Culture: Some Puzzles about the Power of the Past." *Governance*. 1, July.

_______. 1994. *Making Democracy Work: Civic Traditions in Modern Italy.* Princeton: Princeton University Press.

Rosenbaum, Walter A. 1973. *Political Culture.* New York: Praeger Publishing Co.

Pye, Lucian W. 1965. "Introduction: Political Culture and Political Development." in Pye and Sidney Verba, eds., *Political Culture and Political Development.* Princeton: Princeton University Press.

Ryan, Michael. 1989. Politics ad. *Culture: Working Hypotheses for a Post-Revolutionary Society*. Baltimore: John Hopkins University Press.

Said, Edward W. 1993. *Culture and Imperialism.* New York: Knopf.

Scheuch, Erwin K. 1968. "The Cross-Cultural Use of Sample Surveys: Problems of Comparability," in Stein Rokkan, ed., *Comparative Research Across Nations and Cultures.* The Hague: Mouton.

________. 1969. "Social Context and Individual Behavior." in Mattei Dogan and Stein Rokkan, eds., *Quantitative Ecological Analysis in the Social Sciences.* Cambridge, Mass.: MIT Press.

Shin, Doh C. 1999. *Mass Politics and Culture in Democratizing Korea.*

Cambridge: Cambridge University Press.

Sigel, Robert S. 1951. "What Germans Tink and Why." *Commentary*. 12.

Verba, Sidney. 1965. "Comparative Political Culture." in Lucian Pye and Sidney Verba, eds., *Political Culture and Political Development*. Princeton: Princeton University Press.

______. 1980. "On Revisiting The Civic Culture: A Personal Postscript." in Gabriel Almond and Sidney Verba, *The Civic Culture Revisited*. Boston: Little, Brown and Co.

Verba, Sidney, Norman H. Nie and Jae-on Kim. 1978. *Participation and Political Equality: A Seven-Nation Comparison*. Chicago: University of Chicago Press.

Wallace, Anthony F. C. 1972. "Paradigmatic Processes in Culture Change." *American Anthropologist*. 74, June.

Weber, Max. 1958. *The Protestant Ethic and the Spirit of Capitalism*. Translated by Talcott Pasons with a foreward by R. H. Tawney. New York: Charles Scribner's Sons.

Wylie, Lawrence. 1961 *Village in the Vaucluse*. Cambridge: Harvard University Press.

2 개발도상국의 연구 : 근대화와 정치발전

임 석 준

Ⅰ. 서 론

현대 정치학의 제반 분야 중에서 정치발전(political development)만큼 열정적으로 연구되다가 냉혹하게 폐기된 분야는 없을 것이다. 1960년대에는 '비교정치=정치발전'이라는 등식이 성립될 정도로 정치발전의 연구에 막대한 자금과 재능 있는 학자가 모였다. 알몬드(Gabriel Almond), 앱터(David Apter), 립셋(Seymour M. Lipset) 등 당대를 풍미했던 학자들이 정치발전 연구에 매진한 이유는 학문과 현실을 접목시킬 수 있는 기회 때문이었다. 제2차 세계대전 이후 많은 신생국들이 탄생하였는데, 이들은 식민지 통치의 잔재를 떨쳐 버리고 국가건설과 산업화를 이루어야 하는 과제를 안고 있었다. 당시의 학자들은 정치발전 연구를 통해 신생국을 선진국의 길로 인도할 일반이론(general theory)을 제시할 수 있다고 생각하였다.

많은 열정과 노력이 투자되었음에도 불구하고 정치발전 연구가 실패한 근본적 이유는 근대화적 사고양식(mode of thought) 때문이었다. "근대화된 사회는 그렇지 않은 사회의 미래 모습을 보여준다"라고 생각한 근대화이론은 1960년대 개발도상국의 정치발전, 사회발전, 경제발전을 연구하는 하나의 접근방법이었다. 그것의 기조에는 모든 사회는 일정한 방향으로 진화할 것이고 그 진화의 종착점은 당시의 서구사회일 것이라는 낙관적(optimistic), 자기민족 중심적(ethnocentric), 진화론적(evolutionary) 사고가 깔려 있었다. 정치발전을 연구한 학자들은 바로 이러한 근대화적 사고양식을 수용하여 선진국을 모델로 개발도상국의 정치를 연구하였다. 1970년대에 들어와서 근대화적 사고양식이 철저히 비판받고 폐기되자, 후속 학자들은 정치발전 연구를 거부하였으며, 정치발전론이 쌓아 놓은 방대한 업적은 아무도 읽지 않는 사장된 이론(dead theory)이 되었다.

대부분의 경제학도가 근대 경제학의 아버지 아담 스미스의 『국부론』을 읽지 않고 해설서를 통해 접하는 것이 오늘의 현실이듯이, 정치학을 공부하는 학생들 역시 한 시대를 풍미하였던 정치발전론의 주요 작품을 읽지 않고 비판을 통해 정치발전론을 접한다. 1950-60년대 약 20여 년 동안 축적된 방대한 정치발전론 연구는 단 한 번의 정치학 수업을 통해 주마간산(走馬看山)격으로 다루어진다. 시중에 있는 정치학 교과서도 덩달아 정치발전의 소개보다는 그 비판에 더 많은 지면을 할애하고 있다. 그 결과 많은 학생들이 정치발전론의 근간은 모른 채 그것의 비판에 익숙한 "꼬리가 몸통을 흔드는" 우스운 꼴이 되어 버렸다.

이 글은 꼬리와 몸통의 관계를 되돌리기 위한 정치발전론의 변명서는 아니다. 왜냐하면 1950-60년대 풍미하였던 정치발전론은 분명히 그 가정과 방법론에서 치명적인 오류를 범하고 있기 때문이다. 그렇지만 유사한 학문적 편견을 미래에 반복하지 않기 위해서는 정치발전 이론의 오류만을 지적하기보다는 당시 그들의 시각에서 그들이 처한 현실을 바라보는 작업이 더 유용하다고 생각된다. 이러한 의미에서 본 글의 목적은 근대화와 정치발전의 가장 대표적인 글들을 비교적 상세히 소개하는 데 있고, 다음과 같이 구성되어 있다.

제2절에서는 근대화이론이 탄생한 배경을 설명한다. 근대화이론은 미·소냉전의 시작, 신생독립국의 출현, 그리고 사회과학의 일반이론에 대한 열망 세 가지 요소가 결합된 산물이라고 주장한다. 여기서 근대화이론의 두 가지 접근법(문화-심리적 접근과 구조적 접근)을 소개하며, 두 접근법을 이용한 대표적 작품들을 소개한다.

제3절에서는 1950-60년대 정치발전론을 소개할 것이다. 1950-60년대 대다수 학자들은 근대화와 정치발전을 머리가 붙어서 태어난 샴쌍둥이(Siamese twins)처럼 하나로 취급하였다. 그 결과 근대화와 마찬가지로 정치발전은 단선적이며 진보적이라고 생각하였다. 당시를 풍미하던 기능주의적 시각에 입각한 정치발전 모델과 사회과정 모델을 소개한다.

제4절은 근대화와 정치발전 이론을 비판한다. 정치발전 이론은 크게 이론의 내적 타당도(internal validity)에 대한 비판과 인식론에 대한 비판 두 가지로 나눌 수 있다. 전자가 정치발전의 논리에 대한 공격이라면 후자는 비판보다는 대안적 이론의 모색에 가깝다고 할 수 있다. 이곳에서는 내적 타당도에 대한 비판을 소개한다. 결론에서는 1990년대 이후 재등장하는 근대화와 민주화의 지적 믿음에 대해 소개한다. 이곳에서는 정치발전의 새로운 아젠다와 비교정치의 이론에 기여할 수 있는 영역을 소개할 것이다.

Ⅱ. 근대화 이론

1. 역사적 배경: 냉전, 신생국, 그리고 사회과학의 과학화

근대화이론은 제2차 세계대전 이후 등장한 냉전적 국제정치질서의 반영물이다. 2차 대전 이후 국제질서는 미국과 소련 두 초강대국(superpower)의 등장으로 양극화되었다. 미국은 자본주의를 소련은 사회주의를 내세워 체제경쟁에 돌입하였고 신생국을 자기 진영으로 끌어들이려고 부단히 노력하였다. 한편, 식민주의의 붕괴로 독립한 신생국들은 서구제국과의 식민지관계를 청산하고 새로운 정치질서와 자립경제를 달성하고자 하였다. 이들은 정치적, 이념적 노선도 통일되지 않아 자본주의와 사회주의 사이에서 갈팡질팡했다.

미국은 신생국이 공산주의의 영향권에 들어가지 않도록 노력하였다. 그러기 위해서는 신생국의 빈곤을 퇴치하고, 국가건설 과정에 일조하려 하였다. 국무성은 외교력 확대를 위하여 개발도상국에 각종 원조를 제공하였고, 기업들은 새로운 시장을 개척하는 동시에 자본주의를 전파하는데 열정적이었으며, 학자들은 정부와 기업의 노력이 효과적일 수 있도록 신생국의 경제 및 정치발전을 연구하였다. 제2차 세계대전 이후 20년을 “발전의 시대”(era of development)로 부를 만큼 미국정부와 학자들은 신생국의 근대화에 많은 열정과 이론을 쏟아 부었다. 근대화는 희망, 이데올로기, 학문의 삼위일체였다.

근대화 연구는 사회학, 경제학, 정치학, 인류학 등 인문사회과학자들이 공동으로 수행하였다. “어떻게 하면 개발도상국이 빠른 시일에 서구 선진국이 달성한 근대화에 이를까?”라는 질문에 대해 각각의 학계는 처방을 제시하였다. 사회학자들은 유형변수와 구조적 분화에 초점을 맞추었고, 경제학자들은 생산투자와 자본가 정신을 강조하였으며, 정치학자들은 정치참여와 정치체계의 능력을 부각시켰다. 초기 근대화 연구는 경제 및 사회의 근대화가 자연스럽게 정치적 근대화로 이어진다는 가정을 수용하였다. 따라서 사회학과 경제학이 근대화이론의 선두주자 역할을 담당하였고 정치학은 비교적 뒤늦게 근대화 프로젝트에 뛰어들었다.

근대화 연구의 가장 큰 방법론적 특징은 사례와 역사를 중시하는 지역연구(area studies)보다는 이론을 중시하는 비교연구(comparative studies)를 시도했다는 점이다. 근대화 이론가들은 개발도상국의 교육, 커뮤니케이션, 관료제, 정치문화 등을 대상으로 한 체계적인 국가 간 비교연구(comparative studies)가 지역연구에 비해 우월한 결과를 도출할 것이라 생각하였다. 지역연구가 특정 국가의 발전과정을 역사와 문화적으로 추적하는 데 중점을 두는 것이라면, 비교연구는 이론적 모델이나 몇몇 변수의 관계를 앞세워 여러 국가를 비교하는 방법이다. 지역연구가 역사적, 경험적이라면 비교연구는 추상적이며 계량적인 경향이 있다. 또한 지역연구를 위해서는 특정 국가의 언어를 습득하는 것이 필수적이지만, 비교연구는 언어 보다는 분석틀로서의 이론을 강조한다. 근대화 학자들 대부분이 연구지역의 언어에 익숙하지 않았고, 심지어 연구지역을 한 번도 방문하지 않은 전공자들도 많았다.

2. 근대화

근대화 연구가 이론의 반열에 오르기 위해서는 무엇보다도 근대화에 대한 체계적 개념 정의가 선행되어야 한다. 대답은 학자들마다 다르겠지만 일반적으로 근대화는 정치, 경제, 사회적 속성을 통해 설명할 수 있다. 정치 근대화(political modernization)란 정당, 의회, 선거권 등 정치참여를 지원하는 주요 제도들의 발달을 의미한다. 경제 근대화(economic modernization)는 분업의 증가와 기술의 발달을 지칭하며, 사회적 근대화(social modernization)는 문자해득률의 증가, 도시화, 그리고 전통적 권위의 약화를 의미한다. 그러나 이와 같이 속성을 통해 근대화를 설명하는 것은 근대화의 특징을 묘사하는 것이지 이론적으로 조작 가능한 개념을 도출하는 작업은 아니다.

근대(modern)를 정의하기 위한 노력의 일환으로 학자들은 근대와 대비되는 전통(traditional)을 등장시켰다. '근대' 대 '전통'은 사회과학의 새로운 유행어가 되었고, 이는 제2차 세계대전 이전에 유행하던 정치 유형(typology)들 — 민주주의, 과두제, 독재; 자유주의와 보수주의; 전체주의와 입헌주의; 사회주의, 공산주의, 자본주의; 민족주의와 국제주의 — 을 대체하였다. 헌팅턴은 1960년대 말 입헌주의와 전체주의라는 용어 한 개가 사용될 때마다 근대와 전통은 열 번 사용되었다고 하였다(Huntington 1971, 285).

근대화된 사회와 전통적인 사회의 유형화를 가장 잘 대비시킨 노력은 1965년 레비(Marion J. Levy)가 발표한 논문에 나타나 있다. 그는 "근대화되지 않은 사회들끼리의 차이가 아무리 크다고 하더라도 그들 간의 차이는 근대화된 사회와의 차이보다는 적다"며 근대화된 사회와 그렇지 않은 사회는 질적으로 다름을 지적하였다(Levy 1965, 30). 또한 "상대적으로 근대화된 모든 사회들은 상대적으로 근대화되지 않은 사회로부터 도래하였다"라는 주장을 통해 근대화된 사회와 그렇지 않은 사회는 하나의 연속선상에 있음을 명시했다(Levy 1965, 30). 끝으로, "근대화 되지 않은 사회는 근대화된 사회와 접촉을 하면 근대화의 방향으로 변화하게 된다"며 근대화가 단선적으로 한 방향을 향해 진행되는 과정임을 분명히 했다(Levy 1965, 35). 대체적으로 레비는 근대화는 아래 여덟 가지 특징을 갖고 있다고 설명한다.[1)]

(1) 조직의 전문화(specialization of organizations)

상대적으로 근대화된 사회의 조직은 그렇지 않은 사회에 비해서 전문화되어 있다. 예를 들어 상대적으로 근대화되지 않은 사회에서는 가족이 경제, 교육, 의식 등을 담당하지만, 상대적으로 근대화된 사회는 경제지향적 조직(예, 기업과 공장), 정치 지향적 조직(예, 정부와 정당), 교육 지향적 조직(예, 학교), 종교 지향적 조직(예, 교회) 등 조직이 정교할 정도로 분화되어 있다. 물론 상대적으로 근대화되지 않은 사회에서 전문화된 조직이 존재하지 않는 것은 아니다. 그러나 근대화된 사회에서는 인구의 대다수가 전문화된 조직에서 활동하는 반면, 상대적으로 근대화되지 않은 사회에서는 인구의 극소수만이 전문화된 조직에서 활동한다.

1) 실제로 레비는 여덟 개가 아니라 아홉 개의 특징을 언급하는데, 그 중 하나인 "전반적인 구조에 들어맞음(fit in general structure)" 개념은 매우 모호하여 이곳에서 제외하였다.

(2) 상호의존성(interdependency)

상대적으로 근대화되지 않은 사회는 자급자족의 수준이 높은 반면, 사회의 근대화가 진행될수록 조직의 자급자족 수준은 감소한다. 상대적으로 근대화된 사회에서는 조직의 전문화와 더불어 조직간 상호의존성이 증가하는 경향이 있다.

(3) 관계 강조(relationship emphases)

근대화된 사회와 그렇지 못한 사회는 어떠한 관계들을 강조하는가? 상대적으로 근대화된 사회는 합리성, 보편주의, 기능적 전문성 등의 관계가 강조되지만, 그렇지 못한 사회는 전통, 특수주의, 기능적 포괄성이 강조된다. 상대적으로 근대화된 사회는 과학적으로 증명된 지식을 사용하고(합리성), 인재를 누구인가가 아니라 무엇을 할 수 있는가의 기준에 의하여 등용하며(보편주의), 서로의 역할이 분명하게 규정되고 제한된 관계(기능적 전문성)를 강조한다.

(4) 집중화의 유형(patterns of centralization)

상대적으로 근대화된 사회는 중앙 집중화의 수준이 증가한다. 근대적인 사회가 집중화되는 중요한 이유는 통신기술의 발달에 의한 조절과 통제 능력이 강화되기 때문이다.

(5) 보편화된 교환의 매개와 시장(generalized media of exchange and markets)

근대화된 사회일수록 교환의 매개로 화폐를 널리 사용하며, 시장이 확대되는 경향이 있다. 물론 근대화되지 않은 사회도 시장이 존재하지만, 시장은 근대화가 진행될수록 일반화되며 확대된다.

(6) 관료제(bureaucracy)

근대화된 사회의 관료는 높은 수준의 기술과 현명함을 갖추어야 한다. 상대적으로 근대화된 사회일수록 관료의 충원은 사회적 영향력으로부터 자유롭고 관료들이 사회세력으로부터 격리되어 있다.

(7) 가족에 대한 고려(family considerations)

가족은 근대화된 사회와 그렇지 않은 사회에서 모두 존재하는 조직이다. 대다수의 근대화되지 않은 사는 네포티즘(nepotism, 관료임용의 친척 등용)을 죄악이 아니라 덕목으로 간주한다. 이러한 사회에서는 가족관계의 사적인 일이 가족관계 밖(nonfamily context)인 공적 영역에까지 영향을 미친다.

(8) 도시와 촌락의 상호의존 관계(town-village interdependencies)

상대적으로 근대화되지 않은 사회의 대다수 사람들의 행동은 도시적이기보다는 농촌적이다. 근대화된 사람들의 행동이 도시적이라면 근대화되지 않은 사람의 행동은 농촌적이다.

전술한 근대화에 대한 레비의 견해는 상당히 극단적이다. 실제로 모든 근대화 학자들이 레비와 같이 전통과 근대를 이분법적으로 본 것은 아니었다. 그렇지만 근대화이론은 진화론적 낙관주의를 기반으로 하고 있었던 것은 사실이다. 근대화이론가들은 무엇이 근대화인가에 대해서 합치된 의견이 없었지만 — 근대화는 산업화인가, 합리화인가, 민주화인가 등에 대해서 모두 강조점이 다르고 의견도 달랐음 — 그럼에도 불구하고 근대화는 바람직한 것이라고 생각하였다.

3. 근대화이론의 접근법

상대적으로 근대화된 사회의 특성을 설명하였다면 그러한 상태에 도달하기 위해서는 어떻게 해야 하는가? 근대화이론가들은 크게 두 가지 접근법(문화-심리적 접근법과 구조적 접근법)을 통해 근대화된 사회로 이르는 길을 설명하고 있다. 문화-심리적 접근법은 문화와 발전의 관계에 초점을 맞추는 접근법이다. 이들은 자본주의 발전을 종교에서 찾은 막스 베버(Max Weber)의 전통을 계승하여 사회가 변화하는 원인을 개인의 문화-심리적 변화에서 찾았다. 한편, 구조적 접근법은 사회의 구조적 특징에 초점을 맞추며 사회변화의 동력으로 사회적 분화(social differentiation)를 들고 있다. 여기서는 각각의 접근법과 대표적인 저서를 소개한다.

4. 문화-심리적 접근을 통한 근대화

문화-심리적 접근은 사회가 근대화하는 원인을 개인의 심리적 변화에서 찾고 있다. 그들은 문화-심리와 발전의 관계에 초점을 맞춤으로써 막스 베버(Max Weber)의 연구를 계승하였다고 볼 수 있다. 베버는 『프로테스탄트 윤리와 자본주의 정신』에서 서유럽에서 자본주의가 태동한 원인으로 경제 조건들은 필요조건이 될 수 있지만 충분조건은 되지 않는다고 주장하였다. 자본주의가 발전하기 위해서는 경제 조건 이외에도 자본주의 정신이라는 문화적 지향과 가치가 필수적이었다는 것이 베버의 주장이다. 베버에 따르면 자본주의 정신은 종교개혁 이후 생겨난 금욕적인 프로테스탄트 정신, 그 중에서도 칼뱅주의를 비롯한 청교도신학의 예정설(豫定說)과 소명의식의 심리적인 결과였다. 예정설은 칼뱅(Jean Calvin)이 체계를 세운 것인데, 칼뱅의 제자들은 예정설로 인해 생기는 심리적 불안감을 없애기 위하여 세속적인 소명에 대한 끊임없는 노력과 그를 통해 얻어지는 이윤을 절약하는 금욕주의적 윤리를 강조하였다. 이러한 믿음과 실천의 결과로서 자본이 빠르게 축적될 수 있었다는 것이다.

베버와 마찬가지로 문화-심리적 접근법은 개발도상국이 산업화를 달성하기 위해서는 가치와 태도가 매우 중요함을 강조하였다. 러너(Daniel Lerner), 맥클리랜드(David McClelland), 잉켈스(Alex Inkeles)와 같이 근대화이론을 문화-심리적으로 접근한 학자들은 "근대적 제도를 운영하기 위해서는 근대적 인간(modern man)이 필요하다"는 주장과 함께 개발도상국이 발전하기 위해서는 국민들은 전통적 가치를 벗고 근대적 가치와 태도를 지녀야 한다고 지적한다. 근대적 가치를 지닌 인간은 어떠한 특성을 지니고 있는가? 그는 견문이 넓고 참여적이며, 경제 효율성 개념을 이해하고 있고, 전통적인 영향력으로부터 자유롭고, 새로운 경험과 사상을 수용할 준비가 되어있다. 또한 그는 상당히 개방적이며 지적으로 안정되어 있다(Inkles and Smith 1974, 290).

잉켈스와 스미스의 저서 『근대화되기』(*Becoming Modern*)는 아르헨티나, 칠레, 인도, 이스라엘, 나이지리아, 방글라데시 6개국의 6,000명을 대상으로 한 설문조사를 통해서, 개인의 태도변화와 경제발전의 상관관계에 주목한다. 이들은 개발도상국의 정치 및 사회제도의 근대화 과정을 개인의 의식 변화로 유추하고 비교한다. 근대적 인간은 독립적이고(independent), 환경에 잘 적응하고(adaptable), 순간순간 변하기보다는 장기적 계획을 세우고(long-term planning), 세상이

변하고 있다고 생각하며, 특히 자신이 세상을 변화시킬 수 있다는 자신감을 갖춘 사람이다. 그리고 발전은 근대화에 적합한 가치, 태도, 그리고 개인적 속성을 갖추는 것과 비례한다(Inkles and Smith 1974).

(1) 상점주인과 부족장(Grocer and the Chief)

러너(Daniel Lerner)와 파이(Lucian W. Pye) 등의 학자들은 전환기 사회의 발전 과정에서 커뮤니케이션 역할의 중요성을 강조하였다. 그들은 커뮤니케이션이 보급되고 확대되는 과정을 근대화의 중요한 독립변수로 간주한다. 커뮤니케이션 체계의 확대는 발전에 필요한 지식과 태도를 개인에게 빠르게 확산시키기 때문에 근대화를 촉진한다. 파이는 "전통사회의 몰락을 유도하는 것은 커뮤니케이션의 압력"이라고 선언하였다.

1949년 컬럼비아 대학교의 응용사회연구국(Bureau of Applied Social Research)은 중동지역 6개 국가를 대상으로 커뮤니케이션이 가져오는 개인의 의식변화를 측정하는 프로젝트를 수행하였다. 프로젝트는 터키, 이란, 이집트, 레바논, 시리아, 요르단의 주민을 대상으로 2천개가 넘는 방대한 인터뷰를 진행하였으며, 인터뷰의 내용분석은 8명의 미국 학자들이 담당하였고, 그 결과물은 『전통사회의 소멸: 중동의 근대화』(*The Passing of Traditional Society: Modernizing the Middle East*)라는 책으로 탄생하였다. 저자인 러너(Daniel Lerner)는 1954년과 1956-57년 중동지역을 직접 방문하였고, 이 지역에서 전통사회가 빠르게 소멸되고 있는 점에 감명받았다.

이 책의 백미는 "상점주인과 부족장(Grocer and the Chief)"이라는 첫 장이다. 러너는 상점주인, 부족장, 양치기 등의 인물을 등장시켜 터키 발가트(Balgat)의 근대화 과정을 흥미진진하게 묘사한다. 발가트는 수도 앙카라의 외곽에서 8km 떨어진 농촌이며 전통사회다(한국과 비교하면 1960년대 서울 강남의 말죽거리와 유사한 지역이다). 1950년 연구원들의 조사에 의하면 대다수 주민들은 농업에 종사하고 있다. 부족장은 마을의 리더인데 복종, 용기, 충성 등 터키의 전통적 가치를 숭배한다. 그의 집에는 마을에서 유일한 라디오가 있다. 주민들은 저녁마다 부족장의 집에 모여 라디오를 청취하며 부족장은 주민에게 뉴스를 해설해주는 게이트키퍼(gatekeeper) 역할을 담당한다. 대조적으로 상점주인은 활동적이며 외부세계를 동경하는 인물이다. 그는 수도 앙카라에 자주 드나들기 때문에 근대화의 도구인 라디오와 영화 등 대중매체에 많이 노출되어 있다. 그는 근대화의 과정에 있는 과도기형(transitional) 인간으로 항상 자기변화를 시도한다. 전통적 인간(traditional)이 대부분인 발가트 사회에서 상점주인은 변종이자 외톨이다.

1954년 발가트를 직접 방문한 러너 교수는 1950년 연구원의 묘사와는 다르게 발가트가 빠른 속도로 근대화되는 모습에 놀란다. 발가트는 버스 정류장, 전기, 수돗물, 새로운 가게 등이 들어섰으며 행정적으로 앙카라 광역(Greater Ankara)에 편입되었다. 그곳은 더 이상 농촌사회가 아니다. 주민은 모두 앙카라에 있는 공장에 취직했고 아무도 농업에 종사하지 않는다. 전통적 유형의 부족장마저도 근대화의 물결로부터 자유롭지 않으며 그의 아들은 그가 그토록 경멸했던 상인이 되어 있었다. 러너는 상점주인을 찾아 나서지만 그는 이미 세상을 하직했다. 그러나 마을 주민들은 그가 미래를 바라 본 "선각자"라고 생각하고 있다.

러너에 의하면 근대화된 인간은 도시적이며 야망이 있는 사람이다. 그는 기회가 있는 곳이거나 부(富)가 있는 곳이라면 언제 어디로든지 이주할 준비가 되어 있으며 세계의 문제와 자국의 미래에 대해 낙관적이다. 감정이입(empathy) 능력은 근대화의 정도를 측정하는 중요한 지표이다. 그것은 "타인의 입장에서 자신을 바라보기"인데, 즉 다른 사람의 입장에서 세상을 볼 수 있는 능력이다(Lerner 1958, 50). 우리말로 역지사지(易地思之)라고 할 수 있다. 감정이입 능력의 여부는 근대적 인간을 전통적 인간과 구분하는 중요한 기준이다. 러너는 대중매체와 도시적 삶에 노출될수록 "감정이입" 능력이 증가한다고 주장한다. 러너는 "만약 당신이 터키의 대통령이면 무엇을 하겠는가?" 라는 질문을 통해서 감정이입을 측정한다. 전통을 상징하는 양치기는 "나 같이 하찮은 것이 어떻게 감히 세상의 주인이 되겠느냐"라며 감정이입 능력이 없음을 나타낸다. 부족장 또한 전통적 인간으로서 "나는 마을조차도 버거운데 어떻게 터키를 관리하겠는가"라고 답한다. 그러나 근대로 향하는 전환기형 인간인 상점주인은 서슴지 않고 대답한다. "나는 길을 만들어 마을 사람들이 도시에 갈 수 있도록 하겠다. 그들이 이러한 덫에서 벗어날 수 있도록 길을 만들겠다"가 상점주인의 답변이다. 그는 자신을 터키의 대통령으로 등치시켜 생각할 수 있는 능력을 갖추었다(Lerner 1958, 24). 러너는 또한 "외국에서 살 수 있다면 어디에서 살겠는가?"라는 질문을 던진다. 이에 대해 전통적 인간형인 양치기는 "차라리 죽겠다"라고, 부족장 역시 "아무데도 없다. 나는 여기서 태어났고 성장했고 죽을 것이다"라고 대답해 감정이입 능력이 빈약함을 드러낸다. 반면 사회경제적 근대화 변수에 비교적 많이 노출된 상점주인은 "미국에서"라고 서슴없이 대답한다. "미국은 살기 좋은 나라이고 부자가 될 수 있기 때문에"가 이유이다. 근대화이론이 서구, 특히 미국 중심적 이론임을 극명하게 보여주는 대목이다.

(2) 경제발전과 정치발전의 제단계

1960년에 처음 출간된 『경제발전의 제단계』(*The Stages of Economic Growth: A Non-Communist Manifesto*) 역시 문화-심리적 접근법을 이용하여 경제 근대화를 설명하고 있다. 로스토우(Walter W. Rostow)는 경제학자인 동시에 케네디(Kennedy)와 존슨(Johnson) 행정부에서 안보자문을 담당한 인물로 1960년대 미국의 동남아시아 외교정책에 많은 영향을 미쳤다. 『반공산당선언』(*A Non-Communist Manifesto*)이라는 책의 부제에서 볼 수 있듯이 로스토우는 베트남의 공산화를 막기 위한 미국의 군사 개입을 지지하였고, 자본주의와 자유기업이 신생국의 공산화를 방지하는 최고의 약이라고 생각하였다.

로스토우는 경제 발전을 비행기의 이륙에 비유하고 있는데, 경제는 1) 전통사회(traditional society), 2) 도약을 위한 준비(preconditions for take-off), 3) 도약(take-off), 4) 성숙을 향한 발전(drive to maturity), 5) 고도의 대중소비(high mass consumption)의 다섯 단계를 거쳐 발전한다고 주장하였다.

1) 전통사회(traditional society)

전통사회는 변화가 거의 없는 단계로 이는 마치 비행기가 정지해 있는 상태와 같다. 전통사회는 농업사회이며 위계적 사회구조를 갖추고 있어 사회적 이동이 막혀 있다.

2) 도약을 위한 준비(preconditions for take-off)

그러나 개발도상국은 영원히 정지해 있는 것이 아니다. 곧 새로운 기업가들이 등장하고, 시장이 확대되며, 도시화와 산업화가 진행되는 등 변하기 시작한다. 로스토우는 이러한 단계를 도약을 위한 준비라고 부른다.

3) 도약(take-off)

제3세계 국가들이 선행조건단계를 뛰어넘어 세 번째 단계인 도약(take-off)을 하려면 엄청난 자극이 필요하다. 비행기가 이륙단계에서 연료를 가장 많이 소비하듯이, 경제의 도약에서도 생산투자비를 증가시켜야 한다. 로스토우는 국민소득의 10% 이상이 경제 분야로 끊임없이 재투자되어야 도약이 가능하다고 하였다.

4) 성숙을 향한 발전(drive to maturity)

일단 경제가 도약하면 성장이 지속적으로 이루어져야 한다. 국가총생산의 10-20% 정도가 재투자되어 경제성장률이 인구증가율을 지속적으로 앞서면 성숙을 향한 단계에 도달한다. 성숙한 경제는 과학기술집약 산업이 주도하며 초기 도약을 주도하였던 산업은 소멸한다.

5) 고도의 대중소비(high mass consumption)

경제발전의 종착지인 대중소비단계에 도달하면 경제는 제조업 중심에서 서비스 중심으로 바뀐다. 이 단계는 1인당 실질소득이 매우 높아져서 인구의 대다수가 의식주를 위한 기본 지출에 구애를 받지 않을 때 가능하다. 로스토우가 책을 집필할 당시 대중소비단계에 도달한 유일한 국가는 미국과 서유럽이었다. 로스토우는 도약을 위해서는 전통사회 내부에 오랫동안 지속되고 있는 숙명주의(long-run fatalism)를 극복해야 한다고 주장한다. 전통사회에 만연한 숙명주의란 오랜 세월이 지나도 주변상황이 더 나아지지 않을 것이라는 자포자기 상태로써, 로스토우는 "손자들에게 열려있는 가능성의 범주가 조부모에게 주어진 가능성의 범주와 별반 다르지 않을 것이라고 생각하는 태도"로 묘사한다. 즉, 세대가 지남에도 불구하고 외부환경이 더 나아지지 않을 것이라고 생각하는 비관적 태도를 의미한다.

근대화에 대한 자극은 바로 숙명주의에 익숙한 사람들에게 인간이 과학기술을 통해 세상을 조절할 수 있다는 뉴턴적 인식(Newton's Perception)을 불어 넣음으로써 비로소 가능하다고 생각한다. 뉴턴적 인식은 성장을 자동적이게 하는 심리적, 정치적, 제도적, 기술적 요인인데, 이는 사람들이 문제에 직면했을 때 그 문제를 수동적으로 받아들이는 것이 아니고 해결을 위해 능동적으로 나서게 하는 것이며, 따라서 많든 적든 규칙적인 흐름으로서의 발명과 혁신이 유발하도록 촉진하는 심리적 요인이다. 서유럽의 근대화는 바로 이러한 과학기술의 원리가 농업과 산업에 적용되면서 시발되었는데, 개발도상국은 비록 자체적으로 과학기술적 사고가 태동하지 않더라도 근대화된 사회와의 접촉을 통해서 뉴튼적 자극이 형성될 수 있다. 로스토우는 앞서 살펴본 러너나 잉켈스와 유사한 논리를 전개하고 있는데, 이는 — 자생적이건 외부와의 접촉을 통해서건 — 근대적 인간(modern man)이 출현해야 근대화가 가능하다는 견해이다.

5. 구조적 분화로서의 근대화

앞서 살펴본 문화-심리적 접근법과는 대조적으로, 근대화를 설명하는 두 번째 방법론은 구조적 접근으로 이들은 진화론적 입장에서 사회를 바라보고 있다. 진화론적 입장이란 변화가 불가피하다는 것, 그것은 명확하게 식별할 수 있는 단계를 따른다는 것, 진화 방향은 단순한 것에서 복잡한 단계로 진행된다는 것, 그리고 미래는 현재보다 현재는 과거보다 더 우수하다는 것을 내포하는 시각이다. 생명체가 단순한 구조에서 복잡한 구조로 진화하듯이 사회도 발전함에 따라 구조적으로 점점 더 복잡해지는데 이를 사회적 분화(social differentiation)라

부른다.

사회적 분화는 사회가 다기능적 역할구조(multi-functional role structure)에서 전문화된 역할구조(specialized role structure)로 변화하는 것을 의미한다. 예를 들어, 전통사회에서 가족은 경제, 교육, 통합 등 다기능 역할을 담당했다. 그러나 근대화 과정을 거치면서 사회적 분화는 증가하고 가족이 담당했던 중첩되고 복합된 기능은 점점 전문화된 조직에 의해 대체된다. 가족에서 자급자족으로 이루어지던 경제활동은 기업으로 이전된다. 또한 공식적 교육제도가 등장하여 과거에 가정과 교회에서 이루어지던 교육기능은 학교와 전문화된 선생님에게 이전된다. 정치의 영역에서도 이러한 분화는 관찰된다. 전근대적 사회에서 정치는 혈연적 관계와 밀접한 관련을 갖지만, 사회가 복잡하게 분화되면서 정당, 관료제, 의회, 이익집단 등 전문화된 정치 구조가 등장한다. 즉, 근대화가 진행될수록 사회는 끊임없이 분화과정을 겪는 것이다.

근대화가 진행될수록 사회는 전문화되고 분화되지만, 사회가 분화할수록 구조들 간의 유기적 관계가 상실된다는 문제를 안고 있다. 비록 구조적 분화가 사회제도들의 능력을 증가시키지만, 또 한편으로 통합(integration)의 문제, 즉 새로 나타난 여러 가지 제도들 사이의 상호작용을 조정하는 새로운 문제를 유발한다. 근대화이론에서는 점점 분화되는 구조들을 어떻게 통합하는가에 관심을 갖게 되었는데, 이 문제에 해답을 제공한 학자가 미국 사회학의 아버지 파슨스(T. Parsons)였다.

파슨스는 사회를 생명체와 유사한 체계(system)에 비유한다. 인간이라는 생명체계는 소화계, 호흡계, 신경계, 근육계 등의 하위체계로 이루어져 있듯이, 사회체계 또한 정치체계, 경제체계 등 다양한 하위체계(subsystem)로 이루어져 있다. 신경계, 근육계 등 인간의 하위체계는 각자 제멋대로 기능하면 곤란하듯이, 사회의 하위체계들 역시 기능적으로 상호의존 해야 생존이 가능하다. 파슨스에 따르면 모든 사회체계는 생존하기 위해 다음과 같은 네 가지 필수기능(functional requirements)을 수행해야 한다. 첫째는 적응(adaptation)으로서 모든 체계는 환경의 요구에 순응하거나 환경적 변화에 적응해야 한다. 둘째는 목표달성(goal attainment)으로 체계는 다양한 목표들 간의 우선순위를 결정하고 목표달성을 위한 수단을 동원해야 한다. 셋째는 통합기능(integration)이다. 이는 모든 정치체계가 각 하위체계(sub-system) 간의 내적 일관성을 유지해야 하는 것을 말한다. 넷째는 체제유지기능(latency)으로서 각 체계는 내부적 긴장을 처리하는 방식을 발전시키고, 가치와 동기들을 활성화하고 유지시켜 나가야 한다. 파슨스의 AGIL 모델은 바로 사회의 네 가지 필수기능인 적응(Adaptation), 목표달성(Goal attainment), 통합(Integration), 체제유지(Latency)의 머리글자에서 유래한 것이다. 파슨스의 AGIL모델, 특히 체제유지(latency)에 대한 그의 견해는 행태주의 정치학의 태두인 이스턴(David Easton)에 큰 영향을 미쳤다(이스턴의 행태주의는 뒤에 서술함).

파슨스는 유형변수(pattern variables)를 개발해 근대화이론에도 많은 영향을 미쳤다. 앞서 살펴보았듯이 파슨스는 모든 구조(structure)는 특정한 기능/역할(function, role)을 수행한다고 생각하였다. 그는 또한 사회적 역할을 통해서 체계의 구조적 특징이 개인의 행위로 나타난다고 생각하였다. 쉽게 말하면, 근대사회와 전통사회는 그 구조가 상이한 만큼 각각의 사회에서 사는 개인들의 행위유형도 상이할 것이라는 것이다. 즉, 훨씬 더 복잡하게 분화되어 있는 근대사회를 살아가는 개인은 기능적으로 미분화된 전통사회를 살아가는 개인과는 확연히 다른 행위의 유형을 보일 것이라는 것이 파슨스의 생각이었다. 그러면 전통사회와 근대사회의 행위유형은 어떻게 다른가?

파슨스는 전통사회와 근대사회를 살아가는 행위자들의 유형변수(pattern variables)를 다섯 가지 이념형으로 제시하고 있다. 첫째, 전통사회의 행위자가 감정적 기준(affectivity)에 따라 행동하는데 비해, 근대사회의 행위자는 감정중립적 기준(affective neutrality)에 따라 행동한다. 둘째, 전통사회의 행위자가 집단 지향적(collectively-oriented)인데 비해 근대사회의 행위자는 개인 중심적(self-oriented)으로 행동한다. 셋째, 전통사회에서는 사회적 가치규범이 행위자와의 특수한 관계(particularistic)에 따라 적용되는데 비해, 근대사회에서는 보편적 가치기준(universalistic)에 따라 그 규범이 적용된다. 넷째, 행위자에 대한 평가의 척도에 있어서 전통사회에서는 신분과 같은 귀속적 사회적 관계(ascriptive)에 따라 결정되는데 비해, 근대사회에서는 행위자의 능력이나 실적(achievement)이 평가의 기준이 된다. 다섯째, 전통사회에서 행위자의 역할은 기능적으로 미분화되어 있는데(functionally diffused) 비해, 근대사회의 행위자 기능은 세분화(functionally specific) 되어 있다.

파슨스에 따르면 발전이란 문화체계에서 전통적 요소가 사라지고 근대적인 요소가 확대되는 것을 뜻한다. 즉, 전통사회의 특장인 감정성, 집단지향성, 특수성, 귀속중심, 기능적 미분화 등의 요소가 점차 가치중립, 개인지향성, 보편성, 업적중심, 기능적 세분화의 방향으로 변화해 갈 때 발전된 사회로 볼 수 있다는 것이다.

Ⅲ. 정치발전

1. 정치발전 개념

경제발전은 국내총생산(GDP)과 같은 명확한 지표를 설정할 수 있으나 정치발전은 상당히 추상적 개념이며 따라서 학자들마다 정치발전의 개념을 다양하게 정의하였다. 어떤 학자는 서구식 민주주의 제도를 확립하는 것을 정치발전으로 보았고, 어떤 학자는 정치체제의 능력 신장이 정치발전이라고 하였으며, 구조기능주의에 노출된 학자들은 정치체계가 근대화에 잘 적응하는 것을 정치발전이라고 하였다. 비록 학자들마다 정치발전에 대한 다양한 견해를 가지고 있었지만, 1960년대 정치학자들의 공통점은 정치근대화(political modernization)와 정치발전(political development)을 구분 없이 거의 동일한 개념으로 사용하였다는 점이다. 즉, 학자들은 정치발전을 근대화의 틀 속에서 생각하였으며 그 결과 다음과 같은 두 가지 특징을 보였다.

첫째, 정치근대화와 마찬가지로 정치발전도 단선적이며 진보적 과정이라고 생각하였다. 예를 들어, 로스토우의 경제발전 제단계설에 영향을 받은 오간스키(Organski)는 정치발전이 네 단계를 거쳐 진행된다고 하였다. 그는 『정치발전의 제단계』(The Stages of Political Development)에서 정치발전을 다음 네 단계로 나누어 설명하고 있다.

(1) 초기통일의 정치(the politics of primitive unification)

국경내의 모든 영토와 국민을 지배하는 중앙집권적인 정치체제를 확립하는 단계이다.

(2) 산업화의 정치(the politics of industrialization)

경제적 근대화의 단계로 정치권력이 전통적인 엘리트의 수중으로부터 경제의 근대화를 이룩하려는 부르주와의 손으로 넘어간다.

(3) 국민복지의 정치(the politics of national welfare)

국민복지의 정치는 완전히 공업화된 국가의 정치로서 복지정책 등을 통해 산업사회가 가져오는 빈부격차 등 다양한 부작용으로부터 국민을 보호하는 단계이다.

(4) 풍요의 정치(the politics of abundance)

근대화의 최종 단계로 자동화 혁명(the revolution of automation)이 활발히 진행된 단계에서 나타나는 정치이다. 정치는 자동화로 인해 집중화되는 경제 권력을 방지하고 실업자로 전락한 사람들에게 생활수단을 강구해 주는 방향으로 진행될 것이다. 이 단계에 완전히 진입한 국가는 없으나 미국과 서구 선진국이 근접해 있다.

오건스키는 근대화 학자들과 마찬가지로 자신이 제시한 정치발전의 제단계는 모든 국가가 더듬어 가는 진로이며 어떤 나라도 중간 단계를 건너뛰어 넘을 수 없다고 주장한다. 이를테면 발전의 속도를 빠르게 하거나 발전을 압축시킬 수는 있지만 어떤 나라도 1단계에서 3단계로 뛰어넘을 수 없으며 모든 나라가 1단계에서 2단계, 그리고 3, 4단계로 정치발전이 진행된다고 하였다.

둘째, 정치발전의 개념을 언급하는 학자들 중 기능주의에 영향을 받은 학자들은 정치발전을 정치체계가 수행하는 기능을 통해 정의 내렸다. 예를 들어, 알몬드와 파웰(Almond and Powell, 1966)은 1966년 출간된 『비교정치: 발전론적 접근』(*Comparative Politics: A Developmental Approach*)에서 정치발전을 정치근대화의 4대 과제인 국가건설, 국민통합, 참여, 분배에 대응하는 것으로 정의 내린다. 국가건설(state-building)의 과제는 사회에 침투하고 사회를 통합할 수 있는 구조의 건설, 특히 효과적인 관료제의 건설을 의미한다. 국민통합(nation-building)은 사람들이 작은 부족, 마을, 공동체에서 커다란 중앙정치체제로 충성을 이전하는 과정이다. 참여(participation)는 정치적 삶에서 참여에 대한 증가하는 요구에 대응하는 것이며, 분배(distribution)는 재분배와 복지에 대한 증가하는 요구에 대응하는 것이다. 알몬드와 파웰은 정치발전이 무엇이라고 구체적으로 언급하지는 않지만, 정치체계가 변화하는 환경의 압력에 잘 적응하고 대응하는 것을 정치발전이라고 생각하였다.

이렇게 학자들마다 정치발전에 대한 중구난방식의 견해를 내놓자 1960년대 중반 파이(Lucian Pye)는 정치발전에 대한 의견을 종합하여 정치발전을 10가지 범주로 정리했다. 파이에 의하면 정치발전이란 다음과 같은 10가지 요소를 의미한다.

1. 경제발전의 정치적 조건(the political prerequisite of economic development)
2. 산업화된 사회에서 보이는 정치(the politics typical of industrial societies)
3. 정치근대화(political modernization)

4. 국민국가의 작동(the operation of the nation-state)
5. 행정과 법의 발전(administrative and legal development)
6. 대중 동원과 참여(mass mobilization and participation)
7. 민주주의의 건설(the building of democracy)
8. 안정과 질서를 통한 변화(stability and orderly change)
9. 동원과 권력(mobilization and power)
10. 다차원적 사회변화의 한 측면(one aspect of multidimensional process of social change)

더 나아가 파이는 정치발전이 평등(equality), 능력(capacity), 분화(differentiation)를 증가시키는 세 가지 방향으로 진행되고 있다고 주장하였다. 평등(equality)의 증가는 대중의 정치참여로 나타나는 현상이며, 정치체제의 능력(capacity) 신장은 정부의 기능 수행의 규모와 범위의 확대로 인해 나타나며, 구조의 분화(differentiation)는 정치체계의 제도와 구조가 점점 더 증가하기 때문에 나타나는 현상이다.

2. 정치발전의 분석틀: 제도주의에서 행태주의로

정치학이 선진국의 정치연구에서 개발도상국 연구에 관심을 보이기 시작하면서 학자들은 과거(제2차 세계대전 이전) 정치학의 대표적 접근방법인 제도주의(institutionalism)가 많은 한계가 있음을 실감하였다. 제도주의는 국가들의 정치를 연구함에 있어서 정부의 형식적 제도와 법을 비교하였다. 예를 들어, 미국의 선거를 연구함에 있어서 법-제도적 접근은 선거의 제도적 측면, 즉 선거인단에 의한 선출방식, 임기, 정부형태 등을 검토하였다. 또한 미국과 영국의 정치를 비교할 때 대통령제와 의원내각제와 같은 형식적 제도의 특성에 주목하여, "대통령제는 통치수반의 임기를 보장하기 때문에 의원내각제보다 안정적이다"와 같은 결론을 도출하였다. 이러한 법-제도적 접근은 그나마 제도가 안정되고 지속적인 선진국을 연구하기에는 적합했지만, 정치가 변화무쌍하고 정치체계의 규모, 구조, 문화적 측면에서 너무나 차이가 많은 신생국을 비교할 수 없었다. 또한 개발도상국이 권력분립, 자유선거 등 민주주의를 운영하기 위한 제도를 갖추었더라도 실질적으로 정치가 민주적으로 운영되지 않는다면 겉으로 드러나는 제도의 비교는 의미가 없을 것이다. 알몬드와 콜먼은 개발도상국 연구에서 제도주의의 어려움을 지적하면서, "개발도상국의 헌법과 정부제도는 너무 자주 변할 뿐만 아니라 실질적 성과와 너무 다르기 때문에 정치를 예측하는 데 아무런 도움이 되지 못한다"며 새로운 비교정치학을 주장하였다(Almond and Coleman 1960, viii).

그러면 "새로운" 비교정치학이란 무엇인가? 법-제도적 분석이 '비교적인'(comparative) 학문으로 유용하지 않다면 신생국 정치연구는 어떻게 접근되어야 하는가? 이에 대해 행태주의자(behaviorist)들은 형식적인 제도를 비교하지 말고, 정치의 비형식적이고 동태적 측면을 연구해야 한다고 주장하였다. 정치의 동태적 측면이란 정치사회화, 충원제도, 그리고 정치의 '하부구조'라고 할 수 있는 이익집단, 정치정당, 의사전달 등 정치과정(political process)을 의미하였다.

우리말에 "옷이 날개다"라는 표현이 있다. 한 사람의 행동은 그의 의관(형식)이 규정할 수 있다는 것이다. 우리가 결혼식장 혹은 회의장에서 정장을 갖추면 차림에 걸맞게 행동할 가능성이 높다. 그런데 행태주의자들이 보기에는 1960년대 많은 신생국들은 서양식 복장을 갖추었지만 행동에 있어서는 전혀 그렇지 않다고 생각하였다. 겉옷을 통해서 국가들을 비교할 수 없다면 새로운 모델을 만들어야 했고 그 해답은 정치체계 이론을 만든 이스턴(David Easton)이 제공하였다.

3. 정치발전의 구조기능적 접근: 이스턴과 알몬드

이스턴은 '사회과학의 과학화'를 추구한 정치학자였다. 그는 특정 정치행태(political behavior)를 초월하여 어떠한 정치행태에도 적용 가능한 정치모델을 수립하려 하였다. 그는 앞서 살펴본 파슨스의 체계이론에 영향을 받아 정치를 하나의 체계(system)로 파악하였다. 정치체계(political system)는 거대한 환경에 속해 있고 환경의 압력에 대응하면서 살아간다. 정치체계가 경제체계 등 다른 체계와 차별화되는 이유는 정치체계만의 특별한 기능을 수행하기 때문인데, 이스턴은 정치의 가장 핵심 기능을 사회를 위한 '가치의 권위적 분배'(authoritative allocation of values)라고 하였다.[2)]

2) 이스턴은 정치를 '가치의 권위적 분배'로 정의함으로써 정치학을 여타 학문(특히 경제학)과 잘 구별하고 있다. 정치학과 경제학은 사회의 재화가 어떻게 분배되는가에 관심을 가지는 학문이다. 하지만 경제학에서 취급하고 있는 사회적 재화는 상품, 서비스, 자원 등의 물질적 재화이고 정치학에서 취급하는 사회적 재화는 권력, 존경, 명예, 희망 등의 비물질적 재화이다. 경제학의 경우 물질적 가치는 생산자와 소비자가 자발적으로 거래하는 시장을 통해 분배된다고 본다. 대조적으로, 정치학에서는 사회의 비물질적 재화는 이익단체, 정당, 혹은 국가와 같은 결사체(association)를 통하여 분배된다고 본다. 경제학에서 언급하는 시장(market)은 물질적 재화의 자발적 거래가 이루어지는 곳이다. 따라서 원하지 않는 거래는 이루어지지 않으며, 만장일치의 동의 방식을 채택하고 있다고 볼 수 있다. 한편, 정치학에서는 비물질적 재화가 자발적 방식에 의해서가 아니라 명령에 의한 권위적 방식으로 분배된다고 본다. 이러한 의미에서 이스턴은 정치를 사회의 가치들을 권위적으로 분배하는 것(the authoritative allocation of values)이라고 정의하였다. 여기서 권위적이란 말은 가치의 분배가 종종 특정인이나 단체의 명령, 즉 권력에 의해 이루어진다는 것을 의미한다.

그림 1 정치체계

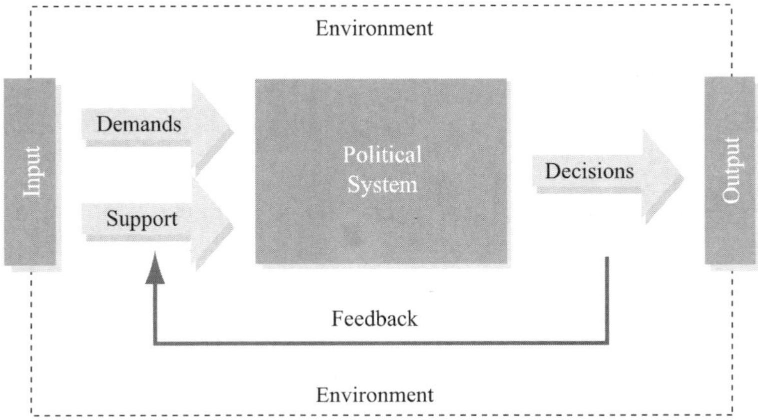

[그림 1]은 이스턴이 제안한 정치체계이다. 그는 정치체계의 분석은 환경과의 상호작용을 통해서 가능하다고 생각하였다. 환경으로부터 요구(demand)와 지지(support)가 정치체계에 투입되면 체계는 "권위를 가지고" 정책(decisions)을 산출한다. 산출된 정책은 다시 환경으로 피드백(feedback, 환류)되며 정책이 만족스럽지 않다면 새로운 투입과정이 시작된다.

알몬드(Gabriel Almond)와 콜먼(James Coleman)은 『개발도상국의 정치』(Politics of the Developing Areas)에서 위에서 언급한 이스턴의 정치체계이론을 실험하였다. 『개발도상국의 정치』는 알몬드(Gabriel Almond), 콜먼(James Coleman), 파이(Lucian W. Pye), 와이너(Myron Weiner), 러스토(Dankwart A. Rustow)[3] 등 당대의 내로라하는 미국 정치학자들이 참여한 책으로, 정치발전 연구를 주도한 미국사회과학연

3) 당크워트 러스토는 경제발전의 제단계로 알려진 월터 로스토우(Walter Rostow)와 다른 인물이다.

구평의회(American Social Science Research Council, SSRC) 산하 비교정치위원회(Committee on Comparative Politics)의 대표적 업적물이다. 비교정치위원회는 "비교정치학이 비교를 하고 있지 않다"는 비판에 맞서 각국의 정치를 비교할 수 있는 일반이론(general theory)을 만들려고 노력했고, 『개발도상국의 정치』가 이러한 결과물이었다.

이 책은 개발도상국들은 선진국의 방향으로 발전하고 있다는 전형적인 근대화이론의 가정에서 출발한다. 저자들의 목적은 정치체계(political system)의 "동일한 카테고리"를 사용하여 개발도상국들의 다양한 정치를 비교하는 것이었다. 동남아시아, 남아시아, 사하라 이남의 아프리카, 중동, 남아메리카 등 개발도상국을 비교할 수 있는 동일한 카테고리는 무엇인가? 알몬드는 제1장에서 개발도상국 연구에 구조기능주의 접근법을 옹호하고 있다. 구조기능 모델의 특징은 어떤 정치체계가 지속적으로 존속하고 발전하려면 그것에 상응하는 기능적 필요조건들이 필수적으로 수행되고 충족되어야 함을 강조한다는 점이다. 그는 개발도상국의 정치체계는 모두 다르지만 정당과 이익집단이 담당하는 공통된 기능을 수행하는 구조를 가지고 있다고 하였다. 그리고 그는 공통된 기능들을 비교함으로써 개발도상국의 정치발전을 설명할 수 있다고 하였다.

그는 과거의 정치학에서 사용하던 법제도적 용어는 규모와 구조에서 매우 이질적인 개발도상국을 비교하는 데 유용하지 않다고 하였다. 따라서 새로운 정치학 용어를 제안했는데, 국가 대신 정치체계(political system)를, 권력 대신 기능(function)을, 직책 대신 역할(role)을, 제도 대신 구조(structure)를, 여론 대신 정치문화(political culture)를, 시민의 훈련 대신 정치사회화(political socialization)를 사용해야 한다고 하였다. 앞서 언급했듯이 이들의 연구 경향은 정치행위를 기능의 상호작용으로 보고 있다. "우리는 법학과 철학적 전통을 무시하는 것이 아니라, 오래전부터 무르익은 정치이론 분야의 성장을 위해 이들에게 자리를 좀 비켜달라는 것이다"라는 말로 새로운 정치학이 도래하였음을 알렸다.

알몬드는 정치는 일종의 행동체계로써, 모든 정치구조가 수행하는 일곱 가지 기능을 통해서 구현된다고 하였다. 그는 이스턴의 투입-산출 모델을 네 개의 투입기능 (정치적 사회화와 충원, 이익표출, 이익집약, 정치커뮤니케이션)과 세 개의 산출기능(규칙작성, 규칙적용, 규칙판정)으로 분류하였다(표 1 참조).

알몬드가 명시한 기능들은 모든 정치체계가 살아남기 위해서 수행해야 하기 때문에 기능을 통해서 개발도상국의 정치를 비교할 수 있다고 한다. 특히 그는 정부기능(산출기능)보다는 정치기능(투입기능)을 통해서 개발도상국의 정치발전 정도를 더 잘 측정할 수 있다고 하였다(Almond 1960, 17). 따라서 『개발도상국의 정치』(*Politics of the*

〈표 1〉 알몬드의 정치체계 기능

구분	내용	특징
Input functions (투입기능)	Political socialization and recruitment (정치사회화와 충원) Interest articulation (이익표출) Interest aggregation (이익집약) Political communication (정치커뮤니케이션)	정치문화를 학습하고 체계를 유지하는 기능 이익을 표출시켜 명확하게 하는 기능 표출된 이익을 모으는 기능 정치적 내용을 가진 정보 전달 기능
Output functions (산출기능)	Rule-making (규칙작성) Rule application (규칙적용) Rule adjudication (규칙판정)	입법기능(의회) 행정기능(행정부) 사법기능(사법부)

Developing Areas)에서는 개발도상지역을 다섯으로 나누고, 동일한 포맷을 사용해 이들 지역의 정치발전을 비교 분석하고 있다. 알몬드가 서문에서 구조기능주의 이론을 소개하고 콜먼이 결론을 작성하였으며, 서론과 결론 사이에 다섯 장은 — 1장(동남아시아), 2장(남아시아), 3장(사하라 남쪽의 아프리카), 4장(중동), 5장(남아메리카) — 모두 "배경", "변화의 과정", "정치집단과 정치기능", "정부구조와 권위 기능", "정치통합"의 공통된 형식을 취하고 있다.

과연 이들은 기능주의적 시각을 통해서 개발도상국의 정치를 얼마나 잘 설명하고 있는가? 결론부터 말하자면, 알몬드의 분석틀은 미국의 정치 틀에 개발도상국의 정치를 강제로 끼워 맞추려는 프로크루스테스의 침대(Procrustean bed)였다. 집필에 참여한 학자들조차도 알몬드가 제시한 구조기능주의 접근이 그들이 연구한 지역에 "적합하지 않다"는 결론을 내리고 있다. 예를 들어, 남아시아 정치를 분석한 와이너(Myron Weiner)는 알몬드의 모형은 이익이 표출되어서 규칙작성(입법)에 영향을 준다고 가정하고 있는데, 남아시아의 현실은 이익단체가 규칙적용(행정)에 영향력을 행사하고 있다고 하였다. 또한 알몬드가 지적한 산출기능(규칙작성, 규칙적용, 규칙판정)은 미국의 입법(규칙작성), 행정(규칙적용), 사법(규칙판정)의 삼권분립을 개발도상국의 정치에 그대로 적용하려 하였기 때문에 많은 무리가 있었다.

기능주의적 접근의 근본적 문제는 국가의 역할을 축소한 것이다. 기능주의 모델은 투입이 산출을 결정한다고 생각하였고, 국가는 투입된 사회적 요구들을 수동적으로 집행하는 블랙박스(black box)로 파악하였다. 그러나 이들의 모델과는 반대로 개발도상국의 정치현실은 투입기능이 미발달하였고, 오히려 국가가 정책결정을 주도하며 심지어 산업화 과정에서도 적극적인 역할을 하였다. 1970-80년대 정치발전 이론이 퇴색하자 마침내 학자들은 국가를 정치 분석의 중요한 독립변수로 되돌려 놓았다.

4. 정치발전의 사회과정 모델 접근

사회과정 모델은 사회·경제적인 변화와 정치발전의 상관관계를 설명하는 이론이다. 예를 들어, 경제성장, 산업화, 도시화, 문자해득율의 확산, 교육, 매스미디어 등과 같은 사회경제적 과정이 정치발전에 어떠한 영향을 미치는지에 대한 상과관계를 검토한다.

사회과정 모델이 관심을 보인 문제 중 하나는 경제성장과 민주주의의 관계였다. 이들은 제2차 세계대전 이후 독립한 신생국에서 어떻게 민주주의가 뿌리를 내려야 하는가에 지대한 관심을 보였는데, 그 해답은 신생국에서도 서구 국가들이 역사적으로 경험한 바와 같이 사회·경제적 발전이 선행되어야 한다는 것이었다. 이와 같은 시각은 립셋(Seymour M. Lipset)에서 대표적으로 나타난다.

『정치적 인간: 정치의 사회적 토대』(*Political Man: The Social Bases of Politics*)에서 립셋은 경제발전과 민주주의의 상관관계를 입증하려고 하였다. 립셋은 사회학자였지만 '정치의 사회적 토대'라는 책의 부제가 명시하듯이 정치현상인 민주주의에 관심이 있었고 이 책은 사회학자보다도 정치학자들의 주목을 더 받았다. 그는 서구의 역사적 경험에 비추어 사회발전이 정치발전(민주주의)에 미치는 긍정적인 효과를 관찰하고 있다. 립셋에 의하면 경제발전은 부의 증대와 교육을 확대시킨다. 이는 하층계급의 사회·경제적 환경을 향상시켜 이들을 중산층으로 편입시킨다. 중산층의 발달은 민주주의에 매우 중요한데, 그 이유는 하층계급이 극단적 이념을 통해 사회적 문제를 해결하려고 하는데 반해 중상층은 점진주의 혹은 개량주의를 규범으로 확립시켜 사회체계의 갈등을 완화시키며 민주주의에로의 접근을 가능하게 하기 때문이다(Lipset 1959).

'민주질서의 조건'(The Conditions of the Democratic Order)을 논하는 책의 1부에서 립셋은 민주적인 정치체계에 영향을 미치는 두 변수로 경제적 풍요와 정치적 정당성을 언급하고 있다. 그러나 경제적 풍요와 정치적 정당성은 민주주의를 위하 필요조건이지 충분조건은 아니다. 그에 의하면 민주화된 사회는 두 가지 변수와 더불어 민주주의 가치인 시민의식(civility)이 필요하다. 따라서 1부의 제4장과 5장은 다양한 반민주주의 가치와 운동을 다루고 있다. 그는 민주주의를 위협하는 반민주적 가치로 노동계급의 권위주의(working class authoritarianism)와 파시즘(fascism)을 꼽는다. 노동계급의 권위주의는 큐클럭스클랜(Ku Klux Klan, KKK, 백인우월주의), 멕카시즘(McCarthyism), 대중주의(populism), 페론주의(Peronism), 공산주의, 종교적 극단주의, 그리고 일반적으로 소득 · 지위 · 교육 등이 낮은 계층에서 나타나는 정향(attitude)이라고 하였다. 이러한 사람들은 관용, 동정심, 합리적 대화, 세상을 보는 넓은 시각 등 민주 시민들이 갖춘 시민의식(civility)을 결여하고 있다는 것이 립셋의 주장이다.

립셋의 연구는 앞서 언급한 근대화이론의 문화-심리적 접근법을 취하고 있다. 그의 논리구조는 '경제적 풍요 → 중산층의 등장 → 정치정향의 변화 → 민주주의'로 결국 개인의 가치변화가 정치발전을 위한 필수요소라는 것이다. 1959년 립셋이 경제발전과 민주주의에 대해 던진 이러한 명제는 많은 비판과 후속연구를 낳았다. 일부 학자들은 립셋 연구가 불충분한 통계자료와 빈약한 방법론에 기초하고 있다고 비판했고, 다른 학자들은 부분적 근거를 지나치게 일반화시켰다고 비판했고, 또 경제발전이라는 구조가 구체적 행위자가 없이 민주주의를 생산한다고 하여 그의 연구가 결정론적(deterministic) 결론을 도출했다고 비판했다. 이후 등장한 관료권위주의 연구는 개발도상국의 경제발전은 민주주의가 아니라 오히려 권위주의를 생산한다고 립셋을 비판하였고, 최근 연구는 경제발전과 민주주의의 인과성 보다는 경제가 일정 수준 이상으로 발전한 국가들이 민주주의를 이루었다면 권위주의로 후퇴하지 않는다는 주장이 있다. 립셋의 민주주의와 경제발전에 대한 논의는 오늘날까지도 토론되는 비교정치의 중요한 분야로 남아있다.

Ⅳ. 정치발전 이론의 쇠퇴와 비판

정치발전론은 1950-60년대 세계를 미국적 패러다임으로 개혁해 보려는 열정주의의 산물이었지만, 1970년대에 이르러 진화론적 낙관주의 사조는 전반적으로 명멸해 버렸다. 학자들은 정치발전 연구가 — 의식적이었던 그렇지 않았던 — 신생국을 서구 중심적으로 재단하고 폄하하였다는 점을 반성하였다. 그리하여 1970년대 들어서는 개발도상국이라는 우월감을 나타내는 용어보다는 제3세계라는 "객관적" 용어를 선호하기 시작했고, 정치발전 보다는 정치변동(political change)라는 용어를 사용하기 시작하였다. '근대화'라는 용어도 함께 폐기되었다. 1971년 포드재단(Ford Foundation)이 사회과학위원회의 비교정치분과(SSRC/CCP)에 대한 지원을 중단하자 정치발전 연구는 과거에 묻히게 되었다.

사실 정치발전은 신생국에게 희망을 주는 슬로건(slogan)이었음에도 불구하고 그것이 학문적으로 조작 가능한 개념(concept)이라고 생각한 것이 잘못된 출발이었다. 앞서 살펴보았듯이 학자들마다 정치발전을 다르게 정의하였기 때문에 그것을 연구한다는 것은 모래 위에 탑을 쌓는 작업이었다. 파이(Pye)는 정치발전의 개념을 무려 10개의 정의를 통해 설명하고 있는데, 이러한 개념적 불일치는 정치발전을 단순히 서구의 정치체제에 수렴하는 과정으로 생각하였기 때문에 나타난 현상이었다. 즉, 국가형성, 국민통합, 산업화 등 좋은 변수들은 서로 긍정적인 영향을 미친다는 낙관주의적 사고가 기저에 깔려 있었던 것이다.

하지만 무엇보다도 정치발전 연구의 가장 큰 문제점은 접근이 비현실적이었다는 점이다. 정치발전은 천진난만할 정도로 낙관적이었고, 자민족 중심적이었으며, 제3세계의 경제가 서구에 종속되어 있는 점을 인정하지 않았다. 위아르다(1997, 46-51)는 정치발전론에 대한 여덟 가지 비판을 늘어놓는다. 첫째, 정치발전론은 편견이 많으며 자민족 중심적이다. 둘째, 서구에서 전개된 것과 동일한 발전의 시점, 순서, 단계가 오늘날 개발도상국에서는 반복될 수 없다며 정치발전론의 단선적 사관을 비판한다. 셋째, 현재 개발도상국이 직면한 국제적 맥락은 초기 발전국의 그것과는 사뭇 다르다. 초기 서구의 발전국은 비교적 국제관계의 영향을 덜 받았기 때문에 내부적 요인을 통해 발전할 수 있었으나 개발도상국의 발전은 국제적 맥락을 무시해서는 안 된다. 넷째, 전통과 근대의 관계를 지나치게 단순하게 이해했다. 즉, 정치발전 문헌에서 전통제도는 근대화가 진행됨에 따라 소멸되는 것으로 간주하였으나, 전통은 근대화에 압도되기보다는 오히려 지속성과 유연성, 항구성과 변화에 대한 적응성을 보여 왔다. 다섯째, 정치발전론은 개발도상국으로 하여금 그릇된 기대를 갖게 했고 비현실적인 목표를 설정케 했다. 여섯째, 정치발전론은 제3세계를 억압하고 속박하려는 미국의 냉전전략의 한 부분이다. 일곱째, 정치발전론은 제3세계 국가들의 토착제도를 파괴하여 개발도상국에 직접적인 피해를 유발하였다. 그리고 여덟째, 정치발전론은 학문을 주도한 SSRC/CCP 원로들의 폐쇄성으로 새로운 학자들을 충원하지 못해 신선한 자극과 새로운 관념이 거의 유입되지 못했다.

위아르다의 정치발전론 비판은 크게 두 가지 유형으로 분류할 수 있다. 첫째는 제3세계의 정치변동은 그 국가가 놓인 국제적 환경으로 더 잘 설명된다는 비판이다. 이들은 정치발전론이 제3세계 국가들이 처한 국제적 환경을 무시하고 정치, 사회 변동을 내적 변수로만 설명하고 있다고 비판하며 근대화 이론에 대한 대안을 모색하였다. 1970-80년대 주로 정치발전 보다는 저발전(underdevelopment)의 원인에 초점을 맞춘 비판이론들은 종속이론, 세계체제론, 생산양식 논쟁 등으로 계승되었다.

정치발전론에 대한 두 번째 유형의 비판은 이론의 내적 타당도(internal validity)를 검증한 작품들이다. 이들은 정치발전론이 가지고 있던 이분법적 시각과 서구중심적 시각에 대한 비판을 시도하였다. 이들의 비판은 1) 근대와 전통 개념이 유용하지 못하다는 비판, 2) 근대와 전통의 관계에 대한 비판, 3) 근대화 개념의 모호성 비판으로 축약될 수 있다. 이 글에서는 루돌프 부부의 인도 연구, 후견인-고객 연구, 그리고 헌팅턴의 정치발전 연구를 통해 정치발전론의 내적 타당도에 대한 비판을 소개한다.

1. 전통과 근대의 이분법에 대한 비판: 인도 카스트와 미국 후견인 제도

근대화와 정치발전에 대한 비판은 근대화가 진행됨에 따라 전통사회는 소멸될 것이라는 정치발전의 기본 가정을 공격하는 연구로 비롯되었다. 『전통의 근대성』(*The Modernity of Tradition: Political Development in India*)을 집필하여 근대화이론 비판의 선봉에 선 루돌프 부부(Lloyd and Suzanne Rudolph)는 인도의 사례를 통해 전통적 제도들이 근대화된 제도들과 공존할 뿐만 아니라 근대화 과정이 잠재된 전통 제도와 습관을 활성화시킬 수 있음을 보여주었다.

근대화 연구는 비서구사회와 서구사회를 농업사회 대 산업사회, 전통사회 대 근대화사회 등의 유형으로 분류한다. 루돌프 부부는 근대가 아닌 것은 모두 전통의 카테고리에 집어넣는 이러한 이분법적 분류는 전통사회의 근대화과정을 관찰하는데 장애가 된다고 생각하였다. 근대와 전통은 이분법적 분류에서 주장하는 것처럼 서로 양분된(dichotomous) 관계에 있는 것이 아니라 상호영향을 주는 변증법적(dialectic) 관계에 있다는 것이 루돌프 부부의 주장이다. 그들은 인도의 카스트제도 연구를 통해 자신들의 주장을 뒷받침한다.

근대화에 노출된 인도사회에서 세습적인 사회적 분업 제도인 카스트와 같은 전통적 제도는 소멸될 것이라는 것이 근대화이론의 주장이다. 그러나 루돌프 부부의 연구에 의하면 카스트는 소멸하지 않고 오히려 근대화 과정에 적응하는 유연함을 보였다. 근대적 통신수단의 도입, 문자해득률의 증가, 사회적 부의 증가 등은 오히려 전통적 카스트 공동체의 수평적 연대(horizontal consolidation)를 촉진시켰고, 이러한 수평적 연대는 정치화되어 카스트 협회(caste association)로 발전하였다. 카스트 협회는 과거 수직적 관계에 놓인 카스트 계급을 이익공동체 형태로 묶음으로써, 비록 카스트라는 껍데기는 유지하지만 불가촉천민을 포함한 모든 카스트들이 참여하기 때문에 내용적으로는 전통사회의 신분질서를 파괴하는 근대적 이익집단이다. 카스트협회는 명시적으로 회원의 이익을 대변하고 재정, 출판, 간부 등 이익집단의 구조를 갖추었다는 점에서 근대적 이익집단과 다를 바 없다. 과거 카스트제도는 지도자를 세습적 승계로 계승하였지만, 카스트 협회는 정부 관료를 잘 다룰 수 있는 학식이 많은 자를 지도자로 선출하는 경향이 있다. 이는 전통이 근대화에 밀려 소멸되는 것이 아니라 서로의 상호작용을 통해서 전통과 근대가 상호개조(mutual modification)한다는 증거이다. 책의 제목 『전통의 근대성』(modernity of tradition)은 바로 전통과 근대가 만나서 융합되는 현상을 일컫는 말이다.

전통과 근대의 이분법에 대한 두 번째 비판은 후견인-고객(patron-client) 제도 연구에서 비롯되었다. 후견인-고객 관계란 우월한 입장에 있는 후견인과 열등한 입장에 있는 고객 간의 불평등 혹은 비대칭적 관계를 지칭한다. 후견인-고객 관계의 특징은 첫째, 지위, 부, 영향력 등에서 불평등 관계에 있는 사람들 사이에서 발생한다. 둘째, 후견인-고객 관계의 유지는 재화와 서비스의 교환이라는 상호주의에 의해서 형성되고 유지된다. 일반적으로 낮은 지위에 있는 고객은 물질적 지원을 받는 반면, 높은 지위에 있는 후견인은 존경, 충성, 개인적 서비스 등 무형의 자원을 받는다. 셋째, 관계는 면대면(face to face) 접촉에 의해 형성되고 유지된다(Randall and Theobald 1985, 54). 후견인-고객 관계의 전형적 유형은 마피아, 야쿠자 같은 폭력조직에서 발견된다. 마피아 조직의 경우 보스(후견인)와 보스가 돌보는 상점주인(고객)은 결코 평등한 관계가 아니며, 양자 간에는 상호주의에 입각한 교환이 일어나고 있으며 (보스는 보호를 해주는 대가로 상점 주인에게 돈과 존경을 요구함), 둘은 중요한 지역 행사나 가족 모임에 직접 참여함으로써 면대면 관계를 오랫동안 유지한다.

후견인-고객 간의 교환은 사적인 성격이 강하며 이러한 정치형태는 산업화 이전의 전통적 농경사회에서 주로 나타난다. 전통사회의 농민은 무기력하고 고립되어 있으며, 더 나아가 스스로 외부세계에 대처할 능력이 없기 때문에 부유하고 강력한 지방 권력자를 후견인으로 삼고자한다. 그와 지주의 관계는 일상의 어려움을 해결해주는 작은 거래에서 출발한다. 그러나 지주와 농민의 거래는 돈이 오가는 자본주의 사회의 거래와는 다르다. 농민은 명절 때 지주에게 최상의 농산물을 선물로 제공하거나, 지주를 위해 봉사하거나, 혹은 공공장소에서 지주에게 존경의 표시를 하는 등의 방법으로 보상한다.

근대화이론과 정치발전론의 시각에 입각하면 이러한 후견인-고객 관계는 근대적 국가가 미성숙하고 국가권력이 미약한 전통사회의 농촌에서 주로 발생한다. 고객인 농민은 후견인인 지주와 친밀한 사적 관계를 맺음으로써 이를 바탕으로 외부세계와의 접촉에서 오는 불확실성을 해소하는 것이다. 어떤 의미에서 지주는 농민이 이익을 표출(interest articulation)할 수 있는 유일한 통로이다. 이러한 전근대적 정치모델인 후견인-고객 관계는 근대화가 진행되면 국가건설이 완성되기 때문에 자취를 감추리라 생각되었다. 그런데 학자들은 후견주의와 같은 전통적 정치모형이 근대화된 선진국에서 만연해 있음을 증명하였다. 특히, 근대화의 종착역으로 상정되던 미국의 대도시에서 후견인-고객 제도와 유사한 머신정치(machine politics, 조직정치)가 성행하고 있음을 보임으로써 근대화이론을 정면으로 면박하였다.

머신정치는 정치적 지원의 대가로 직업과 자원을 분배해 주는 후견주의형 정치조직이다. 머신(기계)은 사적인 정치조직으로서, 규율과 이데올로기에 의해 움직이는 근대적 정당과는 확연히 구분되었다. 머신의 정점에 있는 보스(boss)는 정치원칙보다는 자신의 자리를 확보하고 지지자들에게 자원을 분배하는데 관심이 있다. 정당의 머신은 마치 모든 구성원이 이해관계자가 되는 사업체와 흡사한 조직인 것이다. 이러한 머신정치는 시카고와 같은 미국의 대도시에서 공공연히 자행되었다. 시카고 정당 머신은 정부 일자리, 공적 외주, 택지 개발에 대한 정보, 도박 및 음주 허가권 등등 헤아릴 수 없이 많은 떡고물을 당원과 재정적 후원자에게 분배하였다. 이러한 호의의 반대급부로 당의 지지자들은 선거일에 표를 모으고 돈을 후원하고, 심지어 폭력을 동원하도록 요구받았다. 학자들은 근대화된 사회에서도 고객-후견인 제도와 같은 전통적 제도가 나타나는 현상을 지적함으로써 근대화이론을 비판하였다.

정치발전 이론에 대한 초기 비판은 첫째, 근대화를 겪고 있는 사회에서도 전통이 소멸되지 않기 때문에 전통과 근대를 이분법적으로 볼 수 없다는 루돌프 부부 유형의 연구와 둘째, 근대화된 서구사회에서도 전통적 제도가 존재한다는 후견인-고객 정치 연구를 중심으로 이루어졌다. 이들 연구는 주로 전통=비서구, 근대=서구라는 근대화이론의 이분법적 등식을 파괴하는데 집중되었지만, 근대화이론의 가정을 완전히 폐기한 연구는 아니었다. 예를 들어, 루돌프 부부의 연구는 카스트가 근대화 과정에 적응하고 있지만, 인도의 근대화가 완성된다면 결국 소멸될 것이라는 주장을 함으로써 근대화를 수정하는 한계를 노출하고 있었다. 오히려 근대화이론의 주요 가정을 거꾸로 돌린 연구는 헌팅턴에 이르러 가능하게 되었다.

2. 근대화와 정치발전의 분리: 헌팅턴과 정치질서

정치발전론의 중요한 가정 중 하나는 아시아, 아프리카, 라틴 아메리카의 개발도상국들이 근대화 과정을 겪으면서 민주주의로 이행할 것이라는 것이었다. 민주주의는 선진국에서 이미 달성되었고 개발도상국들은 그 이상향을 향해서 행진하고 있기 때문에, 미국을 비롯한 서유럽의 국가들은 개발도상국들이 달성해야 할 정치적 근대성을 몸소 보여주는 사례라고 간주하였다. 불행히도 1960년대에 제3세계에서 발생한 일련의 사건들은 근대화이론의 낙관주의에 찬물을 끼얹었다. 아프리카에서 벌이진 부족 간의 내전, 라틴 아메리카의 군사정부, 그리고 동남아시아와 한국에서의 군사쿠데타는 제3세계의 정치가 결코 발전론자들의 예측처럼 순탄치 않음을 보여 주었다. 실제로 1960-1970년대 개발도상국의 정치 현실은 타협과 화해, 공정한 경쟁 등 민주주의적 요소보다는 불안정, 부패, 권위주의, 국내폭력, 제도의 붕괴 등의 용어로 더 잘 설명되었다. 제3세계의 정치쇠퇴(political decay)를 목격한 헌팅턴(Samuel Huntington)은 근대화와 정치발전의 낙관적 상관관계에 의심을 품기 시작하였다.

헌팅턴은 경제발전이 정치발전과 안정된 민주주의를 만들어 낼 것이라는, 소위 좋은 것들은 함께 간다는 근대화 가설에 종지부를 찍었다. 그에 의하면, 경제발전의 초기 단계는 사회적 불평등이 심화되고 시민들의 높은 기대감 때문에 사회가 안정되고 민주적 시민의식이 정착되기 보다는 오히려 공공질서가 붕괴될 가능성이 더 크다. 초기 근대화는 사회적 동원(social mobilization)과 정치참여(political participation)에 대한 요구로 나타난다. 그러나 개발도상국의 정치제도는 증가하는 정치참여의 압력을 견디기에는 너무나 취약하다. 결과는 제도의 붕괴 혹은 정치쇠퇴(decay)이다. 따라서 헌팅턴은 개발도상국의 근대화는 정치안정(political stability)이 확보되어야 한다고 주장하였다. 그는 정치 안정이란 정치제도화(political institutionalization), 즉 정부가 당면한 다양한 사회적 압력과 갈등을 흡수, 조정, 소화할 수 있는 능력이라고 하였다.

1968년에 출판된 헌팅턴의 『변화하는 사회에서의 정치질서』(*Political Order in Changing Societies*)는 “국가들 간의 가장 중요한 정치적 차별성은 정부의 형태(form)가 아니라 정부의 정도(degree)이다”라는 유명한 문구로 시작한다.[4] 헌팅턴이 언급하는 정부의 정도(degree of government)는 통치할 수 있는 능력을 의미한다. 당시 동서 냉전의 시각에서 국가들을 구별하는 일반적 기준은 미국이 대표하는 “자본주의형 정부”와 소련을 중심으로 하는 “공산주의형 정부”였다. 헌팅턴은 자본주의 대 공산주의라는 정부의 형태에 의한 구분은 적절치 않다고 생각하였다. 그는 공산진영과 서구진영은 정치가 제도화되고 안정되어 있다는 측면에서 유사한 모델이고, 오히려 정치가 제도화되지 않고 불안정한 개발도상국의 정부와 차별화된다고 주장하였다. 즉, 정치발전에 있어서 국가들 간 정치적 구분은 능력 있는 정부와 무능력한 정부로 구분되어야 한다는 것이다.

헌팅턴은 샴쌍둥이처럼 붙어 다니던 근대화와 정치발전 개념을 분리하는데 성공하였다. 근대화이론은 산업화, 도시화, 문자해독, 민주화 등 “좋은 현상들”이 항상 함께 한다는 가정을 하였기 때문에

4) “The most important political distinction among countries concerns not their form of government but their degree of government” (Huntington 1968, 1).

정치발전과 근대화를 구분하지 못하였다. 정치발전에 대해서도 막연히 서구식 민주주의의 도입정도로 이해하였지 이를 깊게 고민하지 않았다. 반면, 헌팅턴은 정치발전을 “정치조직과 절차의 제도화(institutionalization of political organizations and procedures)”로 규정하여, 발전을 근대화라는 종합적 개념으로부터 해방시켰다(Huntington 1965, 386-9).

구체적으로 헌팅턴은 다음과 같은 논리로 근대화와 정치발전을 분리한다. 첫째, 정치발전을 근대화와 동일시하는 것은 시간과 공간적으로 정치발전 개념의 응용 가능성을 제한하는 것이다. 정치발전을 근대화와 동일시한다면 발전이라는 것은 근대 국민국가(modern nation-state)에서만 가능한 개념이 되며, 정치적으로 발전한 도시국가, 봉건왕조, 정치적으로 발전한 제국 등의 용어는 불가능해 진다. 근대화되지 않은 모든 정치제도는 저발전(underdeveloped)된 것이라고 할 수 없다는 것이 헌팅턴의 주장이다(1965, 389). 특정 근대국가는 정치적으로 발전될 수 있고 저발전될 수 있듯이, 과거에 있었던 정치공동체도 발전과 저발전이 함께 존재할 수 있다.

둘째, 근대화 이론가들은 정치발전을 근대화 과정의 모든 현상으로 확대해석한다. 정치발전은 개념의 정확성을 희생하면서 개념의 포괄성이 증가한다. 정치발전 개념이 지나치게 포괄적이기 때문에 제3세계에서 일어나는 거의 모든 현상들을 정치발전과 일치시키는 오류를 범하고 있다. 개발도상국에서 근대화는 실제로 일어나는 현실이다. 도시화는 급속히 진행되고 있으며, 대중의 읽고 쓰는 능력은 증가하고 있고, 일인당 국민소득은 증가하며, 대중매체의 발행과 유통도 증가하며 정치참여도 증가하고 있다. 그렇다고 하더라도 정치발전에서 규정하는 정치발전의 목표들, 즉 민주주의, 정치안정, 구조적 분화, 국가통합 등은 달성되고 있다고 말할 수 없다.

근대화와 정치발전 개념을 분리한 것 이외에도 제3세계 연구에 대한 헌팅턴의 가장 큰 공헌은 블랙박스로 간주되었던 정치의 중요성을 재발견한 것이라 할 수 있다. 앞서 언급했듯이, 근대화 이론은 "사회경제적 변화가 정치적 변화를 이끌어낸다"고 가정함으로써 정치학 연구에 있어서 제도에 초점을 맞추기 보다는 투입변수에 관심이 있었다. 헌팅턴의 연구는 정치제도(국가)의 자율성(autonomy)과 일관성(coherence)이 정치안정의 중요한 요소임을 지적하면서, 정치학 연구에 있어서 국가의 역할에 대한 중요성을 다시 상기시켰다.

V. 결 론

비교정치학의 이론사적인 측면에서 볼 때 정치발전 연구의 시계추는 약 20년을 축으로 국가 중심적 연구에서 사회 중심적 연구로, 그리고 다시 국가 중심적 연구로 주기적인 교체기를 겪었다고 볼 수 있다. 1950-60년대 진행되었던 정치발전론은 제2차 세계대전 이전의 정치학이 지나치게 법과 제도 중심적으로 연구된 것에 대한 반기였다. 1970-80년대는 주류 발전 모델과 진보적 좌파 발전 모델의 귀머거리간의 대화의 시기였으며, 주류 발전 모델은 국가를 정치학 연구의 중심으로 원위치시키는(bringing the state back in) 작업에 몰두하였다. 1990년대 이후 진행되고 있는 글로벌화와 제3의 민주화 물결로 인해 학자들은 경제와 정치발전의 상관관계를 재조명하기 시작하였다. 정치학 연구는 1930-40년대 국가 중심적 연구에서 1950-60년대 사회 중심적 연구로, 1970-80년대 다시 국가 중심적 연구로 옮아와서 글로벌화가 진행되기 시작한 1990년대 이후 사회 중심적 연구로 마치 정권이 교체되듯 정치발전 연구의 시계추 역시 이전하였던 것이다.

21세기 글로벌화로 인해 학자들은 1950-60년대 정치발전론의 주요 가설인 경제와 정치의 상관관계를 재조명하기 시작하였다. 분명히 경제의 글로벌화와 이를 지탱하기 위한 각종 글로벌 거버넌스의 발전은 세계 각국의 정치가 민주주의에 수렴하기 위한 유리한 환경을 제공하고 있다. 또한 최근 학자들의 연구는 사회경제적 근대화가 민주화로 이어지지는 않더라도, 지속적 성장은 민주주의를 유지하는데 도움이 된다는 결론을 지지하면서, 근대화이론의 가정이 전적으로 오류였다고 할 수 없다. 그러나 정치발전이 서구식 한쪽 방향으로만 진행되고 있지는 않는 듯하다. 글로벌화에 대한 저항, 문화-인종적 갈등의 재현, 그리고 21세기 정치 정체성과 충성심의 급속한 변화는 민주주의의 보편적 승리에 기초한 동질화된 글로벌 정치체제가 등장할 것이라는 가정을 조심스럽게 한다.

글을 마치면서 근대화이론이 초기에 제시한 몇몇 가설은 21세기에 재검토할 충분한 가치가 있다고 생각한다. 앞서 우리는 러너가 1950년대 중동지역을 방문하면서 대중매체의 전파가 중동의 근대화에 기여한다고 하였다. 오늘날 인터넷은 유사하게 폐쇄된 사회를 개방화시키고 민주화시키는 경향이 있다면, 러너는 21세기의 정치발전을 어떻게 진단할까?

주요문헌 소개

Huntington, Samuel P. 1968. *Political Order in Changing Societies.* New Haven, Conn.: Yale University Press. "국가들 간의 가장 중요한 정치적 차별성은 정부의 형태(form)가 아니라 정부의 정도(degree)이다"로 시작하는 책의 첫 문장은 근대화이론을 깨부수는 촌철살인(寸鐵殺人) 역할을 하였다. 정치발전론의 중요한 가정 중 하나는 아시아, 아프리카, 라틴 아메리카의 개발도상국들이 근대화 과정을 겪으면서 민주주의로 이행할 것이라는 것이었다. 그러나 헌팅턴이 관찰한 1960-1970년대 개발도상국의 정치 현실은 타협과 화해, 공정한 경쟁 등 민주주의적 요소보다는 불안정, 부패, 권위주의, 국내폭력, 제도의 붕괴 등의 용어로 더 잘 설명되었다. 제3세계의 정치쇠퇴(political decay)를 목격한 헌팅턴은 근대화와 정치발전의 낙관적 상관관계에 의심을 품었고, 따라서 개발도상국의 근대화는 정치안정(political stability)이 확보되어야 한다고 주장하였다.

Inkeles, Alex and David H. Smith. 1974. Becoming Modern: Individual Change in Six Developing Countries. Cambridge, M.A. Harvard University Press. 이 책은 아르헨티나, 칠레, 인도, 이스라엘, 나이지리아, 방글라데시 6개국의 6,000명을 대상으로 한 설문조사를 통해서, 개인의 태도변화와 경제발전의 상관관계에 주목한다. 이들은 개발도상국의 정치 및 사회제도의 근대화 과정을 개인의 의식 변화로 유추하고 비교한다. 근대적 인간은 독립적이고(independent), 환경에 잘 적응하고(adaptable), 순간순간 변하기보다는 장기적 계획을 세우고(long-term planning), 세상이 변하고 있다고 생각하며, 특히 자신이 세상을 변화시킬 수 있다는 자신감을 갖춘 사람이다. 그리고 발전은 근대화에 적합한 가치, 태도, 그리고 개인적 속성을 갖추는 것과 비례한다.

Lerner, Daniel. 1958. ***The Passing of Traditional Society: Modernizing the Middle East.*** **Glencoe, IL: The Free Press.** 책의 저자 러너는 1949년 중동 지역 6개 국가를 대상으로 커뮤니케이션이 가져오는 개인의 의식변화를 측정하는 프로젝트에 참여하였다. 동 프로젝트는 터키, 이란, 이집트, 레바논, 시리아, 요르단의 주민을 대상으로 2천개가 넘는 방대한 인터뷰를 진행하였으며, 그 결과물이 『전통사회의 소멸: 중동의 근대화』라는 책으로 탄생하였다. 책의 첫 장인 "상점주인과 부족장(Grocer and the Chief)"은 상점주인, 부족장, 양치기 등의 인물을 등장시켜 터키의 근대화 과정을 흥미진진하게 묘사한다.

Rostow, Walter W. 1960. ***The Stages of Economic Growth: A Non-Communist Manifesto.*** **Cambridge: Cambridge University Press.** 로스토우는 경제 발전을 비행기의 이륙에 비유하고 있으며 모든 국가는 체제에 관계없이 1)전통사회(traditional society), 2)도약을 위한 준비(preconditions for take-off), 3)도약(take-off), 4)성숙을 향한 발전(drive to maturity), 5)고도의 대중소비(high mass consumption)의 다섯 단계를 거쳐 발전한다고 주장하였다. 이 책은 경제발전을 지나치게 서구 중심적으로 해석했다는 비판을 면하지 못했지만, 풍부한 통계적 자료를 세련되게 처리하고 있으며 독특한 방법론, 그리고 후진국 경제발전의 현실적 과제를 제시한다는 점에서 오늘날 까지도 그 중요성은 자못 크다고 할 수 있다.

참고문헌

김기우. 2001. "제8장 정치발전." 『정치학』(박준영 외) 서울: 박영사.

소우, 앨빈. 1997. "제1장, 근대화 학파의 이론적 시각." 『비교정치론강의 2』 (김웅진, 박찬욱, 신윤환 편역) 한울 아카데미.

위아르다, 하워드. 1997. "제2장, 정치발전론 재조명." 『비교정치론강의 2』

(김웅진, 박찬욱, 신윤환 편역) 한울 아카데미.

Almond, Gabriel A. and James S. Coleman edited. 1960. *The Politics of the Developing Areas.* Princeton, NJ: Princeton University Press.

Almond, Gabriel A. and Bingham Powell, Jr. 1966. *Comparative Politics: A Developmental Approach.* Boston: Little, Brown & Co.

Apter, David. 1965. *The Politics of Modernization.* Chicago: University of Chicago Press.

Coleman, James S. 1971. "The Development Syndrome: Differentiation-Equality- Capacity." in Leonard Binder, James S. Coleman, Joseph LaPalombara, Lucian W. Pye, Sidney Verba & Myron Winer. *Crisis and Sequences in Political Development.* Princeton, NJ: Princeton University Press.

Hagopian, Frances. 2000. "Political Development, Revisited." *Comparative Political Studies,* Vol. 33 No. 6/7, pp. 880-911.

Huntington, Samuel P. 1965. "Political Development and Political Decay." *World Politics,* Vol. 17, No. 3 (April 1965), pp. 386-430.

_________. 1968. *Political Order in Changing Societies.* New Haven, Conn.: Yale University Press.

_________. 1971. "The Change to Change: Modernization, Development, and Politics." *Comparative Politics.* Vol. 3, No. 3 (April 1971), pp. 283-322.

Inkeles, Alex and David H. Smith. 1974. *Becoming Modern: Individual Change in Six Develping Countries.* Cambridge, M.A. Harvard University Press.

Lerner, Daniel. 1958. *The Passing of Traditional Society: Modernizing the Middle East.* Glencoe, IL: The Free Press.

Levy, Marion J. Jr. 1965. "Patterns (Structures) of Modernization and Political Development." *The Annals of the American Academy of*

Political and Social Science, Vol. 358, 29-40. March 1965.

Lipset, Seymour M. 1959. *Political Man: The Social Basis of Politics.* New York: Doubleday & Company.

Organski, A. F. K. 1965. *The Stages of Political Development.* New York: Alfred A. Knopf.

Parsons, Talcott and Edward Shils. 1951. *Toward A General Theory of Action.* Cambridge, M.A. Harvard University Press.

Pye, Lucian W. 1966. *Aspects of Political Development.* Boston: Little, Brown & Co.

Randall, Vicky and Robin Theobald. 1985. Political Change and Underdevelopment: *A Critical Introduction to Third World Politics.* Durham, North Carolina: Duke University Press.

Rudolph, Lloyd and Suzanne Rudolph. 1967. *The Modernity of Tradition: Political Development in India.* Chicago: The University of Chicago Press.

Rostow, W. W. 1960. *The Stages of Economic Growth: A Non-Communist Manifesto*. Cambridge: Cambridge University Press.

3 국가와 시장의 관계

류 석 진 · 한 영 빈

Ⅰ. 서론 : 시장에 대한 국가의 역할

국가란 흔히 일정한 영토를 기반으로 그곳에 거주하는 사람들에 대해 유일한 권위를 가지고 합법적인 강제력을 발휘하는 통치기구라고 정의되고 있다. 이런 사전적 의미에서 본다면 시장 역시 국가의 강제력 하에 놓이게 될 수밖에 없을 것이다. 왜냐하면 시장이란 넓은 의미에서 매일 또는 정기적으로 사람들이 모여 상품을 교환·매매하는 장소로 정의되는데 이때 상품이 교환되는 장소는 국가가 강제력을 행사할 수 있는 지리적 영토에 포함되기 때문이다. 따라서 시장에서의 개인들의 행위는 국가와 분리되어 다루어지기 어려운 특성을 가지고 있다.

일반적으로 시장이 국가의 강제력 하에 놓여있다고는 하지만 그 구체적 정도(程度)는 현실의 역사를 볼 때 매우 다양한 형태를 가지고 나타났었다. 중상주의, 자유방임주의, 사회주의, 케인스주의 그리고 오늘날에 이르러 신자유주의에 이르기까지 그 동안 실재하였거나 실재하고 있는 국가와 시장의 수많은 관계 유형들에서 시장에 대한 국가의 강제력 정도는 매우 상이하게 나타나고 있음을 볼 수 있다(그림 1 참조). 그렇다면 일반이론 수준에서 바람직한 국가와 시장의 관계는 어떻게 정립될 수 있을까? 시장에 대한 국가의 적절한 역할은 무엇일까? 이 문제는 지난 수세기 동안 정치학에서 가장 중요하게 다루어지는 이슈 중의 하나로 자리매김하여 왔다. 그동안 수많은 정치학자들이 시장에 대한 국가의 적절한 역할이 무엇인가를 놓고 이론적인 논쟁들을 벌여왔으며 이를 통해 바람직한 국가와 시장의 관계를 정립하려고 시도하여 왔었다. 그리고 그 논의들은 국가에 대한 시장의 개입을 최소화하는 극단적인 자유주의 시각부터 반대로 국가에 의한 시장의 지배를 최대화하는 사회주의적 시각에 이르기까지 다양한 스펙트럼을 가지고 나타났었다.

그럼에도 불구하고 기존의 많은 이론들은 시장에 대한 국가의 적절한 역할이 무엇인가에 대한 일반이론적인 수준의 해답을 제시하는 데는 커다란 한계를 보여 왔었다. 그 이유는 기존의 이론들이 국가와 시장이 분석적 수준에서 서로 분리될 수 있는 實在라고 보고 이들의 고유한 독자적 원리에 기초하여 국가와 시장의 관계를 바라보았기 때문이다(Block 1994, 691). 정치와 경제를 각각 대표하는 국가와 시장의 분리는 양자의 관계를 양적인 관계로만 파악되는 결과를 가져왔다(Block 1994, 696). 즉 자생적 원리에 의해 독자적으로 작동되는 질서를 갖는 시장에 대해 국가는 어느 정도 크기에 해당되는 개입을 하여야 적당한가라는 문제에 집착하게 된 것이다. 그러나 이러한 접근방법은 시장을 어떻게 인식하느냐에 따라 개입의 정도가 달라지는 상대적인 결론만을 유발시킬 뿐 일반이론적인 결론에 도달하기는 어려운 것이었다.

이런 양적인 접근방법의 한계를 극복하기 위해 오늘날의 정치학은 질적인 방법론을 도입하는 추세가 증가하고 있다. 이 방법론은 국가와 시장이 분리될 수 없다는 시각에서 양자의 관계를 중심으로 분석을 시도하고자 하고 있다. 관계를 강조하는 질적 방법은 그동안 양적 방법론에서 간과되어 왔던 특수한 역사적 조건에 기인하는 시장과 국가의 관계를 강조하고 있다. 역사적으로 실재하였거나 현재 실재하고 있는 국가와 시장의 관계 유형은 당시의 어떤 정치·경제·사회적인 조건들 그리고 이와 관련되어 나타난 사회구성원들 간의 어떠한 이해관계들로 인해 생성·유지·소멸되었는가를 보고자 하는 것이 질적 방법론의 특징이라고 할 수 있다. 이하에서는 국가와 시장의 분리가 발생하게 된 배경과 이로 인해 발생한 문제점들을 간략히 소개하고 역사적으로 실재하였던 그리고 현재 실재하고 있는 국가와 시장의 특수한 관계 유형들을 질적인 방법론을 중심으로 살펴보고자 한다. 그리고 이러한 과정을 통해 시장에 대한 국가의 적절한 역할이 무엇인지에 대한 결론을 내리고자 한다.

그림 1 국가와 시장의 관계 유형

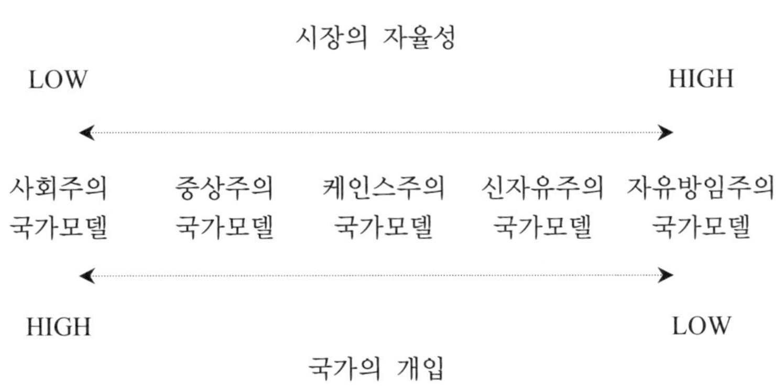

Ⅱ. 국가와 시장 분리의 문제점

19세기 전까지만 하더라도 대다수의 정치경제학자들은 정치와 경제가 분리될 수 없다고 보고 시장을 분석하는데 있어서 정치적인 요인들을 고려하는 이론을 제시하려고 노력을 하여 왔었다. 이들은 시장에서 발생하는 탐욕스러운 개인들의 도덕적인 문제, 계급갈등의 문제, 복리후생의 문제 등과 같은 정치·사회적인 요인들이 궁극적으로 사회전체에 커다란 영향을 미친다는 것을 충분히 인식하고 있었고 이에 따라 정치와 경제가 연계된 분석틀을 제시하려 하였던 것이다. 그리하여 이들에게 있어서 정치와 경제를 각각 대표하는 국가와 시장의 관계는 자연스럽게 연계되면서 나타났다. 그러나 19세기 말에 '한계효용 혁명'을 통해 등장한 신고전학파(neoclassics)는 이런 경향을 바꾸어 놓았다. 오늘날 주류경제학의 시조격인 이들은 정치와 경제를 분리시키면서 국가와 시장의 문제를 이전과 달리 각각 독립적 영역으로 취급하면서 분석하는 경향을 낳은 것이다. 그 후 경제학의 발달과 함께 이들에 의해 시장은 국가와 같은 정치적 조건과 관계없이 자신의 고유한 자생적 원리에 의해 작동되는 실재로 인식되기 시작하였고 이로 인해 국가로부터의 분리된 시장모델이 일반화되기에 이르렀다.

국가로부터 분리된 경제학의 시장모델은 그 후 역으로 국가를 주요 분석대상으로 삼고 있는 정치학에 영향을 미치기 시작하였다. 1950년대 무렵 애로우(K. Arrow), 다운스(A. Downs), 올슨(M. Olson)등과 같은 경제학자들이 경제학에서 사용되는 방법론을 가지고 정치문제를 다루게 되면서 형성되기 시작한 소위 신정치경제학(new political economy)은 당시 방법론의 부재에 허덕이고 있던 정치학에 커다란 영향을 미쳤다. 그 후 정치학에서는 경제학적 방법론을 가지고 정치 및 국가를 연구하는 경향이 증가하였는데 오늘날의 공공선택이론(public choice theory)과 합리적 선택이론(rational choice theory)이 대표적인 경우이다. 이들 이론들은 모두 경제학에서 사용하는 대표적인 방법론, 예를 들어 방법론적 개인주의, 합리적 인간(homo economicus), 시장에서 나타나는 수요와 공급법칙에 따른 균형개념, 난해한 수학 등을 정치현상을 분석하는데 적용시키고 있다. 이러한 경제학적 방법론 및 시장모델의 정치학에 대한 침투는 정치 및 국가를 시장원리에 근거하여 이해하게 만들고 있으며 그리하여 이들에 있어서 국가의 개입은 시장을 해치거나 시장에 아무런 영향도 미치지 못하는 것으로 이해되고 있다.

19세기부터 시작된 국가와 시장의 분리 그리고 시장모델의 정치학내에 침투는 국가와 시장의 관계를 시장모델에 근거하여 해석하는 경향을 증가시켜왔다. 그러나 시장모델은 너무도 많은 이론적 결함을 갖고 있기에 이를 정치현상 및 국가와 연계시키는 데에는 커다란 한계를 가지고 있다는 것이 최근에 들어 정치학 내에서 많이 지적되고 있다. 이러한 문제 중의 대표적인 것이 이들이 사용하는 시장에서의 균형 개념이다. 이들 이론은 시장에서 발견한 균형개념을 사용하여 국가를 바라보고 있으며 이를 바탕으로 국가와 시장의 관계를 양적으로 설정하고 있다. 그러나 시장에서의 균형개념은 이론적인 결함을 가지고 있을 뿐만 아니라 경험적 현실과도 일치되지 않는 것이기에 이런 개념을 갖고 국가와 시장의 관계를 분석할 때 커다란 난관에 봉착할 수 있다.

시장모델에서 나타나는 균형(general equilibrium)이라는 개념은 경제이론사적 맥락에서 볼 때 세이(J.B Say), 스미스(A. Smith), 리카르도(D. Ricardo), 왈라스(L. Walras), 애로우(K.J. Arrow) 및 노이만(J. von Neuman)등으로 연결되며 지난 200년 이상 경제학계를 지배해 온 일반균형이론에 뿌리를 두고 있다. 일반균형이론의 핵심은 시장에 균형이 존재하는 것이다(Rothschild, 1981, 7). 즉 시장에 문제가 생길 때, 또는 달리 표현하여 시장에 일시적인 불균형이 생길 때 시장은 자생적인 힘 또는 자기조절 능력이 있어서 궁극적으로 균형에 다시 도달하여 시장이 원활히 작동하는 데는 전혀 문제가 없다는 것이다. 이것은 시장이 자기 완결적인 실재라는 이야기를 하는 것이며 경제학에서 시장에 대한 국가개입의 불필요성을 주장하는 가장 중요한 근거가 되어 왔다. 시장에 대한 국가의 개입은 오히려 시장의 순기능을 악화시키는 결과를 초래할 뿐이다.

그러나 이런 균형개념은 이미 많은 학자들에 의해 반박되고 있다. 무엇보다도 수학적 모델을 가지고 균형점의 존재를 설명하는 이들의 주장이 매우 비현실적이라는 데에 문제가 있음을 지적하고 있다. 이들은 매우 난해한 현대수학까지 동원하며 균형점의 존재를 수학적으로 풀어내려 하고 있지만 문제는 이런 모델에는 물리적 시간만이 존재할 뿐 역사적 시간은 결여되어 있다는 것이다(Hoffmann 1987). 즉 沒歷史的이라는 것이다. 몰역사적이라는 말은 균형으로 가는 '과정'에 대한 분석이 없다는 것을 의미한다. 즉 균형점이 존재한다는 것을 밝히는데 급급한 나머지 시장행위자들이 어떠한 과정을 거쳐서 균형점에 도달되는지에 대한 구체적인 설명이 전혀 없다(DeVroey 1991, 8). 이들에게 있어 시장에서의 균형은 경제주체가 행위를 하기도 전에 선험적으로 또는 수학적으로 이미 주어져 있다.

이 경우 균형이라는 것은 인간과 전혀 상관없이 존재한다는 것을 의미한다. 다시 말해 이들이 상정하고 있는 시장모델에서 인간은 필요가 없는 존재이다. 인간은 오로지 이미 주어진 균형 조건에 순응을 하는 존재로만 파악이 된다. 이들에게 인간은 단지 (균형)가격에 순응하는 객체(price taker)로만 파악이 되며 가격에 영향을 주는 주체로서의 측면은 전혀 고려가 되지 않는다. 따라서 이들이 도출한 시장의 균형점과 인간행위 사이에는 분리가 일어나며 이 경우 시장모델은 인간이 실제 생활하는 시장과는 전혀 상관이 없는 추상적인 시장을 그려내고 있는 것이라고 할 수 있다.

이들이 사용하는 추상적인 시장모델에 비해 현실적인 경제과정은 非可逆的인 역사적 시간으로 구성되어 있다. 이러한 시간 속에서 시장은 하나의 역사적 제도 형태를 취하고 있다. 실제의 시장은 기본적으로 소유권을 기초로 하는 개인들이 자신들의 경제적 이해를 관철시키는 제도의 場인 것이다(Altvater 1991, 75). 제도로서의 시장은 시장주의자들이 주장하듯 합리적이고 평등하고 효율적으로 분배가 이루어지는 곳만은 아니다. 이곳은 사회세력들 간의 다양한 이해대립이 난무하는 곳이고 그 결과 파행적인 결과를 가져 올 수도 있는 곳이다. 이런 것은 역사적으로 볼 때 이미 1870년대, 1930년대, 1970년대 그리고 1990년대 경제적 위기라는 경험을 통해 증명되었다. 즉 시장에는 자기조절 능력이 없고 오직 자기 파괴적이고 위기를 끊임없이 양산하는 요소가 시장 자체 내에 내재되어 있다는 것이 오랜 역사를 거치면서 증명된 것이다. 나아가 이론적으로 볼 때도 일반균형이론들의 가정들을 버리고 현실적인 요소들을 시장모델에 적용하였을 때 균형보다는 오히려 끊임없는 불균형이 지속될 수 있다는 주장들이 경제학계 내에서 증명되었다(Beckenbach 1987). 따라서 시장모델 및 방법론이 정치현상 및 국가 분석에 그대로 적용되기는 어려우며 국가와 시장의 관계에 대한 과학적인 분석은 다른 차원에서 연구되어져야 할 것이다.

Ⅲ. 국가와 시장에 대한 역사적 고찰

1. 중상주의 국가모델

일반적으로 중상주의(mercantilism)는 16세기부터 18세기에 이르기까지 유럽대륙에서 보편화되어 나타났던 질서체제였다. 이후 중상주의는 자유주의의 등장과 함께 퇴보하였으나 1차 대전과 2차 대전 사이 시간에 다시 부활하는 경향을 보이기도 하였다. 또한 중상주의는 1970년대 들어 자유주의 경제가 약화되면서 신중상주의라는 이름으로 다시 대두되기도 하였다.

중상주의는 보댕(J. Bodin), 콜베르(J.B. Colbert) 및 페티(W. Petty) 등과 같이 重金主義(bullionism)를 신봉하는 사람들에 의해 설파되기 시작하였다. 이들은 부의 원천으로 금과 은과 같은 귀금속을 강조하였으며 한 나라가 부강해지려면 이런 귀금속을 보다 많이 축적해야 한다고 보았다. 이를 위해서는 수출을 적극적으로 장려하고 수입은 적극적으로 제한하는 보호주의적인 무역정책이 가장 최선의 방책이라고 생각하였다. 따라서 국가는 국제무역에 깊숙이 개입하여 관세와 같은 방법들을 통해 수입을 강력히 규제하면서 부의 축적을 도모하는 역할을 해야 한다고 주장하였다. 더 나아가 국가는 금과 은 같은 귀금속을 확보하기 위하여 그 원천인 식민지들을 확장하고 유지하는 기능을 수행하는 등 그 역할을 확대시킬 필요가 있다고 역설하였다. 이렇게 볼 때 16-18세기 무렵에 일반화되었던 중상주의적 국가모델은 한 나라의 부의 증가 및 경제발전이 시장에서 이루어지는 자유로운 경제행위들에 의한 것이 아니라 국가의 의도적이고 적극적인 역할을 통해 이루어진다고 보고 시장에 대한 국가의 우위성이 지배적으로 등장하고 있는 질서체제라고 할 수 있다.

그러나 시장에 대한 국가의 개입을 강조하는 중상주의적 국가모델은 그 근원에서 볼 때 체계적인 이론에 기반을 둔 결과라기보다는 당시의 특수한 정치경제적인 조건들을 반영한 결과물이었다고 할 수 있다. 이 당시 봉건주의적 절대국가 또는 제도들이 약화되기 시작하면서 군주들은 자신들의 권위를 유지하기 위한 수단으로 영토 확장을 도모하였으며 이로 인해 많은 전쟁들이 발생하였었다. 그러나 전쟁을 수행하기 위해서는 필연적으로 많은 전쟁비용들이 요구되는 상황이 발생하고 있었다. 한편 이 당시 경제의 주된 세력으로 등장을 하고 있었던 상인들은 보다 더 큰 이득을 획득하려고 하였을 뿐만 아니라 자신들의 부를 이용하여 봉건제적인 틀에서는 성취할 수 없었던 특권들을 얻어내려고 하고 있었다. 중상주의는 바로 이런 계급들 간의 이해관계가 맞아 떨어지면서 군주와 상인들 간의 타협의 산물로 나타난 국가와 시장의 결합 형태라고 볼 수 있다(Beaud, 1987). 즉 상인들은 군주에게 거대한 전쟁비용을 조달하여 주면서 자신들의 정치경제적인 이득을 취해나아 갔으며 군주들은 이 돈을 가지고 전쟁을 일으켜 자신들의 권위 유지에 사용을 하였던 것이다. 보다 구체적으로 말해 국가는 상인들에게 유리한 상공업품의 수출을 장려하고 이들에게 불이익을 주는 수입은 규제를 하면서 상인들이 막대한 금과 은을 축적하도록 도왔으며, 반면 상인들은 이러한 보호주의적 정책 속에서 축적한 막대한 부의 일부를 전쟁에 필요한 비용으로 조달하는 방법을 취하면서 상호의존적인 관계를 취하였던 것이다.

이러한 시각에서 볼 때 시장에 대한 국가의 역할을 강조한 중상주의는 이론적인 측면에서 그 근거가 매우 빈약한 모습을 드러내고 있다. 실제 중상주의는 18세기 후반에 이르러 중농주의자들에 의해 강한 비판을 받게 되었다. 케네(F. Quesnay)로 대표되는 중농주의자들은 중상주의자들과 달리 시장에 대한 국가의 개입을 배격하는 논리를 펼쳤다. 이들에 의하면 이 세상에는 2개의 서로 다른 질서가 존재하는데 하나는 자연법에 기인하는 자연적 질서이고 다른 하나는 국가의 형성과 함께 발생한 인위적 질서라고 한다. 그런데 인간들은 자유롭게 활동할 수 있는 자연적 질서 속에서만 발전할 수 있고 이를 가로 막는 인위적 질서는 오히려 위해한 것이라고 보았다. 마찬가지로 국가가 시장에 개입하는 중상주의자들의 인위적인 정책보다는 자유방임적인 정책을 펼치면서 시장에서 인간들이 자유롭게 활동할 때 오히려 경제가 발전할 수 있다고 보았다. 따라서 중농주의자들에게 있어 국가가 시장에 개입하는 것은 정당화가 될 수 없는 것이라고 하면서 중상주의자들과 논쟁을 벌였다. 농업만을 생산적이라고 본 중농주의자들의 이론 역시 결함을 가지고 있었음에도 불구하고 자유방임주의적인 이론적 근거는 중상주의 국가모델의 문제를 지적하는데 커다란 기여를 하였으며 나중에 아담 스미스(Adam Smith)에 의해 계승되어 자유방임주의 국가모델의 시대를 여는 기반을 조성하였다.

2. 자유방임주의(laissez faire) 국가모델

자유방임주의적인 국가모델은 19세기부터 1930년대 대공황이 일어나기 전까지 유럽지역에서 일반화되었던 질서체제이다. 이 국가모델은 자유방임주의를 이론적 근간으로 작동되었는데 여기서 자유방임주의란 개인의 경제활동에 대한 자유를 최대한 보장하는 반면 국가의 간섭은 최대한 배제하고자 하는 이념 및 정책으로 정의되고 있다. 이렇게 볼 때 자유방임주의적인 국가모델은 중상주의적 국가모델과는 달리 국가에 대한 시장의 우위가 강조된 질서체제였다고 할 수 있다.

자유방임주의는 18세기 후반 중상주의자들을 비판한 중농주의자들에 의해 형성되기 시작하였지만 이론으로 체계화된 것은 아담 스미스에 이르러서였다. 스미스는 1776년 『국부론』이란 책을 출판을 하였는데 여기서 그는 자유로운 의사결정에 기초한 개인들의 경제이익추구 행위가 왜 파국으로 이끌어지지 않고 오히려 국가 전체의 부 또는 복지를 증진시키는 의도되지 않은 결과를 가져오는지를 보여 주었다. 스미스는 이것이 시장에 '보이지 않는 손(invisible hand)'이 존재하기 때문이라고 하였다. 즉 보이지 않는 손은 시장에서 개인들이 합리적인 균형점을 찾도록 이끌어 주며 이것은 결과적으로 시장이 커다란 문제없이 안정적으로 성장할 수 있게 만든다는 것이다. 스미스의 이러한 주장은 시장이 이기적인 개인들에 의해 혼란이 난무하는 불안정한 곳이 아니라 매우 조화롭고 안정적이며 자생적으로 성장하는 것으로 인식할 필요가 있다는 것을 말하는 것이었다. 동시에 스미스의 주장은 국가가 시장에 개입할 여지를 없애는 것이었다. 시장은 자체적으로 자신을 조율할 수 있는 자생적 질서를 가진 안정적인 것이기에 국가와 같은 외부적인 요인의 개입은 오히려 이런 질서를 해칠 가능성이 존재하기에 국가는 되도록 시장에 개입하지 말아야 한다는 논리적 근거가 도출되고 있는 것이다.

그러나 자유방임주의적인 국가모델의 등장을 역사적 측면에서 살펴본다면 시장에 대한 국가 개입의 반대 논리는 전혀 다른 시각에서 해석될 수 있다. 이 국가모델은 당시 유럽의 새로운 신흥세력으로 등장하고 있었던 부르주아 계급의 이해관계와 연관되어 생성된 것이라고 할 수 있다. 봉건제적 경제가 붕괴되어 가고 있었던 이 시기에 이들은 커다란 경제세력으로 성장하기 시작하였으며 자신들이 축적한 막대한 자산이 안전하게 보호되기를 원하고 있었다. 이러한 시점에서 로크(J. Locke)가 사회계약론을 통하여 이들 신흥계급의 사적 소유권을 정치적으로 옹호하였다면 스미스의 이론이 갖는 가장 큰 의미는 시장에서 행해지는 개인들의 탐욕스러운 재산증식 과정이 왜 도덕적으로 정당할 뿐만 아니라 사회전체를 위해 득이 되는가를 경제적으로 옹호해 준 것이라고 할 수 있다(Kristol 1981, 204). 이와 같은 정당화는 자본주의 경제의 확산을 가속화시키는데 중요한 역할을 하였다. 왜냐하면 봉건적인 제도 틀에서는 아직 종교적인 사고방식이 지배적이어서 금전적인 이익을 추구하는 경제행위가 사악한 것으로 금기시되어 왔었는데 스미스의 주장은 이것이 자연법적으로 정당한 것임을 밝혀 주었기 때문이다. 따라서 부르주아 계급은 자신들의 행위를 정당화할 수 있었을 뿐만 아니라 자신들의 활동영역을 확장시키면서 봉건시대의 지배적 계급들을 대치하고 새로운 지배세력으로 등장할 수 있었다.

스미스에 의해 미화된 시장의 논리는 이후 신흥계급들이 자신들의 이해를 관철시키기 위한 적극적 수단으로 활용되었는데 그 대표적인 경우가 스미스에 의해 주창되었고 후에 리카르도(D. Ricardo)가 발전시킨 비교우위이론(theory of comparative advantage)이다. 이것은 國富의 증진이 중상주의처럼 무역통제를 통한 귀금속의 축적에 의해 이루어지는 것이 아니라, 통제와 제한을 철폐하고 비교우위 생산비용에 따라 각국의 상품을 특화시켜 자유무역을 극대화할 때 가능한 것이라는 것을 증명한 이론이다.[1] 이 이론은 많은 문제점을 내포하고 있었음에도 불구하고 신흥계급들의 이해를 관철시키기 위한 수단으로 활용되었다. 당시 영국에서는 나폴레옹 전쟁 이후 곡물 수요가 폭락하자 지주계급들이 자신들의 이익을 보호하기 위해 곡물법을 제정하여 외국에서 들어오는 곡물을 수입 금지시키고 있었다. 이것은 신흥계급들의 이해와 충돌되는 것이었기에 이들은 리카르도의 이론을 통해 시장의 우월성과 국가개입의 불필요성 등을 역설하며 지주계급들에 대항을 한 것이었다.

이렇게 볼 때 1930년대까지 지속되었던 자유방임주의적인 국가모델의 성장은 그 이론적 근거가 되는 스미스와 리카르도 논리의 정교함에 있었다기보다는 당시 변화된 정치 · 경제 · 사회적 조건에 기인한 것이었다고 할 수 있다. 이론적으로 보았을 때 스미스와 리

1) 리카르도는 이것을 영국과 포르투갈 양국 간의 비교를 통하여 증명하였다. 그는 영국과 포르투갈이 각각 섬유와 포도주에서 비교우위를 가지고 있다고 보고 비교우위에 있는 상품에 그 국가의 모든 노동력을 투자하고 특화시켜 영국과 포르투갈이 무역을 한다면 서로 이득을 본다는 것을 수치적으로 증명을 하였다. 그런데 리카르도의 비교우위설은 당시 영국이 처한 현실적인 문제에 대한 해결책이었다. 그가 예로 들고 있는 포르투갈과 영국은 단순히 이론적 증명을 위한 예가 아니라 양국이 봉착하고 있던 현실의 문제였다. 리카르도의 자유무역 타당성의 증명은 비록 이론적으로는 타당할지 모르나 현실적으로 포르투갈을 농업국으로 전락시켜 국가 발전 가능성을 현저히 저하시켰다는 비판을 면하기 어려운 측면이 있다.

카르도는 많은 문제점을 가지고 있었다. 특히 시장이 안정적이고 자생적이라는 이들의 주장은 현실과 부합되지 않는 가정에 기인하는 것이었기에 시장이 국가에 개입할 필요가 없다는 자유방임주의적인 국가모델은 이론적으로 그 근거 매우 빈약한 것이었다고 할 수 있다. 스미스는 보이지 않는 손의 존재를 가지고 시장이 안정적이고 자생적이라고 하였지만 그는 이에 대한 증명을 과학적인 방법을 통해 해결하지 못하고 스코틀랜드 자연철학에 큰 영향을 받아 자연법적인 논리에 근거하여 증명하였다는 한계를 보이고 있다. 따라서 보이지 않는 손이 역사적이고 현실적으로 시장에 존재하는지에 대한 의문은 학문적으로 계속 남아있다. 또한 스미스와 리카르도는 모두 시장에서 개인들의 행위가 자연법적인 선험적 합리성에 의해 지배를 받고 있다고 가정을 함으로써 현실에 존재하는 사회적 인간이 아닌 자연인으로부터 출발하는 오류를 범하고 있기도 하다(Heinrich 1991). 이런 인간들은 자신에게 주어진 환경적 조건과 무관하게 독립적이고 합리적인 의사결정을 할 수 있는 자유를 만끽하는 존재로 인식되고 있지만 실제 시장에서 개인들의 행위가 여러 가지 조건들에 의해 영향을 받는다는 것을 고려할 때 이들의 시장행위는 현실과 부합되지 않을 뿐만 아니라 결과적으로 이들이 만들어 내는 시장관계는 현실적인 시장이라고 볼 수 없는 문제를 내포하고 있다. 시장을 바라보는 이들의 이러한 한계들은 1930년대 들어 자본주의 경제가 대공황을 맞이하면서 경험적으로 명백하게 드러나게 되었으며 이와 동시에 자유방임주의적인 국가모델이 쇠퇴하는 계기가 된다.

3. 케인스주의적 개입국가 모델

케인스주의는 시장이 자체적으로 완벽하지 않을 뿐만 아니라 오히려 자기 파괴적인 성격을 갖고 있기에 국가가 시장에 강력하게 개입하여야 한다는 주장을 골자로 하고 있다. 따라서 케인스주의는 자유방임주의에 반하여 시장에 대한 국가의 우위로 회귀하는 모델이다. 역사적으로 볼 때 케인스주의는 1930년대 대공황을 계기로 나타났다. 공황이 발생할 때만 하여도 기존의 자유방임주의적인 시각, 특히 시장이 자기 스스로 문제를 해결할 수 있다는 신념이 지배적이었다. 그러나 경제위기가 장기화됨에 따라 그 신념이 희석되어가고 있을 무렵 케인스는 자신의 저서 『일반이론』에서 자유방임주의 또는 신고전학파적 경제논리의 문제점을 유효수요이론(theory of effective demand)을[2] 가지고 반박하였는데 많은 사람들이 이런 케인스의 이론이 당시 자본주의 경제를 파국으로부터 구출할 수 있다고 믿음에 따라 1970년대까지 국가와 시장의 이상적인 결합 형태로 각광을 받은 모델이다.

케인스주의 모델이 기존의 자유주의 모델과 차이가 나는 점은 두 가지 정도로 요약될 수 있다(Altvater 1981, 6). 첫째, 생산수단의 사적소유에 기초한 개인의 의사결정을 중심으로 작동되는 경제체제

2) 케인스는 이 책에서 그 동안 200년 이상 경제학을 지배하여 왔던 일반균형이론(general equilibrium theory)을 비판하였다. 그는 이것을 유효수요이론을 가지고 설명하였는데 유효수요이론은 다음과 같이 설명될 수 있다. 고용이 증가되면 일반적으로 소득이 증가한다. 그리고 이는 소비증가로 이어진다. 그런데 개인들의 소비성향은 증가하는 소득보다 덜 증가하는 경향이 있다는 것이다. 따라서 증가된 고용 및 그로 인한 소득 증가분만큼이 곧바로 소비로 이어지지 않는 한 기업가는 손실을 보며 이는 궁극적으로 경제를 위축시킨다. 이 부족분을 투자 및 국가수요를 통해 메워주어야 균형에 도달할 수 있다는 것이다(Keynes 1973).

는 결코 자신이 원하는 완전고용을 가지고 올 수 없기 때문에 국가가 개입하여야 한다는 것이다. 이것은 자유주의적 시장모델에서 강조하는 효율성 개념을 비판하고 정의 개념을 강조하는 측면이 있다. 둘째, 케인스주의는 자유주의적 시장모델에서 상정하고 있는 인간상을 비판하고 있다. 케인스주의는 인간을 효용을 극대화하고 격정을 최소하려는 측면에서 바라보면서 이에 대한 자기 책임성을 강조하는 고전적 자유주의적 시장모델에 대한 비판을 담고 있다. 인간은 시장경제에서 타의에 의해 효용을 극대화하지도 격정을 최소화하지도 못하는 미약한 존재일 수 있기에 국가는 이들을 보호해야 할 필요가 있다고 보는 것이다. 종합적으로 볼 때 케인스주의는 이전의 경제학적 시장모델에서 가정하고 있던 개인의 합리성 및 효율성 개념들의 문제를 지적하면서 공동체 및 사회성을 더욱 더 중요시하는 경제이론을 발전시킨 것이라고 할 수 있다.

이와 같이 사회성을 강조하는 케인스주의는 급진적인 공산당에서부터, 노동조합, 사회민주당(SPD)까지 폭넓게 수용될 수 있었다. 그리하여 당시의 경제학자들뿐만 아니라 정책결정자들까지도 모두 케인스주의자들이 되었으며 케인스주의는 전 세계 국가들에게 가장 이상적인 국가발전 모델로 등장하게 되었다. 2차 대전 이후 고성장한 자본주의 경제 속에서 케인스주의는 국가발전 모델로서 더욱 확고히 뿌리를 내리게 되었으며 복지 국가적 특성과 결합되면서 영원히 지속될 것처럼 보였다. 그러나 케인스주의는 1970년대 들어와서 흔들리기 시작한다. 그 이유는 케인스주의가 취하였던 재정정책에 원인이 있었다. 케인스주의는 유효수요이론에 따라 유효수요 부족분을 국가가 투자를 통해 지속적으로 보완해주는 것을 골자로 하고 있는데 이것은 국가재정의 적자를 전제로 할 수밖에 없었다. 그동안 케인스주의는 이런 재정적자를 일시적인 것으로 취급을 하였다. 즉 재정적자는 투자가 경기를 회복시키면 곧 만회될 것으로 본 것이었다. 따라서 장기적인 측면에서 재정적자는 케인스주의 모델에서 커다란 문제가 되지 않았다. 그러나 1960년대 말부터 일어나기 시작한 국제정치경제 조건의 변화, 특히 생산성의 하락은 투자가 경기회복으로 이어지지 않으면서 장기적인 재정적자를 경험하게 되는 현상이 발생을 하였다. 나아가 방만한 재정팽창 정책은 화폐의 가치를 떨어뜨려 인플레이션만을 증가시키는 결과를 가져왔다. 결과적으로 경기침체로 인한 실업 및 인플레이션의 동반적 증가라는 스태그플레이션(Stagflation)의 문제에 직면한 케인스주의 모델은 해결책을 내놓지 못함에 따라 신자유주의적 전략모델에 자신의 지위를 내어주며 몰락하게 된다.

케인스주의적 국가모델의 몰락에서 볼 수 있듯이 케인스주의는 그 이론적 정교함보다는 당시 변화된 국제정치경제적인 조건의 시대적 반영물이었다고 평가할 수 있다. 즉 케인스주의는 1930년대 대공황이라는 경제적 혼란 속에서 자본주의 경제의 재생산을 원상 복귀시키기 위한 '자본주의와 자유민주의간의 모순을 화해하는 모델', '자본축적과 동의창출의 조화로운 양립' 또는 '계급간의 타협을 위한 정치적 교환'등으로 이해되어질 수 있다(Altvater 1983, 14-16). 이 시기는 자본주의 경제가 자유방임주의적인 전략 모델에 따라 끊임없이 팽창한 결과 과잉생산이라는 문제를 야기한 시기이다. 영국에 의해 주도된 자유무역의 확산 결과 세계시장의 영역이 확장되었으며 이것은 기업들로 하여금 더 많은 상품들을 경쟁적으로 생산시키는 효과를 가져왔었다. 그러나 수요의 문제를 고려하지 않은 무분별한 시장팽창은 결과적으로 과잉생산의 문제를 유발한 것이다. 수요의 측면을 강조한 케인스주의는 (유효)수요의 부족을 직접적으로는 국가의 투자를 통하여 그리고 간접적으로는 노동자들의 실질임금 향상을 통하여 해결할 수 있다고 보았다. 즉 국가가 투자를 통해 유효수요 부족분을 메워주면 생산 및 고용이 증가하고 이는 궁극적으로 노동자들의 실질임금을 상승시킬 수 있으며 이로써 노동자들이 더 많은 소비를 함으로써 공급과 수요 간의 균형이 달성되어 자본주의 경제의 재생산이 다시 원활히 작동할 수 있다고 본 것이다. 이런 케인스주의는 결과적으로 노동자들을 자본주의에 반대하는 투쟁의 영역에서 자본주의 경제적 삶에 순응하는 영역으로 이끌어 들이는데 성공을 할 수 있었다. 노동자들의 실질임금 향상은 노동자들에게 소비의 즐거움을 선사함으로써 노동자들을 계급투쟁의 영역에서 자본주의적 시장경제로 흡수시켰고 노동자와 자본가들 간의 대립을 완화시키며 사회적 통합을 이루어낼 수 있었던 것이다. 따라서 케인스주의적 국가모델은 이론적 정교함보다는 국가가 자본주의 경제의 재생산을 다시 회복시키기 위하여 전략적으로 채택한 모델이라고 할 수 있으며 그 시대적 조건이 변하지 않는 선에서만 성공할 수 있었던 국가모델이라고 평가할 수 있다.

4. 사회주의 국가모델

사회주의 국가모델은 역사적으로 실재하였던 국가와 시장의 결합 유형 중 시장에 대한 국가의 우위성이 가장 강하게 나타난 경우이다. 시기적으로 보았을 때 이 모델은 자본주의 경제의 모순이 심화되고 있었던 20세기 초, 정확히 말해 1917년 러시아에서 10월 혁명을 통해 탄생되었다. 초창기 소련의 성공적 발전에 힘입어 사회주의 국가모델은 많은 문제점을 드러내고 있던 자본주의를 대체할 수 있는 모범적 대안모델로 각광을 받기 시작하였고 이후 동유럽 국가들을 포함하여 많은 신생국가들에게 전파되면서 자본주의 국가들과 체제경쟁을 하여 왔었다. 그러나 사회주의 국가모델은 자본주의 국가들과의 체제경쟁에서 점차 뒤처지게 되었으며 결국 세계화라는 물결 속에서 1989년 소련의 해체와 함께 실질적으로 붕괴되었다.

사회주의 국가모델은 마르크스(K. Marx)와 레닌(V.I. Lenin)의 이론에 기초해 있다. 마르크스는 역사가 객관적인 법칙에 의해 발전한다고 보았다. 그는 『자본론』에서 현재의 자본주의 사회는 상품법칙에 의해 지배된다고 보고 이에 대한 분석을 통해 자본주의만의 고유한 법칙을 찾아내고자 하였다(Marx 1988). 먼저 마르크스는 자본주의가 다른 사회와는 달리 인간의 노동력이 상품화되는 특징을 가지고 있다고 보고 있다. 생산수단을 소유하지 못한 노동자들은 자신의 생존을 위해 생산수단을 소유한 자본가에게 자신의 노동력을 상품으로 팔 수밖에 없는데 이들은 생산과정에서 자신의 노동가격 이상의 가치, 즉 잉여가치를 산출한다고 한다. 그러나 자본주의 구조는 노동자의 몫인 이 잉여가치를 자본가가 착취해 가는 것을 특징으로 하고 있다고 분석을 하였다. 이를 바탕으로 마르크스는 착취관계가 본질을 이루면서 발전하는 자본주의는 적대적 계급관계를 가진 최후의 사회적 형태라고 규정을 하였고 이런 자본주의 사회는 생산수단을 소유하지 못하고 착취당하는 프롤레타리아의 계급투쟁을 가속화시키며 궁극적으로 붕괴되어 사회주의로 이행할 수밖에 없다는 필연성을 강조하였다.

레닌은 마르크스의 이론을 더욱 더 전략적이고 전술적인 측면에서 발전을 시키면서 러시아에서 사회주의 국가를 탄생시킨 장본인이다. 레닌은 마르크스가 논의한 프롤레타리아의 계급투쟁과 사회주의로의 이행에 관한 문제를 발전시켰다. 즉 그는 혁명이 현실적으로 가능할 수 있는 이론을 발전시켰다. 여기서 그는 혁명에 대한 주·객관적 조건을 강조하였다. 객관적으로 볼 때 혁명이란 일정한 사회·정치·경제적 조건이 갖추어질 때만 가능한 것이다. 그럼에도 불구하고 주관적인 조건, 즉 혁명적 계급의 의식이 성숙되어 있지 못하면 혁명은 성공할 수 없다고 보았다. 따라서 그는 프롤레타리아 계급에게 역사적 사명, 목표 및 과제 등을 의식화시킬 전위 조직이 필요하다고 보았으며 黨이 이 역할을 해야 한다는 이론을 제시하였다(Sertsova 1986, 33-34).

마르크스와 레닌의 이론에 기초해 있는 사회주의 국가모델은 무엇보다도 자본주의 시장의 문제점을 지적하고 있다. 이 모델에 의하면 시장은 개인들의 탐욕, 불평등한 거래 및 착취가 난무하는 곳이다. 시장은 비인간적인 관계로 얼룩져 있으며 이런 시장을 내버려둘 때 인간사회는 희망이 없다고 보고 있다. 따라서 시장은 통제되어야 할 필요가 있는 것이다. 이 모델은 마르크스와 레닌을 따라 급진적인 해결책을 제시하고 있다. 그것은 자본주의 시장에서 발생하는 착취의 근본적인 원인인 생산수단의 사적 소유를 금지하며 궁극적으로 국가소유권으로 전환시키는 것이다. 생산수단에 대한 국가소유권을 바탕으로 국가는 시장을 대신하여 경제를 계획하고 경제과정에서 발생한 소득에 대한 공정한 분배를 주도하는 기능을 담당하여 자본주의 시장에서 발생하는 문제를 시정한다. 이렇게 볼 때 사회주의 국가모델은 개인의 자유보다는 소득간의 재분배를 통해 사회적 평등을 더욱 더 강조하고 있으며 이를 위해 시장에 대한 국가의 개입이 정당화되는 내용을 특징으로 하고 있다고 볼 수 있다.

사회주의 국가모델은 다른 국가모델과 마찬가지로 시대의 반영물이다. 마르크스가 활동을 하던 당시는 산업혁명을 계기로 봉건제적 질서가 급속히 붕괴되고 자본주의의 착취적 모순관계가 심화되기 시작하였던 시대였다. 이 시기에 기존의 질서에서 지배적인 생산관계를 유지하고 있었던 지주-농민간의 관계가 몰락하였고 자본과 임노동을 중심으로 하는 새로운 생산관계가 지배적인 형태로 등장을 하였다. 이로 인해 사회과정은 자본가 계급에 의해 주도되었으며 이들은 지주계급의 몰락과 함께 소작할 수 있는 농토를 잃은 농민들을 도시의 공장 노동자들로 흡수시켰다. 그러나 노동자들에 대한 자본가 계급의 착취가 심화되면서 노동자들의 비참한 생활이 계속되자 이들의 저항은 20세기 들어 유럽 전역에 확산되기에 이르렀다. 마르크스와 레닌은 이러한 저항에 이론적이고 실천적인 기반을 제공하면서 노동자들의 단결과 혁명의식을 고취시키는 결과를 가져왔으며 마침내 러시아에서 노동자 계급을 위한 사회주의 혁명이 성공함으로써 사회주의 국가모델이 탄생할 수 있었던 것이다.

사회주의 국가모델의 기반이 되는 마르크스와 레닌의 이론은 여타의 이론들처럼 많은 문제점을 가지고 있다. 마르크스의 경우 자본주의에서 착취관계를 분석하는 토대가 되는 그의 노동가치설은 아직까지도 수많은 논쟁을 불러일으키고 있다. 또한 자본주의 붕괴의 필연성을 이야기한 이윤율 저하의 법칙은 역사적으로 수차례 부정되어 그 경험적 타당성이 의문시되고 있다. 그러나 국가와 시장과의 관계에서 볼 때 사회주의 국가모델의 가장 큰 문제점은 레닌에서 나타나고 있다. 그는 혁명을 완수하기 위해 당이 프롤레타리아의 의식을 고양시키는 전위조직 역할을 해야 한다는 혁명이론을 제시하였다. 그러나 여기서 당과 국가를 동일시하는 오류를 범함으로써 국가에 대한 잘못된 인식을 낳았다. 레닌에서는 국가, 시장 및 사회가 당이라는 유일한 요소에 의해 연계되고 있으며 당이 모든 것을 계획하고 수행하며 분배를 한다. 그러나 사회주의 국가가 기본적으로 국민국가의 한 형태임을 감안할 때 이 기능을 담당하고 있는 다른 여타 국가들과 마찬가지로 그것은 민주주의적 참여와 절차에 연계되어 있어야 한다. 그럼에도 불구하고 당은 마치 일반의지(volonté générale)를 가진 것으로 취급되고 있으며 결과적으로 당은 민주주의적 참여와 절차와 괴리되어 나타나고 문제를 야기하고 있다(Altvater 1991, 41). 그 결과 사회주의 국가모델에서는 생산적 경쟁은 사장되어지게 되며 다른 국가들과의 경쟁관계에서도 뒤쳐질 수밖에 없는 필연성을 가지고 있다. 이렇게 볼 때 사회주의 국가모델이 붕괴된 것은 시장에 대한 계획 자체가 문제가 있어서가 아니다. 계획은 세계 모든 국가에 존재하기 때문에 그 이유가 될 수 없다. 이 모델의 문제는 당을 국가와 동일시하면서 여기서 국가 내에 그리고 국가 간에 존재하는 생산적 경쟁의 당위성을 배제시킨데 있다.

5. 신자유주의 국가모델

본래 신자유주의(Neoliberalism)라는 용어는 1938년 8월 파리에서 개최되었던 《Colloque Walter Lippman》의 심포지엄에서 독일의 뢰프케(W. Röpke)에 의해 처음으로 사용되었다. 그는 당시 일고 있는 자유주의 운동을 19세기의 고전적 자유주의와는 그 성격과 내용을 구분하기 위하여 이 용어를 사용하였었다. 그러나 오늘날의 신자유주의적 국가모델이 본격적으로 확산되기 시작한 것으로 시기적으로 볼 때 1979년 영국의 대처 수상과 1980년 미국의 레이건 대통령이 정권을 잡으면서라고 할 수 있다.[3] 이 모델은 1970년대 중반의 자본주의 경제 위기 이후 케인스주의적인 국가모델을 대체하려는 움직임 속에서 나타났으며 현재까지도 세계적으로 일반화되어 있는 국가와 시장의 특수한 역사적 결합 유형이라고 할 수 있다. 이 모델은 한마디로 현재 세계화 및 정보화로 인해 변화되고 있는 국제환경 조건에 시장중심적인 전략 또는 시장의 정부(government by market)로 대응을 해야만 국가가 발전할 수 있다는 입장을 견지함으로써 케인스주의 모델과는 반대로 국가에 대한 시장의 우위가 크게 강조되고 있는 발전전략 모델이라고 할 수 있다.

신자유주의적 국가모델의 기반이 되고 있는 신자유주의라는 이론체계는 기본적으로 과거의 자유주의 경제철학과 동일한 전제 위에 놓여있다고 할 수 있다. 즉 신자유주의는 개인의 자유를 최우선시 하면서 사회가 개인으로 환원된다는, 다시 말해 사회는 개인들의 합 이상이 아니라는 전제를 기초로 자신들의 이론체계를 구축하여 나아가고 있다. 개인들의 자유가 우선시되기 때문에 시장에서의 활동은 개인들의 자유로운 의사결정이 최대한 보장되어야 하며 이때만이 시장이 원활하게 작동을 하여 경제성장 및 사회발전을 이룩할 수 있다고 보고 있다. 따라서 개인들의 자유를 침해할 수 있는 국가

---

3) 엄격한 의미에서 본다면 대처리즘(Thatcherism)으로 불리고 있는 영국의 신자유주의적 국가모델과 레이거노믹스(Reagonomics)로 불리고 있는 미국의 신자유주의적 국가모델은 차이가 있다고 할 수 있다. 둘 다 통화정책을 중요시하고 인플레이션 해소, 작은 정부기관과 균형예산, 규제 완화와 공급 중시 전략 등을 강조하였다는 점에서는 신자유주의적 전략 모델에 속하지만 미국과 영국은 그 실천과 결과에서 매우 판이하게 나타났다. 예를 들면 영국은 엄격한 통화정책과 함께 엄격한 재정정책을 실시하였지만 미국의 경우는 엄격한 통화정책과 함께 엄청난 규모의 재정적자의 확대가 이루어 졌다. 그럼에도 불구하고 미국은 영국과 달리 산출과 고용의 커다란 손실을 야기하지 않고 인플레이션을 통제하는데 성공을 하였다는 점이 커다란 차이로 나타나고 있다(Shaw 1999).

권력과 같은 외부적인 요인들은 원칙적으로 배제되어야 하며 국가 권력은 개인들의 자유로운 시장 활동을 수호하는 기능에 한정시켜야 한다고 주장하고 있다.

위와 같은 세계관을 가장 극명하게 체계화시키고 있는 대표적인 학자는 하이에크(F.A. Hayek)이다. 중농주의자들과 유사하게 그는 이 세계를 자생적 질서(cosmos)와 인위적 질서(taxis)로 구분을 하고 있다(Hayek 1991, 70). 전자는 인간 행위의 결과이지만 인간이 설계화한 산물은 아닌, 즉 스스로 성장한 질서를 의미하고 후자는 구체적 목표가 정해져 있는 조직 내에서 조직목표를 달성하기 위해 만들어진, 즉 인간이 의도적으로 만든 질서를 의미한다. 양자는 모두 자체적으로 행위규칙을 가지고 있으며 전자에 적용되는 규칙은 관습(nomos) 후자에 적용되는 행위규칙은 인위(thesis)라고 명명된다. 그는 시장은 자생적 질서를 가지며 관습의 행위규칙이 적용되는 곳이라고 보고 있다. 자생적 질서는 인위적인 고안물이 아니기 때문에 그리고 복잡하기 때문에 인간은 자생적 질서에 대해 제한적인 지식을 가질 수밖에 없다. 즉 인간의 이성은 시장질서의 총체적이고 구체적인 결과까지 예측할 수 없다. 인간은 다만 사회질서 속에서 개별적으로 경험함으로써 학습과정을 통해 점진적으로 일반적 행위규칙의 대강을 이해할 수 있을 뿐이다. 그러므로 인간이 이성에 의해 사회 전체를 계획하고 특정 모델에 따라 사회를 건설할 수 있다고 믿는 것은 관념적 독단론이다. 이에 따라 하이에크는 시장을 계획하려는 사회주의와 같은 국가모델을 강력히 비판하고 있으며 궁극적으로 국가가 시장에 개입하는 것은 시장을 해치는 것이며 실패할 수밖에 없다고 주장을 하고 있다.

그러나 신자유주의적 국가모델에서 나타나고 있는 시장에 대한 국가의 우위는 다른 모델들과 마찬가지로 순수한 이론적 결과물이라기보다는 이 시대의 현실적 이해관계를 반영한 결과물이라고 할 수 있다. 이것은 2차 대전 이후 자본주의 경제의 황금시대를 견인하였던 포드주의(Fordism)적 축적체제가 1960년대 말부터 쇠퇴하게 되는 역사적 배경과 상관이 있다. 황금시대 기간 동안 높은 성장률을 유지할 수 있었던 서국국가들은 이를 바탕으로 복지국가를 형성시킬 수 있었다. 그러나 포드주의적인 축적체계의 한계가 도래하면서 수익이 감소하게 되자 그동안 복지국가를 유지시키기 위해 조세 및 사회비용을 부담하였던 기업들은 불만을 갖기 시작하였다. 이들은 복지를 위한 높은 조세부담 및 과대한 규제가 기업들의 생산적인 활동을 저하시키게 만듦으로써 자본주의 시장경제가 제대로 작동을 하지 못하고 있으며 세계경제의 정체를 가져오게 하였다고 강변하였다. 이들의 이런 불만은 노동자 집단, 특히 많은 복지 혜택을 받고 있는 하층노동자 집단에 주로 집중되었다. 기업들은 이들을 경기침체를 야기한 장본인으로 몰아갔으며 복지 부담에 비해 그 혜택이 상대적으로 적었던 중상층 이상의 이해집단들을 자신들의 편으로 끌어 들임으로써 복지국가를 궁지로 몰아넣기 시작하였다. 이것은 과거 케인스주의적 국가모델에서 유지되었던 노동자와 자본가라는 계급간의 타협을 해체시키는 것을 의미하는 것이었다. 자본가들은 자신들의 이해관계가 노동자 집단과 더 이상 양립되기 어렵다는 현실을 깨달게 되었고 이들 집단에 대해 일방적인 계약파기를 선언하였다. 자본가들의 이런 행위는 노동자 집단의 격렬한 저항을 불러왔지만 동시에 노동자 집단을 분열시키기도 하였다. 노동자 집단 내의 상층과 하층은 현실 앞에서 상이한 이해관계를 노출시켰기 때문이다. 이것은 궁극적으로 노동자 집단이 단결되지 못하고 힘이 약화되는 결과를 가져왔다. 이와 같은 일련의 과정 속에서 기업들이 옹호하였던 시장의 논리가 지배력을 확장할 수 있었으며 영국에서 대처가 기업들과 상층노동자 집단들의 이해관계를 포괄하는 선거 전략을 통해 정권을 잡으면서 신자유주의적인 국가모델이 본격적으로 등장할 수 있었던 것이다.

이상과 같은 역사적 맥락에서 보았을 때 오늘날 신자유주의적 국가모델의 기반이 되고 있는 프리드먼(M. Friedman)의 통화주의(monetarism), 하버드 대학의 교수인 펠트스타인(Feldstein)으로 대표되며 레이거노믹스를 뒷받침하였던 공급경제학, 루커스(Lucas) 및 사전트(Sargent)로 대표되는 합리적 기대론, 뷰캐넌(Buchanan)의 공공선택론 그리고 여기서 언급한 하이에크 이론들은 이들의 논리적 정교함이 신자유주의적 국가모델을 창출시켰다고 하기보다는 신자유주의적 국가모델에 내포되어 있는 이해관계가 이들 이론을 선택한 것이라고 할 수 있다. 이론적 논의 수준에서 본다면 이들 이론들은 오히려 많은 문제점을 가지고 있다. 무엇보다도 여기서 언급한 하이에크를 포함하여 이들 이론은 모두 시장과 국가에 대해 잘못된 가정 및 개념들을 가지고 시장에 대한 국가개입의 불필요성을 강조하고 있다는 문제점을 보이고 있다. 우선 이들은 시장에 대해 과거 많은 학자들이 범했던 잘못된 가정을 반복하여 사용하며 접근하고 있다. 즉 시장을 현실에서가 아닌 자연에서 도출하고 있다는 점이다. 이와 같은 문제는 이들로 하여금 개인의 자유와 시장에서 재산을 증식시키려는 사욕적인 자유를 혼동하고 있을 뿐만 아니라 오로지 후자만을 변호하게 만들고 있다(Altvater 1981, 12). 나아가 이들은 이런 탐욕스러운 자유를 옹호할 뿐만 아니라 국가가 이를 보호해야한다고 주장을 하고 있다. 그러나 이것은 국가의 기능을 잘못 이해하는 오해에서 비롯된 것이다. 왜냐하면 국가의 기능은 사적인 이해를 추구하는 개인들만을 보호하는 것이 아니라 전체의 이해를 대변하기 때문이다. 따라서 이들은 국가를 사적인 이해를 위한 수단으로 전락시키는 문제를 노출시키고 있다.

Ⅳ. 결론: 국가와 시장의 재결합

지금까지 역사적으로 실재했거나 현재 실재하고 있는 국가모델들을 살펴본 결과 국가와 시장의 관계를 분석하는데 있어 다음과 같은 몇 가지 사실들을 중요한 결론으로 지적할 수 있다.

첫째, 각각의 국가모델에서 나타난 시장과 국가의 관계에 대한 이론들은 그것의 논리적 정교함 때문이었다고 하기보다는 당시의 주도적 세력의 필요에 의해서 선택된 것이었다고 할 수 있다. 순수 이론적인 측면에서만 본다면 각각의 시대를 풍미하였던 이론들은 자체적으로 모두 커다란 결함을 가지고 있었다. 각각의 이론들은 많은 비현실적인 가정들을 가지고 국가와 시장을 개념화시켰을 뿐만 아니라 국가와 시장을 분리시켜 각각의 고유한 원리만을 발견하고자 하는 경향을 보임에 따라 현실과 괴리되는 문제를 안고 있었다. 그 결과 시장에 대한 국가의 역할이 무엇인가에 대해 이들이 제공하고 있는 근거들은 이론적으로나 경험적으로 정당성을 확보하기 어려운 것이었다고 할 수 있다.

둘째, 각각의 국가모델은 모두 역사적으로 주어진 정치·경제·사회적 위기 또는 격변기 속에서 그 시대의 조건들을 반영하는 계급 및 이해집단들 간의 타협 및 대립을 전제로 생성되고 유지·소멸되었다는 것이다. 즉 각각의 특수한 역사적 조건들은 계급 및 이해집단들의 시장에서의 이해관계를 변화시켰으며 국가는 시장 및 사회가 원활히 작동할 수 있도록 지배적인 세력과 결합을 하면서 새로운 국가모델로 이행하는 모습을 보이고 있었다.[4] 이것은 국가와 시장의 관계에 대한 분석이 계급 및 이해집단들 간의 이해관계를 중심으로 분석되어야 할 필요성을 보여주고 있다.

마지막으로 시장에 대한 국가의 적적할 역할이 무엇인가에 대한 분석은 기존의 양적인 크기를 가늠하는 논의에서 탈피하여야 할 것이다. 특수한 역사적 조건에 따라 변화되는 계급 및 이해집단들 간의 이해관계를 중심으로 국가와 시장의 관계에 대해 분석을 한다는 것은 국가가 시장에 대해 어느 정도 크기로 개입을 하여야 할 것인가를 보는 것이 아니라 어느 곳에 어떻게 개입하여야 할 것인가를 보는 것이다. 시장에 대한 개입은 항상 존재하여 왔다. 시장 자체는 완벽한 실재가 아니기 때문에 국가는 시장이 원활히 작동할 수 있도록 개입을 할 수 밖에 없다. 이때 어느 정도 개입할 것인가가 문제가 아니라 시장의 원활한 작동을 위해 어디에 어떻게 개입할 것인가가 문제인 것이다.

---

4) 그렇다고 이것이 국가가 항상 경제적 지배계급에 종속된다는 것을 의미하지는 않는다. 국가는 개별자본가들의 도구적 수단이 아니라 자본일반(capital in general)을 위해 기능한다는 측면이 강조되어야 할 것이다. 즉 국가는 실제로 존재한 개별자본가들의 합 이상이기 때문에 국가는 개별자본가들의 사적인 이해들에 의해 일방적으로 끌려 다니는 것이 아니라 상대적 자율성을 가지고 전체적인 사회의 재생산이 원활히 유지될 수 있도록 기능을 하는 것이다(Altvater 1971).

주요문헌 소개

Chang, Hajoon. 1995. *Globalization, Economic Development, and the Role of the State*. Oxford: Clarendon. [역서: 2006. 이종태 · 황태선 역. 『국가의 역할』. 서울: 부키]. 이 책은 신자유주의 모델이 가지고 있는 이론적이고 경험적인 내용들에 대해 비판적으로 접근을 하고 있다. 저자는 이 책을 통해 신자유주의 모델이 주장하는 '보이지 않는 손'의 타당성을 검증하고 있으며 이를 기반으로 시장에 대한 국가의 개입이 어떠한 의미를 가지고 있는지 등에 대해 매우 심도 있는 분석을 하고 있다.

Lindblom, Charles Edward. 1977. *Politics and Markets*. New York: Basic Books. [역서: 1989. 주성수 역. 『정치와 시장』. 서울: 인간시장]. 이 책은 시장을 대표하는 기업과 정치 영역인 민주주의간의 관계를 분석하고 있다. 여기서 저자는 가치중립적인 입장에서 양자를 모두 비판적으로 분석하면서 자신의 결론을 유도하고 있는데 기업은 민주주의의 이론과 비전에 장애가 되고 기업에 대한 정부의 특권적 개입은 시장의 발전에 해가 된다는 것이 그의 주장이다.

Polanyi, Karl. 1985. *The Great Transformation*. Boston: Beacon Press. [역서: 1997. 박현수 역. 『거대한 변환: 우리시대의 정치적, 경제적 기원』. 서울: 민음사]. 이 책은 시장만능주의를 신봉하는 자들에 대해 날카로운 비판을 하고 있다. 시장주의자들은 흔히 '보이지 않는 손' 혹은 시장의 자기조정적인 능력을 강조하고 있지만 폴라니는 이것이 얼마나 허구적인 것인가를 해박한 지식을 가지고 파헤치고 있다. 그리고 이를 바탕으로는 그는 인간적인 자본주의의 시장경제를 지향해야할 필요성을 강조하고 있다.

Strange, Susan. 1998. *States and Markets*. London: Pinter. [역서: 2005. 양오석 역. 『국가와 시장』. 서울: 푸른길]. 이 책은 국가와 시장의 상관관계를 네 가지 기본적 가치관, 즉 안전보장, 부, 자유, 정의에 의해 결정되는 '구조적 권력'이라는 시각 속에서 분석을 하고 있다. 그리고 또한 국제관계 내 구조적 권력을 구성하는 네 가지 요소로 금융, 안보, 지식, 생산구조를 내세우고 있는데 이것들이 국가와 시장 간 세력균형을 전환시켰고, 국제관계에서도 근본적 패권 획득과정과 유지과정을 결정하여 왔다고 주장을 하고 있다.

Yergin, Daniel. 1998. *Commanding Heights*. [역서: 1999. 주명건 역. 『시장 대 국가』. 서울: 세종연구소]. 지난 100년간 세계경제의 흐름을 한눈에 조망해줄 수 있는 지침서라고 할 수 있다. 과거 시장 중심의 체제에서 국가 중심 체제로 그리고 오늘날 다시 시장 중심 체제로 이행하고 있는 세계경제 과정을 매우 해박한 지식을 가지고 쉽게 설명을 하고 있는 책이다. 특히 DVD로도 출간되어 학생들이 영상을 통해 세계경제를 보다 쉽게 이해하게 만들어주는 장점이 있다.

참고문헌

Altvater, Elmar. 1971. "Zur einigen Problemen des Staatsinterventionismus." *PROKLA* Heft 3.

______. 1981. "Der gar nicht diskrete Charme der neoliberalen Konterrevolution." *PROKLA* 44.

______. 1991. *Die Zukunft des Marktes. Ein Essay über die Regulation von Geld und Natur nach dem Scheitern des real existierenden Sozialismus*. Münster: Westfälisches Dampfboot Verlag.

Altvater, Elmar · Hübner, Kurt · Stanger, Michael. 1983. *Alternative Wirtschaftspolitik jenseits des Keynesianismus*. Opladen: Westdeutscher

Verlag.

Beaud, Michel. 1987. 『자본주의의 역사』. 김윤자 역. 서울: 창비신서.

Beckenbach, Franz. 1987. *Zwishchen Gleichgewicht und Krise. Zur Konstitution einer Geldökonomie*. Frankfurt/Main: Haag + Herchen.

Block, Fred. 1994. "The Roles of the State in the Economy." Neil J. Smelser and Richard Swedberg. ed. *The Handbook of economic sociology*. Princeton: Princeton University Press. pp. 691-710.

DeVroey, Michel. 1991. "Der Markt - von wegen einfach...". *PROKLA* Heft 82. pp.7-22.

Hayek, Friedrich A. 1991. 『신자유주의와 법』. 양승두 · 정순훈 역. 서울: 연세대학교 출판부.

Heinrich Michael. 1991. *Die Wissenschaft vom Wert. Die Marxsche Kritik der politischen Ökonomie zwischen wissenschaftlicher Revolution und klassischer Tradition.* Hamburg: VSA.

Hoffmann, Hubert. 1987. "Postkeynesianische Ökonomie - Übersicht und Orientierung." K. Dietrich. u.a. (Hrsg.). *Postkeynesianismus: ökonomische Theorie in der Tradition von Keynes, Kalecki und Sraffa.* Marburg: Metropolis. pp. 9-36.

Keynes, John. M. 1973. "The General Theory of Employment, Interest and Money." *Collected Works of Keynes* Vol.VII. London: Macmillan.

Kristol, Irving. 1981. "Rationalism in economics." D. Bell and I. Kristol ed. *The Crisis in Economic Theory. New York*: Basic Books. pp. 201-218.

Marx, Karl. 1988. *Das Kapital I.* MEW Band 23. Berlin: Dietz Verlag.

Rothschild, Kurt W. 1981. *Einführung in die Ungleichgewichtstheorie.* Berlin: Springer-Verlag.

Sertsova Anna · Shishkina, Valentina · Yakovleva, Lydumila. 1986. *What is Revolution?* Moscow: Progress Publishers.

Shaw, G. K. 1999. 『뉴케인즈 경제정책: 영원한 케인즈 혁명』. 김정완 · 조윤기 역. 서울: 동인.

4 시민사회와 신사회운동

주 성 수

Ⅰ. 국가와 시장 다음의 '제3섹터'

1. 시민사회란 무엇인가

시민사회는 다양한 역할과 기능을 수행하며 민주주의 발전에 기여한다. 시민들의 사회활동에 필요한 '공론의 장'을 마련해주며, 시민들 사이의 유대와 신뢰 등 사회자본(social capital)의 생산에 기여하고, 시민들이 자신들의 삶에 대해 자치역량(empowerment)을 갖도록 지원해준다. 또 시민들과 소외층을 위한 각종 서비스를 제공하며, 동시에 국가와 시장을 견제하며 공공정책에 비판과 대안의 목소리를 내면서 소외층의 권익을 대변하는 권익주창(advocacy) 역할도 한다. 시민운동가이며 『노동의 종말』의 저자인 리프킨(Rifkin 1996)은 시민사회를 "새로운 아이디어를 생산하는 인큐베이터이자 사회적 고통을 공론화시키는 포럼"이며, "많은 사람들이 민주적 참여의 예술을 실천하는 방법을 배우는 장"으로 서술한다.

'시민사회'란 무엇인가? 우선 '영역'의 개념으로 이해하는 것이 일반적이다. 시민사회는 국가와 시장이 아닌 '제3섹터'(third sector)로 통칭되면서, 그 개념은 다양하게 정의되고 있다. 민주주의 이론가 바버(Barber 1998, 4)는 "정부도 사적 시장도 주권력이 없는 자유로운 사회생활의 독립적인 영역"이며, "경제적 생산자이자 소비자로서 구체적인 개인성과 주권적 국민의 구성원으로서 추상적인 집단성 사이를 중개하는 제3섹터"라고 정의한다. 월저(Walzer 1998, 123-4)는 시민사회가 "강제받지 않은 인간적 결사체들의 공간이며, 이 공간을 채우는 가족, 신념, 이해 및 이데올로기를 위해 형성된 관계의 네트워크 집합체"라 정의한다. 에드워즈(Edwards 2001, 2)는 시민사회가 "사람들이 영리나 정치권력을 위해서가 아니라 집단적 행동을 통해 어떤 일에 충분한 관심을 갖고 있기 때문에 자신들이 공유하는 이해관계를 증진시키기 위해 함께 모인 영역"이라며, 그 영역에는 "기업을 제외한 가족과 국가 사이에 있는 모든 네트워크와 결사체들이 포함된다"고 설명한다. 또 UCLA 시민사회연구소장 앤아이어(Anheier 2004, 22)는 "사람들이 공동의 이해를 추구하기 위해 모인 가족, 국가 및 시장 사이에 위치한 제도, 조직 및 개인들의 영역"이라 정의한다.

한편 '영역'보다 시민사회를 구성하는 '조직'에 초점을 맞춰 시민사회의 개념을 정의하기도 한다. 시민사회를 구성하는 조직은 '시민사회조직'(civil society organization: CSO), '비정부조직'(non-governmental organization: NGO), '비영리조직'(non-profit organization: NPO) 등으로 제시되는데, 이들은 서로 다른 개념들이라기보다 역사나 문화의 차이에 따라 달리 통용되는 용어들이다.[1] '비정부'나 '비영리' 명칭에

---

1) 미국에서는 NPO, 영국에서는 VO(voluntary organization)가 널리 통용되며,

서 볼 수 있듯이, 시민사회는 무엇보다도 국가(정부)의 개입이나 간섭으로부터 자율적이고 독립적인 '비정부조직'과 시장(기업)과 달리 영리활동을 추구하지 않는 '비영리조직'이 활동하는 영역이라는 특성을 갖고 있다.

특히 '국가'와의 관계에서 나타나는 시민사회의 특성은 이념적 시각에 따라 다양하게 정의되고 있다. 자유주의자는 시민사회가 국가에 대한 견제세력으로 보는 경향이 있지만, 보수주의자는 국가의 역할을 대신하거나 공조하는 파트너로서 시민사회의 역할을 중시한다. 또 신자유주의자는 시민사회를 "사회에 대한 국가 역할의 최소화를 의미하는 것으로, 국가 권력을 제한시키는 메카니즘이자 국가의 많은 기능들에 대한 대안"으로 간주한다(Anheier et al. 2001, 11).

한편 에드워즈와 폴리(Edwards and Foley, 1998)는 보수주의뿐 아니라 다른 두 이념적 시각을 포함한 삼분류 분석틀을 제시한다. 하나는 토크빌(Tocqueville)[2]의 민주주의 철학을 계승한 펏남(Putnam 1993) 등의 '사회자본' 접근법을 중심으로 하는 네오토크빌주의(Neo-Tocquevillianism)이며, 다른 하나는 국가주도적인 현대 다원주의에 도전하는 신다원주의(new pluralism)이다. 먼저 보수주의자는 무수한 공공 및 준공공 기능을 발휘하는 시민사회가 정부의 역할을 대신할 것을 주장한다. 빈곤층과 병약자를 위해 식량과 의료를 제공하며 청소년과 노인 교육을 담당하고 문화를 진흥하는 일들은 시민사회가 자율적으로 할 수 있도록 정부가 방임할 것을 강조한다. 그러

UN이나 WTO 등 국제기구에서는 NGO 또는 CSO를 혼용하고 있다(자세한 것은 주성수(2004)를 참조).

2) 토크빌은 프랑스의 역사학자로 1840년대 초 수년간 미국을 시찰한 후 저술한 『미국의 민주주의』에서 영국이나 프랑스와 다른 미국 민주주의에서는 일반 시민들의 자발적인 참여와 헌신에 의해 국가와 공동체가 건설되고 건재하다는 경험적 사례들을 정리하였다.

나 복지국가를 신봉하는 일부 좌파들은 정부의 지원 없이 시민사회가 그런 일을 할 수 없다고 반박한다. 보수주의자에게 시민사회는 당파적 투쟁과 정치적 조작을 초월하는, 정치에 대한 대안으로 제시된다. 유럽 좌파가 중시하는 정치화된 시민사회와는 대조적으로, 시민사회 자체가 국가 정책과 국정에 대한 투쟁이라기보다 사회에 대한 실질적인 혜택에 초점을 맞춰 정치화로부터 자유로운 영역으로 보는 것이다. 따라서 보수주의가 중시하는 시민사회 개념에는 정치화된 사회운동이나 권익주창 활동은 물론이며, 심지어는 전통적인 비영리조직들도 포함되지 않는다. 그들은 시민사회가 공공서비스 제공의 역할을 수행하고 재단이나 자선단체들이 기부와 자원봉사 활동을 진흥하는 역할을 중시할 따름이다.

다음으로, '네오토크빌주의'는 사회화 기능을 중시해, 시민 개인들이 자신들의 기술을 이용하는 동기를 갖도록 하는 데 필수적인 시민권 기술과 행태를 구축하도록 하는 시민사회의 역할을 중시한다. 정치학자 퍼트남(Putnam 1993)은 이탈리아 지역 공동체 연구에서 민주주의의 건강성이 시민들 사이의 유대와 신뢰 및 네트워크로 생산되는 '사회자본'에 의존한다며, 시민사회가 시민참여를 확대시켜 사회자본을 생산하는 공장 기능을 한다고 분석한다. 다양한 시민사회 조직들이 시민들 사이에 협동의 습관과 신뢰뿐 아니라 사회적 네트워크와 규범을 생산하는 원천이라는 것이 네오토크빌주의의 핵심이다. '사회자본' 접근법은 서구의 시민사회 이론적 논의에서 주류를 형성하고 있다.

끝으로, '신다원주의'는 시민사회의 정치활동에 초점을 맞춰, 국가에 맞서 대항세력으로 활동하는 시민사회의 역할을 중시한다. 보수주의자가 권익주창과 정치활동을 하는 시민사회 조직들을 시민사회 개념에서 제외시키고 있는 것과는 대조적으로, 신다원주의자는 시민사회의 정치적 기능을 우선적으로 강조한다. 시민사회가 국가와 시장의 권력으로부터 자율적인 핵심적인 공적 기능을 수행하기 위해 조직된 것이라기보다 사회적 자치를 수호하고 정책변화를 모색하며 나아가 정권교체까지도 추구하는 정치적 활동을 할 것을 주장한다. 정치화된 시민사회가 필요한 이유에 대해, 신다원주의자는 사회적 정체성을 표현하며 사회의 이해관계와 다양한 시각을 대표하는 역할을 강조한다. 월저(Walzer 1998)는 시민들은 사회의 다양한 유형의 단체에 소속되는 멤버십에 따라 정체성을 갖는다며, 멤버십은 계급(마르크시트)이나 시민참여(공화주의자) 등 정치이념에 따라 다양하다고 설명한다. 1970년대 말 서구 좌파로부터 태동된 신다원주의는 국가와 시장에 맞서는 시민사회의 '견제세력' 역할을 중시한다.

한편 '비교문화' 시각에서 본 시민사회는 서구에서 풍미되는 의미와 비서구에서 중시되는 의미가 크게 대조적인 것으로 부각된다. 서구에서는 시민성의 회복과 시민참여의 전통을 복구하려는 비정치적이고 문화적인 특성이 강한 반면, 비서구에서는 전제적이거나 권위주의적 정권과 통치에 대한 저항과 투쟁에서 발전되어 정치화된 특성이 강하게 부각된다(Barber 1998). 따라서 전자를 '시민사회 I', 후자를 '시민사회 II'로 구분하기도 한다(Foley and Edwards 1996). 한국의 시민사회는 후자에서 전자로 이동하는 전환기적 과정에 있다고 볼 수 있다(주성수 2006).

2. 신사회운동과 저항정치

현대 시민사회의 또 다른 특징은 '신사회운동'(new social movement)

에 기초해 발전되고 있다는 것이다. 신사회운동이란 과거의 '구'사회운동과 뚜렷이 다른 새로운 운동이라는 특징을 갖는다. 서구에서는 1970년대 이전에는 경제와 노동 중심의 '구'사회운동이었다면, 1970년대 이후는 인권, 환경, 소비자 등 일반 시민의 관심과 이해 그리고 삶의 질에 초점을 맞춘 '신'사회운동이라 구분한다. 시민사회는 국가와 시장이 등장한 이래로 존속해오다 19세기에 계급투쟁, 입헌적 질서, 민주주의 국가의 의미에 빛이 가려졌다가 1970년대에 와서야 신사회운동의 확대로 새롭게 탄생하였다. 1960년대 말 서구는 물질적 이해를 추구하는 가치관에 도전하는 포스트모더니스트의 새로운 가치관이 등장해 시민사회에 대한 새로운 인식과 더불어 '신사회운동'의 단계로 진입해간다. 포스트모더니즘은 경제성장보다 환경보호를 더 중요한 사회문제로 인식하며 국가의 목표가 안정과 질서유지나 물가안정 등 산업사회 이슈보다 개인의 자유와 권리 보장과 시민의 정책참여 이슈를 더 중시할 것을 주문한다. 환경운동을 비롯해서 반전반핵과 평화운동, 인권과 소외층 권익, 사회복지, 공동체운동이 포스트모던 시대의 신사회운동의 주류를 형성한다.

'신사회운동'은 독일 사회학자들이 서구의 정치문화가 '정치저항'의 문화로 급변하는 추세를 지칭한 데서 생겨난 용어이다(Olivo 2001, 26). 서구의 정치문화가 선거 등 관례적 정치참여에서 시위와 서명운동 등 직접행동으로 급변함으로써 다원주의자들이 제시하는 '정치문화' 중심의 이론적 기초는 설득력을 상실하는 한계를 보여준다. 포스트모던 시대의 신사회운동은 정치체제로서 민주주의에 대한 확고한 가치관을 갖고, 관례적인 정치참여와 대조적인 '비관례적' 정치참여를 통해 시민들의 목소리를 표출하며 공공정책에 영향력을 행사한다. 참여의 방법으로는 선거, 정치인 접촉, 정치집회 참여 등

관례적 방식보다는 캠페인, 서명운동, 불매운동, 시위참여 등 비관례적 방식이 더 지배적이다. 정치집단으로는 정당, 이익집단, 노조 등 전통적인 중개기관보다는 신사회운동의 주체가 되는 다양한 시민사회단체(NGO)들이 새로운 중개기관으로 부상한다.

'신사회운동' 단체들은 유럽의 녹색당 등 일부를 제외하면 제도권 밖에 머물러 있는 특징이 있다. 제도권 밖에서 새로운 사회운동을 통해 정부와 정당 등 제도권을 견제하는 데 일차적인 역할을 한다. 사회학자 오페(Offe 1985)는 신사회운동의 활동공간은 "자유민주주의와 복지국가의 원칙과 실천에서 제시되지 않고 있는 비제도적 정치 공간에 위치한다"고 설명한다. 그러나 최근 연구자들은 신사회운동이 이제 일상화되고 제도화된 정치과정에 들어와 있다고 분석한다. 정치권 밖의 '저항정치'(protest politics)가 중앙이나 지방의 정책 의제설정 과정에서 보편화되었고, 전통적인 이익집단 주도의 다원주의 패러다임을 '참여 혁명'으로 바꾸는 변혁의 과정이 되고 있다는 것이다. 노리스(Norris 1999, 2002)는 시위, 서명운동 등의 '저항정치'는 서구뿐 아니라 한국 등 제3세계에서도 보편화된 지구적 현상이라 분석한다.

신사회운동은 특히 '시민'의 참여와 능동적인 역할에 의존한다. 포스트모던 시대의 시민들은 서명이나 시위 등 직접행동에 '참여적'이며 국가(정부)와 시장(기업)에 대해 '비판적'인 인물로 신사회운동의 주체적인 역할을 하고 있다. 다렌도르프(Dahrendorf 1974)는 "현대역사에서 시민만큼이나 역동적인 사회적 인물은 없다"고 지적하면서 시민 중심의 시민사회의 발전을 설명한다. 그에 따르면, "시민은 지난 수 세기 동안 새로 등장하는 사회집단, 봉건사회에서의 도시 유산계급, 18-19세기의 새로운 산업계급, 의존과 박탈에서 자신을 해방시켰던 농노와 신민, 식민지 국민, 여러 소수민족, 여성 등 집단에 속했던 구성원이자 시민사회를 건설한 원동력이었다." 최근에는 IT 혁명과 인터넷의 급진전으로 사이버 공간에서 활동하는 시민-네티즌의 의제설정과 대안제시 활동은 새로운 시민주도의 시민운동 가능성을 열어가고 있다.

Ⅱ. 시민사회에 관한 이론적 논의

1. 다원주의와 사회운동

시민사회의 이론적 기초는 먼저 '다원주의' 전통에서 찾아볼 수 있다. 1950년대 사회과학에서는 모스카(Mosca), 밀즈(Mills) 등의 엘리트 이론들이 제시하는 민주주의 위기론이 지배했고, 이에 대한 반론으로 다원주의 이론이 등장하였다. 민주주의는 선거와 정당만으로 존속될 수 없고, 다양한 집단들의 존재와 역할에 의존한다는 것이 다원주의 이론의 핵심이다. 이 집단들이 국가의 개입과 횡포로부터 시민의 자유와 권리를 보장하므로 집단들의 자유로운 역할에 기초하는 다원주의는 민주주의의 또 다른 이름으로 간주하기도 한다. 다원주의가 중시하는 이익집단과 참여민주주의 이론에서 시민사회의 이론적 기초를 찾아볼 수 있다. 국가와 비국가 부문 사이에 위치한 중개적이고 자율적인 관계의 네트워크에 각계의 다양한 시민들을 조합시키는 시민사회의 잠재력에서 다원주의의 근원을 발견할 수 있다.

그러나 다원주의를 시민사회 이론적 기초로 보는 데는 한계가 분명하다. 월저(Walzer 1998)나 헤프너(Hefner 1998) 등은 서구적 전통에 기초한 다원주의 이론은 비서구 시민사회를 이해하는 데 오히려 방해가 된다고 지적한다.[3] 또한 서구에서도 다원주의는 '이익집단 자유주의'에 지나지 않는다는 비판을 받는다(Lowi 1979). 이익집단 활동을 중심으로 하는 다원주의 모델은 기업과 노조 등 경제단체들의 로비활동을 정당화하면서, 제도권 밖의 시민사회단체(NGO)의 활동을 배제시키거나 경시한다. 일부 다원주의자는 이익집단과 NGO를 동일시하지만, 시민사회 연구에서 양자는 엄밀히 구분된다. NGO는 사익추구적인 이익집단과 다른 '공익집단'으로 간주된다(Berry 1999; Hrebener 1997). 소수 이익집단의 이해만을 대표하며 정치적 불평등과 정경유착 등의 무수한 병리를 안고 있는 다원주의 체제는 시민사회가 비판과 저항으로 개혁해야 하는 대상이 되고 있다.

이처럼 심각한 도전을 받는 다원주의 이론에 대한 반론으로 '사회운동' 이론이 제기되었다. 코헨과 아라토(Cohen and Arato 1992)는 제도권 밖의 사회운동의 동향에서 현대 시민사회의 이론적 기초를 찾는다. 월저(Walzer 1998)는 1960년대 인권운동을 비롯한 신좌파, 여성, 소비자, 환경운동 등의 신사회운동에서 현대 시민사회의 이론적 기초를 찾으며, 스카치폴(Skocpol 2003)은 1960-70년대 미국 연방정부의 개입정책으로 시민사회단체들의 조직화와 활성화에 기여했다고 분석한다. 시민사회단체들이 진보적이며 개혁적인 사회운동을 활성화하는 데는 정부의 지원과 정부와의 파트너십 관계가 결정적으로 중요했다는 시각이다. 시민사회의 성장은 신사회운동의 역량뿐 아니라 비영리 시민사회단체를 정책의 파트너로 수용해 공식적으로

3) 비교문화적 시민사회 논의는 Chambers and Kymlicha(2001), Kaviraj and Khilnani(2001), Rosemblum and Post(2002)를 참고할 수 있다.

지원하는 정부의 정책에 크게 의존해 왔다고 볼 수 있다(Salamon 1995; Berry 1999; 주성수 2004).

2. 민주화, 세계화, 권력이동

시민사회의 개념은 근대 사회에서는 국가로부터 자유로운 독립적인 영역으로 간주되었다면, 현대에 와서는 국가뿐 아니라 시장으로부터도 간섭을 받지 않은 자율적인 영역을 중시되고 있다. 근대적 의미의 국가-시민사회 이분법이 현대에는 국가-시장-시민사회 삼분법으로 일반화된 것이다.4) 일례로 제3세계의 민주화 과정은 초기에 권위적인 국가에 대한 투쟁의 과정을 거쳐 민주화가 정치 영역을 넘어 사회, 경제, 문화 등으로 확장되는 공고화 단계에 와서는 국가뿐 아니라 시장에 대해서도 견제와 비판을 주도하는 시민사회의 역할에 크게 의존한다. 이처럼 '민주화'는 현대 시민사회의 확장에 일차적 원동력이 되었다고 볼 수 있다.

시민사회의 확장은 '민주화'뿐 아니라 다른 다양한 배경에 의해 가능했다. 샐러먼(Salamon 1994)은 시민사회의 확장은 '지구적' 현상으로 보고, 다음과 같이 다양한 배경 요인들을 설명한다. "북구 선진사회 대부분에서는 정통적인 사회복지정책에 대한 심각한 의문에서, 남부 개발도상국의 많은 사회에서는 국가주도의 개발의 진전에 대한 실망에서, 남유럽과 동유럽에서는 국가사회주의 실험의 실패에

4) 에치오니(Etzioni)는 국가의 위협적, 시장의 공리적, 시민사회의 규범적 관계로 분류하고, 소머스(Somers)는 국가, 시장, 시민사회를 위협, 경쟁, 참여 메카니즘으로 구분하며, 하버마스(Habermas)는 국가의 행정 권력, 시장의 재력, 시민사회의 커뮤니케이션 권력을 기본 메카니즘으로 구분해 설명한다(주성수 2004, 119-120 참조).

서, 그리고 세계 어디서나 인간의 건강과 안전을 끊임없이 위협하는 환경파괴에 대한 관심에서” 비롯되었다는 것이다. 그는 “이런 국가에 대한 의문은 시장정향적 경제정책에 대한 지지를 유도해 오면서 세계 도처에서 활동하는 시민사회단체들에 대해 새로운 관심과 새로운 기대를 집중시켜 왔다”며, 세계화 시대의 신자유주의 세력에 대한 시민사회의 견제역할에 초점을 맞추고 있다.

지금의 세계화 추세는 특히 ‘권력이동’을 수반하는 특징이 있다. 정부는 안으로는 민주화의 영향으로 시장과 시민사회의 도전에 직면하면서, 밖으로는 세계화의 추세에서 UN이나 WTO 등 초국가기구들의 압력으로부터 자국의 경제와 사회를 보호하는 역량의 한계를 드러내고 있다. 스트랜지(Strange 1996)는 저서 『국가의 퇴각』에서 국가와 시장 사이의 균형은 1970년대 이래로 지속적인 변화를 거쳐 이제 국가는 권위의 유일한 원천이 아니라 무수한 원천 중 하나에 지나지 않는다고 분석한다. 또 잉글하트(Inglehart 1999)의 ‘포스트모던 이동’ 이론은 “전통적인 권위와 국가 권위로부터의 이동”을 두드러진 지구적 현상으로 설명한다. 국제정치의 새로운 패러다임의 등장을 분석한 터너(Turner 1998)는 국가의 권력이 “초국적기업의 권력, 규모 및 유동성”으로부터 심각한 도전을 받으면서, 동시에 시민행동의 범위를 주권국가의 제도적 한계 밖으로 확대시켜 놓고 있는 무수한 국내외 NGO들과 사회운동의 도전에 직면해 있다고 설명한다. 또 매투즈(Mathews 1997)는 “냉전의 종말이 단순한 국가들간의 조정을 갖다주는 데 그친 게 아니라 국가, 시장, 시민사회 사이에 새로운 권력의 재분배를 일으켜 놓았다”며, ‘권력이동’ 이론을 제시한다. 그는 “국민정부가 세계화되는 경제의 시대에 자율권을 상실해가고 있다고만 볼 수는 없으며, 정부는 이제 정치, 경제, 사회 및 주권의 핵심에 있는 안보 역할을 포함하는 권력에 대해 기업과 초국가기관과 또 NGO로 알려진 무수한 시민단체들과 공유하고 있다"고 설명한다.

3. 시민사회와 거버넌스

이제 '거버먼트'(government) 시대는 가고, '거버넌스'(governance) 시대가 오고 있다는 이론적 논의가 지배적이다(주성수 2003, 2004). '거버넌스' 개념의 등장은 전통적인 국가 중심의 정치와 외교 그리고 정책결정체계의 근본적인 변화를 의미한다. 정책결정 영역은 전통적으로 정부의 독점적 영역으로 간주되어 왔지만 이제는 영리기업과 시민사회가 동참하는 '거버넌스'의 영역이 되고 있다. 세계화라는 밖으로부터의 압력에 국가의 위상이 지속적으로 실추되고 있고, 국내적으로는 다양한 집단의 요구에 부응하기 힘들 정도로 국가의 역량에는 뚜렷한 한계를 보여준다. 그래서 "지금의 국가는 큰 문제를 다루기에는 너무 작고, 작은 문제를 다루기에는 너무 크다"고 볼 수 있다(UNDP 1993, 5).

'거버넌스' 개념의 등장은 사회에 대한 국가 통치의 한계를 의미한다. 1980년대 말에 등장한 거버넌스 개념은 초기에는 국가행동의 효율성과 효과성에 관련된 권력의 행사를 의미했지만, 최근에는 사회를 가장 효과적이고 효율적으로 관리하는 방법을 중시한다. 국가권력이 약화되어 사부문과 공조하는 '정책 네트워크'에서 국가 행동이 이뤄지고, 복지국가의 책임을 국가만이 떠맡는 게 아니라 사부문에 민영화시켜 용역을 주거나 위임하는 정책에 관한 '거버넌스' 이론이 정립되고 있다(Salamon 1995).

또한 거버넌스 시대는 거버넌스의 주체가 정부의 일방적인 주도가 아니라 의제에 따라 다양한 이해당사자들과 정부가 공동으로 정책을 결정하는 체계를 의미한다. 정치학자 나이(Nye 1999)는 [그림 1]과 같이 국가 거버넌스의 8방 분산을 지구적 현상으로 설명한다. 그림을 살펴보면, 먼저 국가 차원에서는 기업과 NGO들도 국가 거버넌스의 파트너로 참여해 중앙정부와 더불어 정책결정의 권리와 함께 의무도 공유한다. 또 국제적 차원에서는 초국적기업들과 UN이나 WTO 등 정부간기구들 그리고 국제 NGO들에게 정책결정의 권한과 책임을 위임하게 되거나 이들의 요구와 압력에 호응하게 된다. 또 지방적 차원에서는 지방자치와 분권화의 영향으로 지방기업과 지방자치단체 및 주민단체에게 점차 권력을 위임하거나 공유하는 추세에 있다. 그야말로 8방에서 국가 거버넌스의 독점적 권한에 대한 도전을 받으며 중앙정부는 점차 이들과 더불어 국가 거버넌스를 유지할 수밖에 없는 것이 거버넌스 시대의 특징이다.

거버넌스 시대는 시민사회의 활성화에 크게 기여하면서 새로운

그림 1 국가 거버넌스의 8방 분산

	영리섹터	공공섹터	제3섹터
초국가적 차원	초국적기업	정부간 기관 / 국제기구 ↖ ↑ ↗	국제NGO
국가적 차원	국내기업	← 20세기 중앙 정부 →	국내 NGO
지방적 차원	지방기업	↙ ↓ ↘ 지방자치단체	풀뿌리 단체

자료: Nye, 1999.

변화를 몰고 온다. 정치는 어떤 구체적인 영역에 국한되는 게 아니라 공식적이고 비공식적 요소들이 어우러지는 네트워크로 간주된다. 전통적으로 배제되었던 사적 행위자들과 집단들도 정책 이해당사자로 거버넌스에 참여하면서, 정치적-비정치적, 사적-공적 구분이 모호해지는 문제가 발생한다. 또 국가의 대의민주주의와 시민사회의 참여민주주의 구분이 모호해진다. 양자의 갈등이 지나면 거버넌스를 통한 균형과 협력이 모색된다. 시민사회 대표들이 대의민주제의 거버넌스에 참여하고 대의민주제 지도자들은 정통성 유지를 위해 시민들과 시민사회의 참여에 호응한다. 정당과 의회 중심의 의제설정은 언론, 이익집단, 시민사회단체, 다국적기업 등이 서로 다양한 이슈 네트워크에서 상호작용하는 조직들에 의해 주도된다. 그럼에도 의제설정 역할이 강화된 시민사회단체의 역할에는 한계가 분명하다. 시민사회가 정부와 제도권 등 체제에 대한 도전에서 일반 시민의 삶의 질이 개선된다는 '저항정치' 논리는 거버넌스 시대에는 설득력을 잃게 된다.

'거버넌스' 체제에서 NGO의 역할이 지속되기 위해서는 무엇보다도 국가기관이 NGO 존재와 역할을 제도적으로 수용하는 데 있다. NGO는 국가에 대한 견제와 비판을 일차적인 기능으로 하면서 국가와의 파트너십 활동으로 거버넌스에 참여할 필요가 있다. 이런 의미에서 서구의 NGO들은 복지국가의 확대과정에서 국가의 역할을 일정 부분 대행하면서 공적 기능을 담당해 왔고, 그러면서 국가의 재정적 지원에 의존해 안정적인 활동을 하게 되었지만 결과적으로 NGO의 핵심 기능이 되는 '권익주창' 활동을 경시하는 딜레마에 빠진다(Salamon 1995; O'Connell 1996; 주성수 2006).

Ⅲ. 시민사회와 민주주의의 발전

최근의 시민사회 연구는 시민참여에 기초하는 참여민주주의와 관련해, 시민사회 중심의 참여민주주의가 '민주주의 결핍'(democratic deficit)으로 심각한 위기에 빠진 대의민주주의를 구해 '강한' 민주주의로 개혁하기 위한 하나의 대안인지, 아니면 대의민주주의에 도전해 정통성 위기를 조장하는 장애인지에 논의의 초점이 모아지고 있다. 이런 논의를 더 확장해보면 시민사회는 민주주의와 어떤 관계에 있는지, 시민사회 자체도 '민주주의 결핍' 문제는 없는지, 여기에도 학계의 논의가 제기되고 있다.

1. 시민사회와 민주주의

자유민주주의는 개인의 자유를 침해하는 국가 권력의 횡포에 대한 거부에서 비롯된 사상으로 개인의 자유로운 선택과 사익의 동기에서 행동하는 가치관을 우선시한다. 시민사회 사상도 이런 개인의 자유에 대한 국가의 횡포를 차단하기 위한 대안으로 발전되었다는 점에서 자유민주주의에 그 역사적 뿌리를 두고 있다. 자유민주주의 사상에 기초한 다원주의는 무수한 이익집단들의 자유로운 경쟁과 갈등을 통한 민주주의의 진전을 낙관해 왔다. 일부 학자들은 이런 사익추구적 이익집단에 공익지향적 시민사회단체를 포함시켜 이들 모두가 민주주의 조건들을 충족시키는 문제들을 지적하였다.

그럼에도 시민사회 사상이 자유주의와 다른 점은 개인의 자유와 사회정의 실현이라는 민주주의의 목표를 실현하는 가장 이상적인 방법이 국가나 시장으로부터 자율적인 비정부·비영리 조직들, 즉 노조, 정당, 종교단체, NGO 등이 국가의 역할을 대신한다는 데 있다. 시민사회 사상은 시민사회가 시민권의 복원과 민주적 참여를 조장시켜 자유민주주의에서 팽배한 정치적 무관심과 불신을 해소하는 주요 수단으로 간주한다(Cohen and Arato 1992). 국가의 직접적인 통제로부터 독립적인 자원적 결사체와 조직들을 포용하는 시민사회는 민주주의의 건설뿐 아니라 민주주의의 공고화와 존속에 핵심적인 것으로 간주한다. 시민사회 이론은 시민의 '자치역량'과 책임있는 시민의 교육에 대해 정치집단뿐 아니라, 사회·문화적 집단인 시민사회단체들도 중요한 역할을 하는 것으로 중시한다. 중앙집중적 정치가 심각한 시민 소외를 낳은 것에 도전할 수 있는 유일한 자치역량의 도구로서 시민사회단체를 중시해, 정부와 시민 사이의 중개기관으로 간주한다(Berger and Neuhaus 1996). 그럼에도 중개기관 중 일부는 "사적 성격이나 국지성 또는 특정성을 지니므로 민주주의를 저해한다"는 경계의 시각도 있다(Barber 1984, 235).

한편 민주주의와의 관계 측면에서 시민사회를 살펴보면, 양자의 관계가 상호호혜적인 관계로만 볼 수 있는 것은 아니다. 시민사회가 없는 과거 동구 사회주의권이 주장하는 민주주의는 일당지배적인 전제주의에 지나지 않았고, 또 시장의 자유는 개방하고 시민사회의 자유는 제한시키는 지금의 중국에서 민주주의가 진전되고 있다고 볼 수는 없다. 시민사회가 민주주의에 필요요건이지만 충분조건이 되는 것은 아니다. 이 점은 "시민사회는 민주주의 없이 존재할 수 있고, 시민사회가 자동적으로 민주주의 정치체제를 유도하는 것은 아니라는 사실"에서 입증되며, "특정 시민사회 형태들은 민주주의 질서를 왜곡시킬 수 있고, 또 시민 결사체들은 많은 비시민적이고 비민주적 요소들을 갖고 있을 수도 있다"(He 2002, 209-10). 어떤 결사체가 민주주의에 기여하고, 어떤 결사체는 민주주의에 해가 되는지는 특정 국가의 정치문화, 정치적 배경에 따라 복합적으로 평가해야 할 것이다(Fung 2003).

시민사회와 민주주의 관계를 정리해보면, 시민사회는 민주주의에 필요조건이 될 수도 있고, 장애물로 제기될 수도 있으며, 또는 전혀 무관한 관계로도 나타난다는 것이다(Van Til 2000). 첫째, "국가가 오만한 권력을 행사하며 자율적인 사회영역의 존재를 위협하는 경우," 시민사회는 민주주의에 필요조건이 될 수 있다. 이것은 제3세계 민주화 과정에서 일반화된 현상으로 볼 수 있다. 다이어먼드(Diamond 1994)는 역동적인 시민사회가 민주화의 시작보다는 민주주의의 유지와 공고화에 더 많은 기여를 한다고 본다. 그는 시민사회가 국가 권력을 제한하는 기초를 제공해주며, 정치참여를 조장하고 민주적 시민들의 효능감과 기술을 향상시키고, 시민들이 자신들의 이해와 가치를 공동으로 추구하며 방어하도록 지원함으로써 민주화에 기여한다고 설명한다. 그럼에도 시민사회가 정치적 제도화와 사회경제적 발전의 요건을 갖추지 않은 상태에서 추진하는 민주화는 자칫 정치 불안을 낳으며 민주주의의 공고화를 저해할 수도 있다.

둘째, "사적 집단, 경제적 이해, 민족배경 또는 다른 근거에 기초하는 사적 집단들이 진정한 공동목적의 의식을 해치며 시민권의 결속을 왜곡시키게 되면," 시민사회는 민주주의에 심각한 장애물이 될 수 있다. 많은 이익집단들이 집단이기주의를 추구하는 문제로 볼 수 있다. 후쿠야마(Fukuyama 2000, 8)는 시민사회의 대부분이 "공적 자원을 자신의 목적을 위해 전용하려는 이익집단들로 구성되어 있다"

며, "공공의 이해를 대변한다는 NGO들이 실제 공공의 이해를 대변하고 있다고 장담할 수 없다"고 주장한다. 슈미터(Schmitter 1993)는 시민사회가 민주주의에 방해가 되는 부정적인 영향을 미치는 경우는 다수결의 형성을 더 어렵게 하고 시간을 끌며 불투명하게 함으로써 민주적 정부의 정통성을 약화시킬 수 있다고 본다. 또 슈미터는 정책과정에 상위계층 주도의 목소리가 대표되는 문제, 즉 "체계적으로 편향된 영향력의 분포" 문제가 제기될 수도 있고, 또 각 사회집단 또는 사회운동이 자신들만의 이해를 챙기는 문제가 발생하기도 한다고 지적한다.

셋째, 시민사회가 '권익주창' 활동에서 물러나 자신들의 좁은 의미의 역할을 추구하게 되면, 시민사회는 민주주의에 대체적으로 무관한 관계를 가질 수 있다. 서구 사회에서 일반화된 문제로, 비영리조직들이 권익주창이나 시민들의 '자치역량' 강화보다는 재정적 기반을 확충하기 위해 정부 용역에 의존해 서비스를 제공하거나 다른 수익활동에 치중하는 '상업화' 문제로 지적되고 있다. 미국 시민사회 지도자 오커넬(O'Connell 1996, 224-5)은 "서비스를 더 강조하는 것은 비영리섹터의 서비스 부분이 돈과 인력 측면에서 권익주창과 자치역량을 위축시키고 불명확하게 만든다는 것을 의미한다"면서, 이런 서비스 활동은 "돈과 인력이 상대적으로 왜소한 권익주창과 자치역량 기능에 대해 확실하게 이차적인 기능"이라고 덧붙인다. 그는 시민사회의 역할은 "서비스를 제공하고 정부가 공공 책임을 수행하도록 만드는 매개체 역할을 하는 것을 포함하지만, 가장 커다란 기여는 혁신, 비판, 그리고 필요한 경우 개혁을 지향하는 독립성이다"고 강조한다.

따라서 정치적 배경에 따라 시민사회와 민주주의의 관계가 뚜렷이 다르게 나타난다. 일반적으로 전제적이거나 권위주의적 체제에서는 시민사회가 독재와 부패에 저항하는 권익주창 역할을 하고, 서구와 같은 안정된 정치체제에서는 시민의 도덕성을 교육하고 공공선의 참여를 유도하는 기능을 한다고 볼 수 있다. 전자에는 코헨과 아라토(Cohen and Arato) 등의 사회운동 이론이, 후자에는 펏남(Putnam) 등의 사회자본 이론과 스카치폴(Skocpol) 등의 시민참여 이론이 강한 설득력을 갖는다(Fung 2003). 전자는 정치부패와 사회적 불평등을 해소하고 민주화에 투쟁적인 시민사회의 역할을 중시하지만, 후자는 이런 시민사회의 역할은 사회불안을 초래하므로 경계하면서 오히려 기부와 자원봉사 등 시민의 사회참여 역할을 중시하는 입장으로 구분된다.

2. 시민사회의 민주화

시민사회 자체에도 '민주주의 결핍' 문제가 있다. 브리스크(Brysk 2000, 155-160)는 시민사회의 '대표성', '책무성', '투명성', '자율성', '인권' 문제를 제기한다. 첫째, 시민사회는 지리적으로나 기능적으로 전체 인구를 대표하지 못하고, 특히 여성이나 원주민 등 다양한 인구 집단을 대표하지 못하는 한계가 있다. 둘째, 시민사회 지도자의 사적 이해의 추구나 부정부패 또는 비윤리적 행동, 그리고 국가에 정당하게 맞설 수 있는 리더의 자질도 문제가 있다는 것이다. 셋째, 시민사회의 공식적인 등록, 자체 활동보고서, 재무와 회계, 회원과 모금 등이 투명하게 공개되어야 한다는 지적이다. 넷째, 시민사회는 국가나 기업에 의존하지 않고, 특히 재정적 자율성이 중시되어야 한다. 마지막으로, 시민사회 내부에 존재하는 각종 차별, 배타성, 헤게

모니, 폭력성, 비관용은 추방되어야 한다. 성, 인종, 신분에 기초한 시민 활동의 장애가 극복되어야 하며, 시민사회를 구성하는 다양한 집단들 사이의 대립과 갈등도 민주화의 대상이 된다.

한편 톰슨(Thompson 2001)은 시민사회에 내재한 정통성, 불협화음, 포용, 레퍼토리 문제들을 제기한다. 첫째, 대부분의 시민사회단체들은 협의적으로 규정된 집단의 이해와 목소리를 대변하는 한계, 즉 정통성의 문제를 안고 있다는 것이다. 시민사회단체들은 "공동체나 국가 내부의 모든 이해를 균형하려는 내부 구조나 동기를 갖고 있지 않다"는 것이다. 둘째, 이런 불균등한 이해의 대표와 정책결정에 대한 영향은 효과적인 거버넌스를 방해하는 구조적 문제를 갖고 있다는 것이다. 따라서 이익집단과 시민사회단체보다는 정당이 '이익의 집약' 역할을 더 잘 한다고 볼 수 있다. 셋째, 이익집단과 시민사회단체들은 자신들이 추구하는 목적과 일치하지 않은 집단의 목소리나 이해를 대변하지 않아 포용성에 취약한 문제를 안고 있다는 것이다. 끝으로, 이 조직들의 역량은 참여하는 조직 차원에만 머물러 있을 뿐, 더 거대한 정치적 연대를 위한 전략이나 네트워크 활용의 레퍼토리는 제한적이라는 것이다.

유럽에서도 시민사회에 대한 평가는 신중하다. 유럽 국가들의 입장을 대변하는 유럽회의(Council of Europe 2004, 48)에 따르면, 정부로 하여금 권리, 기본권, 이해 그리고 명분에 관심을 갖도록 강제하는 역동적인 시민사회의 존재는 민주주의의 존속과 발전에 기여하지만, "시민사회가 민주주의를 일방적으로 갖다줄 수는 없으며, 민주주의 과정들이 일단 정착되면 시민사회만이 그 과정들을 유지시키며 개선시킬 수 있는 것은 아니다." 시민사회는 타인지향적인 조직들이 많지만 자기지향적인 조직들도 적지 않아 공공재화(public goods)뿐 아니라 공공해악(public bads)도 산출한다는 것이다. 따라서 유럽회의는 시민사회가 민주주의 발전에 장기적으로 기여할지는 지속적인 분석이 필요하다고 진단한다. 노조와 재단 등 비교적 조직화된 조직들을 제외하면 많은 시민사회조직들은 불투명한 장래를 갖고 있다는 것이다. 또 시민사회는 시민 개인들의 기부와 자원봉사에 의존할 수밖에 없는데, 문제는 사회변화가 급격하며 예측불가능해지고 있고 시민들의 선호와 요구도 크게 변화한다는 사실을 지적한다. 시민사회의 장래와 운명이 대부분 자구적 노력뿐 아니라 외부 환경에 의존할 수밖에 없다는 것이다. 또 OECD(2000, 34)도 "민주적 정부는 모든 시민의 이해관계에 균형을 잡아주는 역할을 해야 하는데, NGO들에게 경청하면 일부 시민단체들의 견해를 잘 이해할 수 있게 되지만, 이런 견해는 대의민주주의 측면에서는 시민의 욕구에 대한 정부의 이해를 보충해주기보다는 대체시킨다"며 문제를 제기한다.

따라서 '시민사회의 민주화'는 정부와 시장의 민주화만큼 중요한 과제라 볼 수 있다. 바버(Barber 2001, 198)는 정치 민주화는 어렵고 시장 민주화는 자발적인 것이므로 기대하기 어렵지만, 시민사회는 그 자체가 민주적 영역이므로 시민사회의 민주화는 온전히 "시민들의 역량과 시민적 의무"에 달려 있다고 본다. 바버는 시민사회의 민주화를 정부의 민주화와 시장의 민주화를 위한 조건으로 설명한다. "정부와 사부문은 시민사회의 확대로 겸손해질 수 있다. 왜냐하면 시민사회는 공공목표인 공공기여에 대한 헌신 일부를 정부처럼 강제성을 갖지 않고 흡수하며, 상업적 시장의 무정부 상태에 굴복하지 않고 자유를 유지하기 때문이다. 활성화된 시민사회는 신뢰를 받지 못하는 민주적 정부를 재건할 수 있다."

주요문헌 소개

Barber, B. 1984. ***Strong Democracy: Participatory Politics for a New Age.*** **Berkeley: University of California Press.**

Barber, B. 1998. ***A Place for Us: How to Make Society Civil and Democracy Strong.*** **New York: Hill & Wang.** 바버의 두 저서는 현대 참여 민주주의와 시민사회 이론의 기초가 되며, 기존의 대의민주주의를 '약한' 민주주의로 비판하면서 이를 '강한' 민주주의로 개혁하기 위해 '직접', '전자', '심의' 민주주의 제도와 프로그램을 통합할 필요성을 강조한다.

Putnam, R. 1993. ***Making Democracy Work: Civic Traditions in Modern Italy.*** **New Jersey: Princeton University Press.** 주류 시민사회 이론을 형성하는 '사회자본' 이론을 제시한 저서로, 시민들 사이의 유대와 네트워킹 등 사회자본이 풍부한 공동체에서 그렇지 않은 지역에 비해 시민참여에 의한 민주주의가 잘 실현되고 있다는 경험적 분석을 제시해준다.

Cohen, J. and Arato, A. 1992. ***Civil Society and Political Theory.*** **Cambridge: MIT Press.** 시민사회를 정치적 시각에서 정리한 이론서로, 주류 사회자본 이론에 맞서는 사회운동 이론을 체계적으로 정리하면서, 정치경제 및 정치사회 시각에서 시민사회 기관단체들의 역동적 관계를 이론화하고 있다.

Skocpol, T. 2003. ***Diminished Democracies.*** **Norman: Oklahoma University Press.** '역사제도주의'를 대표하는 저자는 현대 민주주의가 국가와 시민 사이에 존재하는 집단들간의 수 세기에 걸친 투쟁의 결과로 성장했고, 이런 시민사회의 투쟁의 결과 시민적 자유와 권리가 보장되었는데, 미국의 시민사회는 시민들은 참여하지 않고 전문가와 중상류층 주도로 과두적으로 운영되는 '위축된 민주주의' 상태에 있다고 평가한다.

Van Til, 2000. *Growing Civil Society*. Bloomington: Indiana University Press. 시민사회 논의가 활성화된 배경과 관련해 최근 서구의 동향을 일곱 가지 이론적 기초로 구분해 정리해준다. 사회자본 이론을 비롯해서 결사체민주주의(associative democracy), 공동체주의(communitarianism), 고별국가(farewell state), 노동의 종말, 사회경제(social economy)와 사회기업가정신(social entrepreneurship), 그리고 시민사회 논의들이 그것들이다.

주성수. 2004. 『NGO와 시민사회』. 서울: 한양대 출판부. 이상과 아래의 문헌을 참고해 시민사회와 NGO 일반을 정리한 개론서이다. 시민사회의 개념 및 이론적 고찰을 거쳐 시민사회와 국가(정부), 시민사회와 시장(기업), 시민사회와 거버넌스 등 주요 논의를 담고 있고, 지구적 시민사회와 시민사회(NGO)의 한계에 대해서도 논의한다.

참고문헌

주성수, 2003. 『공공정책 거버넌스』. 서울: 한양대 출판부.

주성수, 2006. "한국 시민사회의 '권익주창적' 특성." 『한국정치학회보』 40/5, 233-250.

Anheier, H. et al. 2001. *Global Civil Society* 2001. Oxford: Oxford University Press.

Anheier, H. 2004, *Civil Society: Measurement, Evaluation, Policy*. London: Earthscan.

Barber, B. 2001. "The Need for More Democracy." Tam, H. ed.,

Progressive Politics in the Global Age. Cambridge: Polity.

Berger, P. and Neuhaus, R. 1996. *To Empower People: From State to Civil Society*. Washington, D.C.: AEI Press.

Berry, J. 1999. *The New Liberalism: The Rising Power of Citizen Groups*. Washington D.C.: Brookings Institution.

Brysk, A. 2000. "Democratizing Civil Society in Latin America." *Journal of Democracy* 11/3, 151-165.

Chambers, S. and Kymlicka, W. 2001. *Alternative Conception of Civil Society*. Princeton: Princeton University.

Council of Europe. 2004. *The Future of Democracy in Europe*. Belgium: Council of Europe Publishing.

Dahrendorf, R. 1974. "Citizenship and Beyond." *Social Research* 41, 673-701.

Diamond, L. 1994. "Rethinking Civil Society: Toward Democratic Consolidation." *Journal of Democracy* 5/1, 4-17.

Edwards, M. 2001. *Global Citizen Action*. Boulder: Lynne Rienner.

Edwards, B. and Foley, M. 1998, "Civil Society and Social Capital beyond Putnam." *The American Behavioral Scientist* 42/1, 5-20.

Foley, M. and Edwards, B. 1996. "The Paradox of Civil Society." *Journal of Democracy* 7/3, 38-52.

Fukuyama, F. 2000. "Social Capital and Civil Society." IMF Working Paper. www.imf.org/external/pubs/wp/2000/wp0074.pdf

Fung, A. 2003. "Associations and Democracy." *Annual Review of Sociology* 29, 515-539.

He, B. 2002. "Civil Society and Democracy." Carter, A. and Stokes, G. eds., *Democratic Theory Today*. Cambridge: Polity.

Hefner, R. 1998. "Civil Society: Cultural Possibility of a Modern Ideal." *Society* 35/3, 16-27.

Hrebener, R. 1997. *Interest Group Politics in America*. New York: M.E. Sharpe.

Inglehart, R. 1999. "Postmodernization Erodes Respect for Authority, but

Increases Support for Democracy." Norris, P. ed., *Critical Citizens: Global Support for Democratic Government.* Oxford: Oxford University.

Kaviraj, S. and Khilnani, S. 2001. *Civil Society: History and Possibilities*. Cambridge: Cambridge University.

Lowi, T. 1979. *The End of Liberalism*. New York: Norton.

Mathews, J. 1997. "Power Shift." *Foreign Affairs* 76/1, 50-66.

Norris, P. 2002. *Democratic Pheonix: Revitalizing Political Activism*. Cambridge: Cambridge University.

Nye, J. 1999. "Information Technology and Democratic Governance." Kamarck, E. and Nye, J. eds., *democracy.com? Governance in a Networked World.* Hollis: Hollis Publishing.

O'Connell, B. 1996. "A Major Transfer of Government Responsibility to Voluntary Organizations?" *Public Administration Review* 56/3, 222-225.

OECD. 2000. *Government of the Future*. Paris.

Offe, C. 1985. "New Social Movements." *Social Research* 52, 817-868.

Rifkin, J. 1996. "A New Social Contract." *ANNALS of AAPS*, No.544, 16-26.

Rosenblum, N. and Post, R. 2002. *Civil Society and Government*. Princeton: Princeton University.

Olivo, C. 2001. *Creating a Democratic Civil Society in Eastern Germany*. New York: Palgrave.

Salamon, L. 1994. "The Rise of the Nonprofit Sector." *Foreign Affairs* 73/4, 109-122.

Salamon, L. 1995. *Partners in Public Service*. Baltimore: Johns Hopkins University.

Schmitter, P. 1993. "Some Propositions about Civil Society and the Consolidation of Democracy." Institut fur Hohere Studien.

Strange, S. 1996. *The Retreat of the State*. Cambridge: Cambridge University.

Thompson, K. 2001. *From Neighborhood to Nation*. Hanover: University Press of New England.

Tocqueville, A. 2001. *Democracy in America*. Translated by R. Hefner. New York: Signet Classic.

Turner, S. 1998. "Global Civil Society, Anarchy, and Governance." *Journal of Peace Research* 35/1, 25-42.

UNDP. 1993. *Human Development Report* 1993.

Walzer, M. 1998. "The Idea of Civil Society." Dionne, E. ed., *Community Works: The Revival of Civil Society in America*. Washington, D.C.: Brookings Institution.

5 민주화와 민주주의의 공고화[1)]

임 경 훈

한 학자의 계산에 따르면 1974년 민주화의 제 3의 물결이 시작된 이래 무려 85개의 권위주의 정권이 종말을 고했다. 그런데 이들 나라 중에서 민주주의가 안착되는 모습을 보이고 있는 경우는 30개 정도에 불과하다. 나머지 나라들에서는 새로이 수립된 민주주의가 제대로 작동하지 않거나 권위주의 체제가 다시 들어서기도 했으며 심지어 내전이 일어난 경우도 있다(Geddes 115-116). 다른 한편, 30여 개 국가에서는 권위주의 체제가 아예 붕괴되지 않고 여전히 유지되고 있다. 민주주의 국가의 수가 1970년대 중반 이후 적어도 두 배 이상으로 늘었지만 의사 민주주의(pseudo-democracy) 또는 '경쟁적 권위주의'(competitive authoritarianism: Levitsky and Way)의 증가 추이도 뚜렷하다.

이러한 일련의 양상들로 인해 민주주의체제의 성립 뿐 아니라 신생민주주의의 존속 가능성과 질적 발전 등의 문제들이 비교정치학의 중요한 연구주제가 되고 있다. 특히 행위자 중심의 접근방식인 이른바 비교 민주화 이행론(transitology)이 등장하면서 정치변동에 관

1) 이 글은 임경훈(2002), 임경훈(2003), 임경훈 · 이준한(2005)에서 주요 부분들을 발췌하고 일부 내용을 추가하여 작성된 것임.

한 논쟁이 활발히 전개되어 왔다. 그런데 민주화 연구가 이러한 20세기 후반의 민주화 물결만을 대상으로 하는 것은 아니다. 세계적으로 민주화는 19세기 이후 몇 차례의 물결을 이루면서 전개되어 왔고, 민주화가 함의하는 바나 정치변동의 주요 변인들은 시대적 맥락에 따라 상당한 차이를 보여 왔다. 이런 점에서 민주화와 민주주의의 공고화에 관한 연구는 민주주의 개념과 정치변동에 관해 폭넓은 역사적, 비교적 조망을 필요로 한다. 이하에서는 이러한 관점에서 기존 논의들의 핵심 내용을 정리, 소개하고자 한다.

Ⅰ. 민주주의의 개념 정의

민주주의를 어떻게 규정하느냐의 문제는 민주화 여부를 가늠하는 문제 뿐 아니라 민주화나 민주주의의 공고화를 가능케 하는 주요 변인을 파악하는 관점들과도 뗄 수 없는 관계에 있다. 즉, 민주주의에 대한 개념화는 측정과 인과이론 구축의 시발점이자 종착점이라 할 수 있다.

민주주의에 대해서는 역사적으로 다양한 정의가 있어 왔으나 (Held 참조), 최근에는 일반적으로 이른바 절차적, 최소강령적 (minimalist) 정의를 수용한다. 여기서 최소한의 절차적 요건이란 i) 선출된 공직자, ii) 자유 공정 선거, iii) 포괄적 투표권, iv) 공직 출마권, v) 표현의 자유, vi) 대안적 정보, vii) 결사체의 자율성 등을 말한다(Dahl). 이러한 의미의 민주주의는 높은 수준의 사회경제적 평등을 실현한 실질적(substantive) 민주주의가 아니다. 또한 그것은 투표 참가 이상의 '높은 수준'의 참여라는 요건을 충족시키는 참여민주주의에도 도달하지 못한 것이다. 그것은 주로 정치참여와 선거경쟁의 권리 및 자유만을 보장하는 형식적(formal) 민주주의를 의미하는 바, 베버(Max Weber), 슘페터(Joseph Schumpeter) 등의 '경쟁적 엘리트 민주주의론'의 보수주의적 견해를 반영하고 있다고 비판되기도 한다.

그러나 최소강령적 정의는 광활한 영토와 막대한 인구를 기반으로 하는 근대국가라는 조건과 선거방식에 기초한 대의제라는 현실적 한계를 반영한 것이기도 하다. 이러한 민주주의는 그 자체로서 결정의 합리성, 대표성, 책임성, 평등을 보장하는 것은 아니지만, 갈등을 폭력적 수단에 의해 해결하지 않는다는 매우 중요한 미덕을 지닌다. 또한, 절차적 민주주의는 정치적 결정 과정과 결과에서 권위주의에서와는 다른 중요한 차이를 가져올 뿐 아니라, 참여민주주의 또는 사회민주주의도 가능케 하는 조건이라는 면에서, 그 불완전성을 이유로 부정되기보다는 양질의 민주주의를 향한 출발점으로 이해된다(Huber, Rueschemyer and Stephens).

그런데 민주주의에 관한 절차적 정의에 동의한다고 해도 민주화를 바라보는 시각 차이가 완전히 해소되는 것은 아니다. 즉, 참여와 경쟁 중 어느 부분을 더 강조하느냐에 따라 민주화의 주요 변인에 대한 이해가 다를 수 있다.

비교민주화 이행론자들은 특히 선거 경쟁이라는 요소를 강조하는데, 이는 제 3의 물결 이전에 보통선거권 문제가 이미 형식적으로라도 해결되었기 때문에 가능한 일이다. 오늘날에는 권위주의 정권이라 해도 보통선거권을 일반적으로 인정하고 있다. 문제는 선거 결과가 선거전에 사실상 정해진다는 점이고, 따라서 민주화의 관건은 선거경쟁의 불확실성을 제도화하는 일이다. 이러한 민주적 경쟁의 불확실성은 정치세력들로부터 자발적 순응을 도출함으로써 민주주의를 지속시키는 기반이 된다. 왜냐하면, 이번 선거에서 패한 정치세력이 동일한 제도에 의해 다음 선거에서 자신이 승리할 수도 있다는 기대를 한다면 이번 선거 결과에 승복할 것이기 때문이다. 즉, 소수파가 새로운 경쟁을 통해 다수파가 될 수 있는 가능성이 열려 있을 때, 그 민주주의는 지속될 수 있다(Przeworski 1991).

선거 경쟁과 결과에 대한 승복이 이처럼 강조되면 행위자, 정치 엘리트들의 행태나 전략적 선택이 민주화나 민주주의의 공고화에 가장 중요한 변인으로 부각될 가능성이 높아진다. 이와는 달리 19세기-20 세기 초반까지의 민주화의 제 1의 물결 시기만 해도 하층계급으로의 보통선거권 확대가 민주화의 가장 핵심적인 문제였다(Collier; Doorenspleet). 이런 상황에서는 사회계급이 민주화 과정의 주된 행위자였으며 계급구조의 변화를 초래하는 산업화나 사회경제적 변화야말로 민주화를 가능케 하는 가장 중요한 맥락으로 이해되었다.

요컨대, 우리가 어느 시대의, 어떠한 역사적 맥락에서의 민주화를 문제 삼느냐에 따라 민주주의에 대한 개념 규정과 주요 변인들에 대한 이해가 달라질 수 있는 것이다. 더구나 민주주의가 다양한 요소들(예를 들어, 시민적 자유, 책임성, 보통 선거권, 경쟁)로 구성된다는 점을 고려하면 한 체제의 민주성 여부에 관해 집합적, 이분법적 판단을 하기 어려울 수도 있다. 오히려 민주주의의 제반 구성 요소들이 동시에 발현되기 어렵다는 점을 감안하여 민주화 여부에 대해서 복합적 임계점을 설정하는 것도 좋은 방법이 될 수 있다(Ziblatt; Munck 2001, 124-126). 민주주의에 대한 개념화 자체가 정치적 투쟁의 대상이고 역사적으로 부단히 변화해 온 점을 생각하면, 민주주의 개념을 둘러싼 논란은 앞으로도 끊이지 않을 것이다.

Ⅱ. 민주화

정치변동에 관한 설명은 구조적 변수를 강조하는 시각과 행위자의 의지, 이념, 전략을 강조하는 시각으로 대별할 수 있다. 전통적으로 민주화를 설명해 온 이론들로는 근대화론, 종속이론, 그리고 거시적 비교역사분석 등이 있는데, 이들 모두는 구조결정론적, 전제조건론적 접근방식을 취하고 있다. 비교 민주화 이행론은 이들 이론을 비판하고 행위자들의 전략적 선택의 상호작용의 결과로서 민주화를 설명한다.

구조적 설명들은 사회경제적 발전 수준, 불평등 정도, 정치문화의 유형 및 성숙도, 계급구조의 성격(예를 들어, 토지소유 및 농업생산양식)이나 변화, 대외적 정치경제 관계 등의 측면에서 일정한 전제조건들이 충족되어야 민주적 정치체제의 수립이 가능하다고 본다. 특히 서유럽 산업화 및 민주화 경험에 관한 정치경제학적 연구들은 사회세력, 특히 계급의 역할을 강조해 왔다. 이러한 경향은 자유주의 전통이나 맑시즘 전통 모두에 공통된 현상이다. 일례로 비교역사분석의 선구자인 무어(Barrington Moore)는 농업의 상업적 영농으로의 전환이 지주계급과 도시 상공계급의 연합을 가능케 하여 민주주의로 나아가는 시발점이 되었다고 주장하였다. 또한 그는 부르조와 계급을 자신들의 계급적 이익을 증진하기 위해서 봉건적 속박이나 절대주의적 지배를 극복하려 일관되게 투쟁한 세력으로 파악하여, “부르조와 없이 민주주의는 불가능하다”(No Bourgeoise, No Democracy)라는 유명한 명제를 남기기도 했다.

이와는 달리 루쉬마이어 등(Rueschemeyer, Stephens and Stephens)은 민주화 초기 단계에서의 부르조와의 역할을 인정하면서도 이후에 하층계급으로의 정치적 권리 확대에는 부르조와 계급이 반대하는 경우가 많았음을 지적한다. 그들에 따르면 일관되게 민주주의를 지지한 세력은 자본주의의 발전에 힘입어 수와 조직 면에서 강력해진 노동계급이다. 이처럼 비교역사분석가들이 민주화의 주도 세력이 어느 계급인가에 대해 서로 다른 평가를 내리기는 하지만 계급적 이해관계에서 정치변동의 기원을 찾는다는 점에서는 기본적으로 동일하다.[2)]

전제조건론적 접근의 또 다른 대표적 예는 정치발전 연구를 주도해 온 근대화론이다. 근대화론의 선구자 중 한명인 립셋(Seymour M. Lpiset)은 사회경제적 발전 수준과 민주주의 사이에 강한 긍정적 상관관계가 존재한다는 것을 통계적으로 보여주었다. 그런데 쉐보르스키와 리몬지(Przeworski and Limongi)의 지적처럼 립셋이 발견한 양자간 상관관계에 대해서는 두 가지의 해석이 가능하다. 먼저, 근대화론자들의 주장처럼 사회경제적 발전이 진척됨에 따라 민주주의로 전환할 가능성이 높아진다는 인과적 설명이 제기될 수 있다. 이러한 가설은 산업화, 교육 수준 증가, 커뮤니케이션 발전, 시민사회 성숙, 중산층 증가와 같은 계급구조 변화, 그리고 탈이데올로기화 등의 요인들의 누적적 결과로서 민주화가 초래된다는 시각이다. 그러나 이와는 다르게, 민주주의의 성립 자체는 사회경제발전 수준과는 상관없이 이루어지지만, 일단 민주주의가 성립되면 빈곤한 사회보다는

2) 후발국들을 대상으로 한 최근의 한 연구는 각 계급들의 민주화에 대한 태도가 일관되기보다는 자본가 계급의 국가에 대한 의존도 및 사회불안에 대한 공포 정도, 조직화된 노동의 특권적 지위 여부에 따라 다르게 나타난다는 주장을 하고 있다(Bellin).

풍요로운 사회에서 그 존속 가능성이 높아진다는 해석도 가능하다. 쉐보르스키와 리몬지의 통계분석에 따르면, 경제발전이 일정한 수준 — 1인당 국민 소득 수준 미화 $6,000 정도 — 에 이르기까지는 권위주의에서 민주주의로 전환될 가능성이 높아지지만, 그 수준 이상에서는 오히려 권위주의체제의 지속 가능성이 높아진다. 이러한 연구결과는 근대화론자들의 핵심 주장을 부정하는 것이다.

사실 경험적으로 볼 때, 권위주의의 붕괴는 패전, 외국군의 점령, 독재자의 사망, 경제위기 등 사회경제적 발전 수준과는 직접적인 관계가 없이 발생하는 경우가 많았고, 나라들마다 매우 다른 배경에서 일어났다. 그리고 권위주의 독재 하에서 사회경제적 발전을 이루는 경우에 대해서도 근대화론은 과연 어느 정도의 발전 수준에서 민주주의로의 전환이 이루어질 것인지를 구체적으로 적시하지 못하였다.

이처럼 구조결정론적 접근은 사회, 경제, 문화, 대외 관계 등의 측면들에서 비슷한 처지에 있는 나라들 중에서 유독 특정 국가들에서만 민주화가 일어난다든지, 여러 조건들이 민주주의 성립에 유리해졌음에도 불구하고 민주화가 일어나지 않는다든지 하는 현상을 설명하지 못한다. 게다가 구조결정론적 접근들에서 제시된 민주화의 전제조건(예를 들어, 시민문화의 성숙)이란 오히려 민주주의가 정착된 결과일 수 있다. 아울러 구조결정론적 시각에서는 객관적 여건이 성숙되기까지는 정치행위자들이 수동적 존재로 인식되기 때문에 민주화 전략과 관련하여 실천적 함의도 제시하지 못한다. 근대화론의 경우, 권위주의 독재 하에서 상당 기간 경제발전이 지속되어 근대화가 되면 자연스럽게 민주주의로의 발전이 가능하므로 현재의 권위주의를 용인하는 것이 불가피하다는 해석으로 악용될 소지마저 있다.

전제조건론자들과 달리 비교 민주화 이행론자들은 권위주의의 위기가 다양한 구조적, 객관적 요인들로 인해 발생할 수 있지만, 그것이 권위주의의 붕괴나 민주화 이행으로 곧바로 이어지지는 않는다는 점에 주목하였다. 이행론자들은 이행과정의 주요 결절점들에서 정치세력들이 선택하는 전략들의 상호작용이 이행의 정치적 동학과 민주화 달성 여부를 결정한다고 보고, 행위자 개체들의 합리적 선택을 중시하는 게임 이론적 접근법을 이용하여 민주화 이행을 분석한다(O'Donnell and Schmitter). 일종의 '게임'인 이행 과정의 주요 행위자로는 권위주의적 집권세력 내부의 강경파와 온건파(또는 개혁파), 체제 반대세력 내부의 급진파와 온건파가 상정된다. 행위자들을 이와 같이 분류하는 기준은 위험(risk)에 대한 행위자들의 민감도에 따른 것이다. 즉, 강경파나 급진파는 자신들이 선택한 전략이 가져올지 모를 위험을 기꺼이 감수하려는 성향을 지니는 반면 개혁파나 온건파는 위험회피 전략을 선호한다. 권위주의가 부식되면서부터 시작되는 이행의 유형과 결과는 이들 행위자들의 전략적 상호작용 속에서 다양하게 나타날 수 있고, 민주화는 이러한 '게임'의 '우연적 결과들'(contingent outcomes) 중의 하나일 뿐이다. 그리고 민주화의 유형도 다양하여, 타협뿐만 아니라 내전 또는 봉기에 의해서도 일어날 수 있다(보다 자세한 설명은 임혁백 1994 참조). 다만, 다양한 이행 유형들은 사후에 이행 결과에 일정한 영향을 미치는 것으로 이해된다.

이러한 비교 민주화 이행론에 대해 제기되는 비판은 주로 다음과 같다. 첫째, 이행론이 목적론적 경향을 보인다거나 자유화-민주화-공고화로 이어지는 단계론적 사고를 한다는 지적이다. 그리하여 권위주의로부터 이탈한 이후 일종의 회색지대에 놓인 많은 나라들도 궁극적으로는 민주주의로 이행할 것이라는 낙관적 뉘앙스를 풍긴다는 것이다. 둘째, 구조적, 제도적 유산이 이행 유형과 결과에 미치는 영향을 간과하고 행위자들이 무엇이든지 할 수 있다는 주의주의적(voluntaristic) 경향을 보이고 있다는 비판이다. 셋째, 선거경쟁이 제도화되더라도 참여나 책임성 등 체제의 민주성은 제고되지 않을 수 있는데도 선거 경쟁만을 유독 강조한다는 점이다. 넷째, 이행론자들은 적절히 기능하는 국가에서의 민주화만을 염두에 둠으로써 탈공산주의 지역에서 심각하게 노정되었던 국가성의 문제를 소홀히 했다는 비판이다. 국가건설 문제가 민주화에 비해 부차적이거나 양자가 양립가능하다고 생각하는 경향이 있다는 것이다(Carothers). 다섯째, 많은 나라들에서는 구조적, 역사적 제약으로 인해 이른바 '협약'(pact)에 의한 이행이 가능하지 않은데도 불구하고 대중동원보다도 엘리트 사이의 타협에 의한 이행 양식을 가장 바람직한 것으로 이해하는 보수적 경향을 보인다는 비판이다.

문제는 상당히 널리 유포되어 있는 이러한 비판 중 상당 부분은 잘못 제기된 것이라는 점이다. 이행론은 이론적 특성 상 매우 개방적이고 목적론적이거나 단계론적이지 않음에도 불구하고 그러한 비판이 제기되는 것은 이행론적 시각이 남용되거나 오독된 결과이기도 하다(그러한 예로는 Cohen; Carothers 참조; 그러한 오해에 대한 반박으로는 O'Donnell 2002 참조). 원래 '이행'이라는 개념 자체는 과거에 '발전' 개념이 지녔던 가치편향적, 목적론적 경향을 회피하기 위한 것이다. 그리고 민주화는 이행 국면의 일련의 계기들에서 나타나는 정치적 동학이 야기할 여러 가능한 경우 중에서 하나일 뿐이다. 이행론자들은 이행 및 공고화와 관련하여 다양한 가능성을 염두에 두거나 또는 우려하는 편이었다. 특히 그들은 민주화 이후 취약한 신생 민주주의가 전복될 것을 우려하였고, 그렇지 않을 경우 잡종 민주주의(hybrid democracy)가 등장하거나 공고화가 지연될 것으로 예측하였다. 다른 한편, 이행론이 엘리트주의적, 보수적 경향을 지닌다는 주장은 일리가 있다. 그러나 이 문제와 관련된 평가도 선거경쟁의 중요성, 대의민주주의 자체가 본질적으로 엘리트주의적 속성을 지니고 있다는 점(Manin), 군부가 단합되어 있는 한 대중항쟁에 의해서 평화적으로 민주화를 이루기 어렵다는 점 등을 충분히 감안하는 것이어야 한다.

이행론이 '국가'의 문제를 충분히 고려하지 못한 것은 사실이며 이행론자들도 이 점을 솔직히 인정하고 있다. 그러나 이행론의 선구자라고 할 수 있는 러스토우(Dankwart Rustow)는 국가나 국민통합의 문제가 해결되기 전에는 민주주의가 불가능하다는 점을 일찍이 강조한 바 있다. 다만 과거에는 구소련과 같은 다민족 연방의 해체를 통한 이행 사례가 없었기 때문에 이행론이 국가의 문제를 본격적으로 거론하지 않았다. 이제 이행론도 국가의 문제를 포함시키는 노력을 보이고 있는데, 이른바 '역순에 의한 민주화'(democratization backward)라는 개념화도 이러한 노력의 한 예이다(Rose and Shin). 즉, 이행론자들도 국가성이나 법치가 확립되지 않은 상태에서 민주화가 진행될 경우 그 민주주의에 심각한 결함이 초래될 수 있다는 점에 동의한다. 아울러 여기서 유의해야 할 점은 이행론이 국가 해체를 통한 이행을 이행 유형의 하나로 수용할 정도의 개방성을 충분히 지니고 있다는 것이다. 국가성 붕괴로 인해 민주주의의 공고화가 어렵다는 비판자들의 인식은 "이행 양식이 이행 결과에 중대한 영향을 미친다"는 이행론의 생각과 양립 가능하다. 국가성과 같은 변인을 추가해야 한다는 사실 자체만으로 이행론의 적용 가능성이나 비교 대상 국가들의 범위가 선험적으로 제한되는 것은 아니며, 오히려 해당 변인의 존재 유무나 정도에 따라 설명 방식이 과연 달라져야

하는지에 관한 확인 작업이 필요해지는 것이다.

Ⅲ. 민주주의의 공고화

1. 개념과 측정의 문제

민주화 이행들이 일단 완료되는 경향을 보이면서 이른바 민주주의의 '공고화' 문제로 관심이 돌려지게 되었다. 그런데 '민주주의의 '공고화'란 과연 무엇을 의미하는가? 공고화의 정도는 어떻게 측정할 수 있으며 공고화되었는지 여부는 과연 어떻게 알 수 있는가? '민주주의의 공고화'를 촉진하거나 결정짓는 요인은 무엇인가? 이러한 문제들을 바라보는 시각들은 민주주의에 대한 개념화, 민주화 요인들에 대한 평가와 밀접히 연결되어 있다.

일반적으로 민주주의의 공고화라는 용어는 그 민주주의가 미래에도 지속될 것으로 기대될 때 사용된다. 그러면 도대체 언제, 어떤 조건에서 그러한 판단을 할 수 있을까? 이 문제에 대한 대답은 그리 간단치 않다. 쉐들러(Schedler 2001)가 적절히 지적했듯이, 단지 경험적 사실이나 상태만을 보고 공고화 여부에 대한 판단을 내릴 수 없기 때문이다. 공고화 여부는 단순한 관찰의 대상이 아니라 미래예측적 추론을 함의하는 바, 경험적 증거들과 인과론적 설명에 기초한 통주관적 기대를 반영한다.

더구나 이러한 추론의 근거가 되는 주요 변수들에 대해서는 매우 다양한 견해들이 있다. 공고화에 긍정적, 부정적 영향을 미치는 요인으로는 정치 엘리트 및 대중의 행태나 선택 뿐 아니라 사회경제적, 정치문화적, 제도적, 국제적 변수들이 대표적으로 거론된다. 이들 변수들은 크게 정치과정상의 행태(behavior), 행위자들의 태도(attitude) 그리고 구조적 차원으로 분류될 수 있다. 민주주의의 공고화 여부는 이 세 차원들을 연결하는 일련의 인과사슬 속에서 파악되어야 하지만, 이 세 차원 간의 상대적 중요성이나 복잡한 상호작용 문제에 관해서 학자들은 큰 견해 차이를 보이고 있다.

비교 민주화 이행론자들은 정치행위자들의 행태를 가장 중시한다. 그들이 채택한 최소강령적 정의에 따르면, 모든 주요한 정치세력들이 자신들의 이익과 가치를 제도들의 불확실한 상호작용에 맡길 때, 즉, 정치세력들이 비록 이번 선거에는 패배하더라도 현재의 결과에 승복하고 제도적 틀 내에서 행동을 취하는 것이 민주주의 전복을 기도하는 것보다 이익이 된다고 판단할 때, 그리하여 민주적 경쟁이 이른바 '마을의 유일한 게임'이 되면, 그 민주주의는 공고화되는 것이다(Przeworski 1991, 26). 규범적, 인지적 요인 등 태도 차원의 변수들이나 사회경제적, 정치제도, 국제환경, 정치문화적 유산 등 구조적 차원의 변수들은 정치행태보다는 간접적으로 공고화에 영향을 미친다는 것이다.

그러나 학자들에 따라서는 공고화 개념을 민주주의 붕괴의 방지, 민주주의의 침식이나 완만한 사망의 방지와 같은 소극적인 의미를 넘어, 민주주의의 보완이나 심화, 민주주의의 제도적 하부구조 정비 등의 적극적인 의미로 사용하기도 한다. 이러한 논란이 야기된 이유는 민주화 이후의 상황이 당초에 우려했던 바와 다르게 전개된 것과도 관련이 있다. 원래 신생민주주의가 직면한 가장 큰 문제는 민주주의의 전복 가능성이었다. 그러나 심각한 경제위기나 분배갈등, 고통스러운 경제개혁에도 불구하고 민주적 선거경쟁은 놀라울 정도로 제도화되는 추세를 보여 왔다. 오히려 문제는 민주주의의 전복이나 사망보다 주기적 선거 사이에 민주주의가 형해화되는 현상이다. 사실 절차적 측면에서만 민주화되었을 뿐 신생 민주주의들에서는 자의적이고 불투명한 권력행사와 부패 만연 등과 같은 권위주의 시기의 관행이 그대로 남아 있는 경우가 많다.

특히 대통령제를 택한 신생 민주주의들에서는 직접 선거를 통해 선출되었다는 사실 그 자체만으로 대통령이 마치 인민으로부터 제약받지 않는 권한을 위임받은 것처럼 통치하는 경향이 있다. 오도넬(Guillermo O'Donnell 1994)이 지적한 바와 같이, 이러한 위임민주주의(delegative democracy)에서는 대통령이 포고령(decree)에 의해 일방적으로 통치하며, 국정이 제도적 대표기구나 공론영역에서의 심의와 견제를 통해서가 아니라 비공식적이고 사적인 연줄에 의해 운영된다. 그 결과, 위임민주주의에서는 국민의 대표기관들 사이의 견제와 감독, 여론의 감시를 통한 책임성(accountability) 기제가 무력화된다. 1990년대의 한국, 러시아, 페루, 아르헨티나 등에서의 대통령제가 이러한 위임민주주의의 전형적인 사례들로 꼽혀 왔다. 이처럼 신생민주주의들이 권위주의와 선진민주주의 사이의 회색지대로부터 상당 기간 탈피하지 못하는 상황에서 민주주의의 '비공고화'나 '지연된 공고화'와 같은 용어들이 널리 사용되어 왔다.

이렇게 민주화 이후에도 비민주적 특징들이 계속 관찰되자, 민주주의의 공고화라는 용어에 다양한 의미들을 추가하여 사용하게 되었다. 이로 인해 공고화 여부에 대한 집합적(aggregate), 이분법적 판단 방식 이외에 분해(disaggragate)에 의한 판단 방식이 제안되었다. 전자의 경우가 공고화 여부에 대한 총괄적, 이분법적 판단을 시도한다면, 후자는 공고화 과정의 다양한 구성요소들을 검토하여 그 과정의 복합성을 포착하려고 한다(Encarnacion).

이 문제는 권위주의와 민주주의 사이의 경계 문제, 보다 시급하게는 회색지대에 놓인 잡종 체제들을 어떻게 분류할 것인가의 문제와 맞닿아 있다. 즉, 민주주의의 공고화에 대해 영역별 분해 방식으로 관찰하는 것이 필요하더라도 궁극적으로 이분법적 판단을 내려야 할 경우를 완전히 피할 수는 없다. 잡종 체제 중 일부는 위임민주주의처럼 민주주의의 변형물이거나 공고화 과정 중에 있는 것으로 이해될 수도 있지만, 다른 일부는 아예 권위주의로 퇴행하는 경우도 있다. 러시아의 경우가 후자의 대표적 예인데, 이처럼 권력 획득과 행사가 형식적으로는 민주적 제도를 통해 이루어지지만 실질적으로는 정치적 반대나 표현의 자유가 사실상 봉쇄되는 경우는 보다 분명히 권위주의로 분류해야 한다는 주장이 제기될 수 있다.

이행론자들 중 일부도 공고화되는 민주주의의 내용이나 촉진/장애 조건과 관련하여 행태보다 태도나 구조적 요인들을 중시하는 언급을 함으로써 공고화 개념을 둘러싼 혼란을 가중시켰다. 최소강령적 정의를 수용하면서도 다양한 영역과 제도(이른바 '부분체제': partial regimes)별로 공고화 정도를 관찰해야 한다는 슈미터(Schmitter)나 린쯔와 스테판(Linz and Stephan)의 입장은 분해 전략을 대표한다고 할 수 있다. 이들에 따르면, 첫째, 자유롭고 활성화된 시민사회, 둘째, 제도화되고 자율적인 정치사회, 셋째, 헌정주의(constitutionalism)의 확립과 효과적인 법의 지배, 넷째, 민주적으로 제약되는 국가관료, 다섯째, 단순한 시장경제가 아니라 정치, 사회적으로 규제되는 경제사회 등이 존재해야 민주주의의 공고화가 가능하다.

그리고 정치인이 선거에 의해 유권자에게 책임지는 수직적 책임성(vertical accountability) 뿐만 아니라 국가기구간의 수평적 책임성

(horizontal accountability)까지도 강조되는 경우, 민주적 선거가 '마을의 유일한 게임'이 되는 것만으로는 민주주의의 공고화가 이루어지지 않는다는 주장이 제기될 수 있다. 또한 다이아몬드(Diamond, 65-66)와 같은 학자들은 엘리트와 대중 모두에서 민주적 정치문화가 공유되고 민주적 정당성에 대한 지지가 있어야 공고화가 가능하다고 강조한다. 우리 학계에서도 임혁백(1997) 등은 민주주의의 공고화를 정치적, 형식적인 것 이상으로 간주하여 다양한 '부분체제'들에서 민주주의가 제도화, 내면화, 습관화될 때 공고화가 가능하다고 보고 있다.

이처럼 민주적 태도나 구조적 조건들의 중요성을 강조하면 사실상 붕괴 방지 이상의 적극적 의미에서 공고화 개념을 사용하는 셈이 되고 그에 따라 공고화의 요건도 높이는 결과를 낳는다. 이와 같은 공고화 개념의 확장은 민주주의 자체에 대한 개념 정의의 문제를 다시 불러일으킨다. 왜냐 하면, 공고화되는 민주주의와 민주화로 성립되는 민주주의를 다르게 정의할 수는 없기 때문이다. 이로 인해 민주주의의 공고화 개념을 계속 소극적으로만 사용하자거나 이 개념이 반드시 필요하지 않을 수 있다는 주장까지 제기되고 있다 (Schedler 1998) 이제 민주화와 민주주의의 공고화에 대한 그 동안의 연구와 논쟁들은 바로 민주주의가 무엇인가에 대한 물음으로 회귀하는 셈이다.

그런데 아래에서 보다 자세히 살펴보겠지만 구조적 조건들의 효과는 분명하지 않다. 정치문화나 시민사회와 같은 요인들은 관점에 따라 공고화의 결과로 이해될 수도 있다. 이런 관점에서 소극적 의미의 공고화 여부에는 행태적인 변수가 가장 직접적으로 작용하고, 태도나 구조적 변수들은 공고화되는 민주주의의 '질'(quality)이나 양태(pattern)에 관련되는 것이라는 주장도 제기되고 있다(Schedler 2001). 그리고 민주주의의 생존과 질이라는 두 측면이 반드시 연속선 상에 존재하는 것이 아닐 수 있다. 구조적 요인으로 인해 선택의 폭이 제약된 엘리트들이 민주주의의 질을 심화시키는 개혁을 실천에 옮기지 못하는 것이 오히려 역설적으로 민주주의의 생존에는 기여할 수도 있다(Bunce). 이처럼 분석적으로 별개의 범주인 민주주의의 생존과 질을 공고화란 하나의 개념으로 포장하는 것은 많은 혼란을 야기할 수 있다.

이런 난점을 고려하면 계량적 교차국가 연구들에서 종속변수인 공고화가 민주주의의 생존이라는 소극적인 의미에서만 사용되고 있는 것은 놀라운 일이 아니다. 그러나 이 경우에도 공고화 개념을 과연 어떻게 구체적으로 조작화하고 측정할 것인가는 여전히 논란거리이다. 공고화의 지표로는 두 번의 정권교체(Huntingtin), 한 번의 정권교체(Higley and Gunther), 민주화 이후 12년 지속(Power and Gasiorowski) 등이 제시되었다. 그런데 공고화를 이렇게 지표화하는 일은 자칫하면 매우 자의적일 수 있으며, 오도넬(1996)이 지적한 것처럼 다양한 특성들이 조합된 결과인 개별 사례들을 적절하게 측정하지는 못한다.

공고화 여부를 정치행위자들의 전략적 선택 문제에 국한하여 규정한다고 해서 분명한 기준이 설정되는 것도 아니다. 반민주적 행태가 적을수록 공고화에 도움이 된다고 할 수는 있지만, 어느 정도의 반민주적 행태가 민주주의의 붕괴를 초래하는지 라는 임계점(threshold) 설정에 관한 문제가 남는다. 쿠데타에 의한 민주주의 전복 기도와 같은 정치적 위기도 사태 해결 여하에 따라서는 역설적으로 민주주의를 안정시키는 효과를 발휘하기도 한다. 이와 같은 반민주적 행태와 공고화 간의 비선형적(nonlinear) 관계로 인해 최소강령적 의미에서조차 공고화가 구체적으로 언제 가능한지를 규정하는 것은 지극히 어려운 일이다.

이러한 조작화의 어려움은 공고화 개념을 적극적으로 사용할수록 더해진다. 흔히 공고화의 지표들을 만들 때 선진 민주주의에서 나타나는 행태, 태도, 구조적 특징들을 염두에 두는 경우가 많은데, 그러한 특징들 중 어떠한 것들이 민주주의의 지속에 상대적으로 또는 결정적으로 중요한지, 그리고 그러한 특징들이 어느 정도로 발현되어야 공고화된다고 말 할 수 있는지 불투명하다. 요컨대 공고화 개념이 무엇을 구체적 내용으로 하고, 그러한 내용물들이 언제 얼마나 충분히 발현되어야 하는지 특정하기 어려운 것이다.

2. 구조적 변수

이러한 난점들에도 불구하고 민주주의의 공고화를 촉진하는 것으로 여겨지는 대표적인 구조적 변수들에 대해서 많은 연구들이 축적되어 왔다. 이들 변수는 크게 경제적, 제도적, 문화적 변수로 나누어 볼 수 있다.

민주주의의 공고화에 영향을 미칠 것으로 가정되는 경제적 요인들은 매우 다양한데, 중요한 것들로는 경제적 수행능력, 발전 수준, 빈곤 및 불평등, 계급 균열 등의 변수가 주목받아 왔다. 그런데 다수의 교차국가분석들에 따르면, 이러한 경제적 변수를 포함한 모든 구조적 변수들 중에서 민주주의의 공고화에 가장 강력히 긍정적 영향을 미치는 것은 사회경제적 발전 수준이나 민주정부의 경제적 수행능력이다(Gasiorowski and Power; Przeworski et al. 1996; Bernard,

Reenock and Nordstrom).

경제위기는 민주주의에 매우 부정적 영향을 미치는 것으로 이해되어 왔다. 그러나 빈곤, 실업, 빈부격차 등에도 불구하고 신생민주주의가 붕괴된 사례는 막상 적은 편이다. 실제로 1970년대 중반 이전까지는 경제위기가 민주주의를 붕괴시키는 경향이 있었으나 그 이후에는 그러한 경향이 현저히 줄어들었다(Remmer). 경제위기 자체가 지닌 효과가 시대적 배경이나 민주주의의 존속 기간에 따라 다르게 나타나는 현상은 경제적 변수들 자체만으로는 정치변동에 관한 인과적 설명을 하기 어렵다는 점을 새삼 확인시켜 준다.

다른 한편, 경제위기로부터 벗어나기 위해 신생민주주의 국가들이 실시하는 신자유주의적 경제개혁이 민주주의의 공고화를 위협한다는 우려도 널리 확산되어 왔다. 기존에는 신자유주의적 경제개혁의 성공과 민주주의의 공고화는 본질적으로 동시에 달성하기 어렵다는 비관적 견해가 주를 이루었다. 그런데 탈공산주의 이행에서는 경제개혁과 민주주의의 공고화 사이의 양립가능성, 선순환 현상이 뚜렷하게 나타나고 있고(Hellman), 제 3세계 일반에서도 경제개혁의 성공과 민주주의 사이에 양립 가능성이 존재할 수 있다는 주장이 제기되고 있다. 이에 대해서는 보다 많은 지역간 비교연구가 축적되어야 할 것으로 보인다.

민주주의의 공고화에 영향을 미칠 것으로 생각되는 정치제도들은 정부형태, 정당 및 정당체계, 선거제도, 사법부 독립 및 전문성, 법치 및 인권 확립, 군부의 정치적 중립, 효과적인 관료기구 등 매우 광범하다. 이 중에서도 정부형태, 정당 및 정당체계, 선거제도는 민주주의의 양태와 질 뿐 아니라 생존 여부에도 중대한 영향을 미칠 수 있는 것으로 여겨져 왔다. 어떠한 정부형태가 신생 민주주의에 바람직한가의 문제에 관해서는 린쯔나 레이파트 등에 의해 대통령제 위험론이 제기된 이후 논쟁이 계속되어 왔다(Linz; Lijphart). 그리고 정당 제도화의 문제(예를 들어, 정당의 지속성, 응집성, 유연성 등)도 중요하지만, 정당체계 자체가 민주주의의 공고화에 미치는 영향은 더 큰 관심거리이다. 파워와 가시오로프스키의 연구(1997)에 따르면, 정당 수가 양당제와 온건 다당제 범위 내에서 증가할수록 미미한 정도로 공고화에 긍정적으로 기여하는데, 그 결정적 임계점을 정확히 특정하기는 어려워 보인다.

그런데 어떠한 정치제도가 공고화에 유리한가의 문제를 다룰 때 정부형태 또는 정당체계 자체만을 고려하는 것은 지나친 단순화를 초래할 가능성이 많다. 따라서 정부형태와 선거제도/정당체계의 조합에 유의할 필요가 있고(Mainwaring), 더 나아가 정치제도의 조합에 기초한 민주주의의 양태와 경제적 변수와의 상호작용에도 주목할 필요가 있다(Bernard, Nordstrom and Reenok). 그리고 제도적 변수가 민주주의의 공고화에 미치는 영향에 관해서 기존 연구들은 다양하고 서로 대립되는 견해들을 제시하고 있는데, 학자들에 따라 연구대상 기간, 사례 선정 등이 다르게 이루어지고 있다는 점에 대해서도 주의해야 한다.

나라들 간의 문화적 차이가 정치적, 경제적으로 서로 다른 결과를 낳는다는 관념은 매우 오랜 전통을 지니고 있다. 민주주의의 운영 방식과 국정수행 능력의 측면에서 신생민주주의들 사이에 큰 질적 차이가 나타나고 공고화 개념도 확장된 의미에서 사용되는 경우가 많아지면서, 엘리트 및 대중의 정치문화적 태도가 민주주의의 안정과 체제수행 능력에 중요한 변수라는 인식이 다시 확산되었다. 잉글하트(Inglehart)는 정치문화가 경제적 성취도 뿐 아니라 민주주의의 안정에도 심대한 영향을 미치는 바, 민주적 제도 유지와 관련하여 정치문화 변수만으로도 그 절반 이상의 변이가 설명되며, 따라서 시민문화의 핵심 주장들이 재확인된다고 주장하고 있다. 사회적 자본, 신뢰, 시민적 덕성의 중요성을 강조하고 있는 퍼트남(Putnam)의 연구도 이론적 설명, 통계분석 및 역사적 맥락에 대한 해석을 종합한 방법론을 사용하여 시민 참여 및 시민 공동체의 문화적 전통이 효과적인 민주적 거버넌스를 창출하는 기반이 된다는 점을 보여주고 있다.

이러한 문화론자들의 주장을 요약하자면, 첫째, 특정한 정치문화에 의해 지탱되어야만 민주주의가 지속될 수 있다는 것이다. 둘째, 민주적인 문화가 있는 반면 반민주적인 문화도 있는데, 후자의 경우 민주화나 민주주의의 공고화가 매우 어렵다는 것이다. 문화론자들의 주장이 타당한 것이라면, 민주적 정치문화의 등장이 다른 변수들, 특히 발전 수준이라는 변수와 무관해야 하고, 민주주의의 결과로서 진화된 것도 아니라는 점이 밝혀져야 한다. 그리고 문화적 요소들 중 어떤 요소들이 과연 어떻게 작동하며 민주주의의 공고화에 얼마나 영향을 미치는지에 대해 구체적으로 적시할 수 있어야 한다. 이러한 문제들과 관련해서 볼 때 문화론자들의 논거는 상당히 취약하다고 할 수 있다(Przeworski 2003). 다른 구조적 변수들, 특히 소득수준 등과 같은 경제적 변수가 지닌 중요성과 비교할 때 정치문화 변수는 매우 미미한 것으로 나타난다(Przeworski et al 2000). 뿐만 아니라 시민문화가 민주주의의 원인이라기보다는 효과 또는 결과라는 가설, 즉, 민주주의는 시민문화적 태도와는 별개로 성립하고 지속될 수 있으며 민주주의가 오래 지속될수록 시민문화의 수준이 높아진다는 가설도 상당한 근거를 지니고 있다. 시민문화와 민주주의 간에 일방적이지 않은, 상호적 인과관계가 존재한다고 가정할 수도 있을 것이다. 특정한 문화나 종교가 민주주의와 양립하기 어렵다는 문화론자들의 주장 또한 그 근거가 분명하지 않다. 특정한 문화나 종교에는 민주적 요소와 비민주적 요소가 혼재해 있다. 그리고 이들은 원형으로 남아 있기보다는 역사 과정을 통해 부단히 변화, 재구성되며, 그러한 과정에서 상당히 다양한 정치체제와 양립하는 모습을 보인다.

계량적 교차국가 분석들은 독립변수와 관련하여 계량화하기 힘든 행위자 중심 변수들은 배제하고 거시적, 구조적 변수들만을 계량화하여 민주주의의 생존과의 상관관계를 규명하려 한다. 만일 구조 → 태도 → 행위 → 공고화로 이어지는 인과관계 사슬이 타당한 것이라면 이러한 계량적 교차국가 연구들은 공고화에 간접적으로 영향을 미치는 변수들을 측정하는데 머무르고 있는 셈이다. 이처럼 공고화의 정도를 측정, 비교하는 문제로 들어가면 개념화의 혼란을 야기하는 행태, 태도, 구조 간의 상호작용 및 상대적 중요성 문제는 충분히 고려되지 못하는 한편, 행위자의 선택이라는 변수는 개별 국가에 대한 질적 연구들에 의해서만 강조되는 경향이 있다.

마지막으로, 공고화 개념이 과연 유용성이 있는 것인지에 대해서도 재검토할 필요가 있다. 공고화 개념을 소극적인 의미로 사용할 경우에도 그것이 의미를 지니려면 다른 변수들이 통제된 상태에서 시간의 경과 자체만으로도 민주주의의 지속성이 늘어나는 효과, 즉 지속 의존성(duration dependence; 일찍이 러스토우가 주장한 '습관화' 효과)이 관찰되어야 한다. 파워와 가시오로프스키(Power and Gasiorowski)는 민주화 이후 12년 정도를 경계로 하여 민주주의의 붕괴율이 급격히 감소한다는 통계적 근거를 기초로 12년 경과 여부가 가장 유용한 지표라고 주장한 바 있다. 이와 유사하게, 경제위기가 민주주의의 생존에 미치는 부정적 영향이 시간의 흐름과 무관하지 않다는 통계적 연구결과도 있다(Bernhard, Reenock Nordstrom 2003). 그러나 이러한 지속 의존성이 존재하는지에 관해 회의적인 견해도 있는데, 특히 쉐보르스키 등은 경제발전 수준 등 다른 변수들을 통제할 경우 시간의 경과 또는 습관화 자체가 민주주의의 사망률을 낮추지는 못한다고 주장한다(Przeworski et al 1996). 만일 시간의 경과 자체만으로 민주주의의 지속에 독립적인 효과가 없고, 공고화되었다고 간주되는 민주주의도 언제든지 붕괴할 수 있다면, 우리는 존재하지 않는 현상에 대한 개념화를 시도하는 격이 된다.

Ⅳ. 보편적 이론화의 문제

지금까지 살펴본 바와 같이, 그동안의 많은 노력에도 불구하고 우리는 민주화나 민주주의의 공고화에 관한 보편적 설명틀을 장만하지는 못했다. 이는 오늘날의 사회과학이 아직도 거시 구조적 변수와 행위자의 전략적, 미래지향적 선택 사이의 관계에 관한 보편적 이론을 결여하고 있기 때문이다.

전제조건론적 접근방식이 많이 비판되기는 했으나, 민주화 이행 및 민주주의의 공고화와 관련하여 행위자 변수보다 구조적 변수들이 더 중요하다는 주장도 여전히 강력하다. 앞서 지적한 것처럼 전제조건론적 시각이 제 3의 물결 이전의 민주화 경험들을 설명하는데 더 큰 설명력을 지닐 수도 있다. 설사 최소강령적 민주주의의 공고화가 이루어져도 사회경제적 구조, 정치제도, 문화 등의 맥락과 권위주의 시기로부터 물려받은 역사적 유산의 문제가 민주화 이후의 민주주의의 질과 양태에 반영된다. 그리고 근대화론의 타당성을 입증하는 중요한 연구 결과들도 계속 제출되고 있다.3) 또한 탈공산권 지역연구들에 의해서도 구조적 변수들의 중요성이 새삼 부각되고 있다. 이들에 따르면 탈공산주의 맥락에서는 행위자들의 전략적 선택이나 우연적 요인들의 영향력이 구조적, 역사적 요인들에 의해 근본적으로 제약되어 민주화 이행의 동학 및 유형, 공고화 가능성이 다른 지역에서와는 판이하게 나타난다는 것이다(Bunce). 더구나 최근에는 선행 권위주의 체제의 성격에 따라 권위주의 붕괴 가능성 및 양태, 민주화 도달 가능성, 이행 유형 등에서 상당한 차이가 있다는 연구들도 본격적으로 제기되고 있다(Geddes; Hadenius and Teorell). 만일 이러한 연구결과가 타당한 것이라면 이는 비교 민주화 이행론의 핵심을 허무는 것이다.

사실 이행론의 중요한 가설 중 하나는 이행 유형이 중요하다(Modes of transition do matter)는 것이다. 이러한 가설은 이행 유형의 차이가 이행의 결과, 즉 민주화 도달 여부나 민주화 이후에 성립되는 민주주의의 양태 및 질과 밀접한 연관성이 있다는 인식에서 비롯된 것이다. 그래서 이행론자들 중 일부도 이행 유형에 관한 분류를 시도하였다(예를 들어, Munck and Leff). 문제는 그러한 시도들이 이행 유형에 관하여 다양한 분류법을 제시했지만 포괄성과 상호배

3) 브와와 스톡스(Boix and Stokes)에 따르면, 쉐보르스키와 리몬지가 권위주의 하에서 발전을 이루어 민주화된 사례가 적다는 점을 강조하지만 사실은 그 경우에 해당하는 샘플의 사이즈가 매우 작기 때문에 그 통계결과를 과대평가해서는 안된다고 주장한다. 이들은 19세기 이후 2차 세계대전 이전까지의 경험들을 대거 포함시키면 근대화론의 타당성이 통계적으로 입증되는 바, 그 주된 이유는 경제성장이 소득 불평등 정도를 줄임으로써 소득 재분배를 초래할 민주화에 대한 상층계급의 우려를 완화시키기 때문이라는 주장을 하고 있다.

타성을 모두 갖춘 범주화 작업에는 성공하지 못했다는 사실이다. 그 결과, 이행론은 이행의 출발점이 아니라 과정과 유형이 보다 중요하다는 사실, 이행이 불확실성에 의해 지배된다는 점을 발견했을 뿐, 이행의 동학, 유형과 결과를 확률적으로도 예측하지 못하며 오직 사후적 해설만 하고 있는 셈이다. 이행론자들이 스스로의 입장을 초보 또는 의사 과학(proto-science, pseudo-science)으로 부르는 것도 이러한 한계 때문이다. 결국 이행론은 구조주의적 틀보다는 유효하지만 결코 충분치 않은, 즉 사후에야 비로소 "보고 싶은 현상만 골라서 보는데 효과적이며 유의미한" 한계를 지니고 있다(박효종 327).

그리고 이행론이 포괄적인 유형 분류를 시도한 경우 그것은 이론적 일관성 상실을 수반하는 경향을 보여 왔다. 이러한 딜레마는 이행론이 구조와 행위간의 관계에 대한 분명한 설명을 결여하고 있는데 기인한다. 카알과 슈미터(Karl; Schmitter and Karl)는 구조적 조건론을 비판하면서도 역사적으로 형성된 구조와 제도들이 행위자들의 선택 범위를 어느 정도는 조건화한다는 의미에서 '가능(enabling) 조건', '제약(confining) 조건'이라는 개념들을 사용했다. 그러나 이들도 그 조건화 메커니즘은 설명하지 못하고 있다. 가장 포괄적이고 체계적인 비교를 시도한 린쯔와 스테판의 연구도 다수의 설명변수들을 동원하고 있는데, 특히 국가성과 이행 이전의 레짐 유형(권위주의, 전체주의, 후기 전체주의, 술탄이즘 등)에 기인하는 경로의존성에 주목하고 있다.[4] 이러한 방식을 통해 이들은 이행 이전의 레짐 유형 차이들을 과소평가하지 않고도 비교 방법을 사용할 수 있음을 보여주고 있다. 그러나 그들은 '전제조건들을 되불러 오는' 대

4) 국가능력(state capacity)과 민주화/탈민주화의 관계에 대한 주목할만한 가설은 Tilly 참조.

가를 지불해야 했다(Munck 1997, 542-550).

결론적으로, 이행론은 이행 국면을 가능주의(possibilism) 관점에서 접근하는데, 이는 과정을 재기술(redescription)하거나 사후적(post hoc)으로 재해석할 뿐 가설들에 대한 체계적인 검증이나 예측력 강화로 이어지지 않고 있다. 이러한 결함은 합리적 선택 이론이 일반적으로 지니고 있는 것이다(Green and Shapiro 34-38). 그리고 공고화 문제와 관련하여 이행론이 이른바 '우연성의 구조화'(structured contingency)를 시도하면 그것은 이행론이 지닌 개방성과 필연적으로 충돌을 일으킨다. 즉, 이행론은 이행에 관해서는 어떠한 결과나 반대 결과들도 설명할 정도로 느슨한 과소결정론, 공고화 전망에 대해서는 다양한 대안적 변수들을 모두 동원하는 과잉결정론의 경향을 보이고 있다고 하겠다. 비교 민주화 이행론의 이러한 방황은 공고화의 의미를 적극적으로 사용하면 할수록 더 커진다. 그렇다고 소극적 정의를 고수한다고 해서 모든 문제가 해결되는 것도 아니다. 민주주의의 양태나 질을 분류하거나 측정하는 지난한 문제가 여전히 남게 된다.

다른 한편, 구조적 접근방식도 그것이 보다 타당하기 위해서는 이른바 '경로의존성'이라는 포괄적이고 모호한 용어를 동원하는데 그칠 것이 아니라, 구조와 유산이 경로의존적으로 작동하는 구체적 메커니즘을 보여줘야 한다. 즉, 선행 권위주의의 성격 차이가 행위자들의 선택과 어떠한 상호작용을 하는지, 그 결과 이행 가능성과 이행 유형, 공고화 가능성과 민주주의의 질에 어떠한 차이 초래하는지에 대한 구체적 설명을 할 수 있어야 한다. 이러한 작업은 민주주의나 민주화에 대한 연구 뿐 아니라 권위주의에 대한 새로운 이해를 요구하는 것이기도 하다.

민주화 및 민주주의의 공고화에 관한 일반이론을 수립하기 위해서는 비교 지평의 시공간적 확대가 필수적이다. 이를 위해서는 가설을 검증하고 세련시키는 중간수준의 범주화 작업으로서 지역 내 비교를 적극적으로 시행하고 이를 기초로 보편이론 정립을 지향하는 고수준 범주화 전략으로서 지역 간 비교분석 전략을 지향할 필요가 있다. 더 나아가 역사상 존재했던 다양한 민주화 경험들 사이의 공통점과 차이점들에 관해서도 체계적인 설명을 할 수 있어야 한다. 사실, 초기 민주화에 관한 연구는 유럽 중심적이거나 세계 주요 열강만을 주 대상으로 했기 때문에, 그로부터 도출된 가설들을 다른 지역의 국가들에 적용할 때 적실성의 문제가 제기되었다. 제 3의 물결을 대상으로 한 연구 결과가 그 이전의 시기에 적용될 때에도 마찬가지의 문제들이 발생한다. 이제 민주화와 민주주의의 공고화를 보다 잘 이해하기 위해서는 그 연구 대상을 최근의 신생민주주의뿐 아니라 그동안 상대적으로 덜 연구되었던 전간기의 소규모 유럽 국가들에서의 정치변동, 여러 시기 및 지역에서의 민주주의 붕괴 경험들, 다양한 권위주의 체제들의 성격과 변동 문제 등으로 확장하는 것이 필요하다.

주요문헌 소개

Held, David. 2006. ***Models of Democracy*****. Cambridge: Polity.** 고대 그리스 시대부터 오늘날까지 나타났던 민주주의에 관한 다양한 관점들을 정리, 비평하고 있다. 민주주의에 대한 다양한 역사적, 사상사적 지식을 얻을 수 있는 좋은 입문서이다. 최근 출간된 제 3판에서는 심의민주주의, 세계화 시대의 민주주의 문제 등에 대한 내용이 추가되었다.

Linz, Juan J., and Alfred Stephan. 1996. ***Problems of Democratic Transition and Consolidation: Southern Europe, South America, and Post-Communist Europe.*** **Baltimore: The Johns Hopkins Univ. Press.** 이 책에서 저자들은 비교 민주화 이행론의 시각을 유지하면서도 그동안 상대적으로 소홀히 다루어져 온 선행 레짐의 성격과 이행의 경로의존성 문제, 국가성 문제, 공고화의 다양한 영역 문제 등을 포함시켜 포괄적인 비교 분석틀을 마련하려고 한다. 이러한 시도가 성공적이었는지의 문제와는 별개로 남유럽, 남미 뿐 아니라 탈공산 지역의 다양한 이행 경험들이 제기하는 문제들을 접할 좋은 기회를 제공한다.

O'Donnell, Guillermo A., and Philippe C. Schmitter. 1986. ***Transitions from Authoritarian Rule: Tentative Conclusions about Uncertain Democracies.*** **Baltimore: Johns Hopkins Univ. Press, 1986.** 저자들을 포함한 일군의 학자들이 비교 민주화 이행론을 처음으로 체계화시켜 출간한 4부작 중 결론격인 책이다. 시리즈의 다른 책들이 사례 연구 및 비교 연구들이라면, 이 책은 이들을 종합하여 권위주의 붕괴 이후의 불확실성과 행위자들의 전략적 선택에 관한 이론화를 시도한다.

Przeworski Adam. 1991. ***Democracy and the Market.*** **Cambridge: Cambridge Univ. Press.** 비교 민주화 이행론의 핵심 내용을 논리적으로 간명하게 정리하고 있다. 민주주의의 속성, 신생 민주주의 조건에서 나타나는 시장지향적 경제개혁의 정치적 동학, 민주주의의 공고화와 경제개혁 사이의 양립불가능성 문제에 관해 체계적으로 논의하고 있는데, 출간된 이후 이들 문제에 대한 논란의 중심에 서 왔다.

Rueschemeyer, Dietrich, Evelyne Huber Stephens, and John D. Stephens. 1992. ***Capitalist Development and Democracy.*** **Chicago. University of Chicago.** 저자들은 비교역사분석이 민주화를 가장 잘 설명할 수 있다고 주장한다. 이들은 자본주의의 발전이 계급구조를 변화시키고 노동 및 중간

계급을 강화하여 민주화로 이끈다고 보는데, 무어의 주장과는 달리, 노동계급만이 일관된 민주화 세력이라고 본다. 특히 1장부터 3장까지의 부분은 민주화 연구와 관련된 기존의 연구결과와 방법론, 이론적 분석틀 문제를 자세히 검토하고 있어서 유용한 학습 자료가 되고 있다.

참고문헌

박효종. 1994. "민주화와 합리적 선택," 『한국정치학회보』, 제28권 제1호, pp. 297-330.

임경훈. 2002. "민주화와 민주주의의 공고화," 『정치학의 이해』, 서울: 박영사, pp. 314-325.

임경훈. 2003. "비교 민주화 이행론과 러시아의 탈공산주의 이행," 『국제정치논총』, 제43권 3호, pp. 477-494.

임경훈 · 이준한. 2005. "민주주의의 공고화," 김세균, 박찬욱, 백창재 편, 『정치학의 대상과 방법』. 서울: 박영사, pp. 347-370.

임혁백. 1994. 『시장, 국가, 민주주의: 한국민주화와 정치경제이론』, 서울: 나남.

임혁백. 1997. "한국 민주주의의 공고화: 평가와 전망," 한배호 편, 『한국의 민주화와 개혁』. 성남: 세종연구소.

Bellin, Eva. 2000. "Contingent Democrats: Industrialists, Labor, and Democratization in Late-Developing Countries," *World Politics*, vol. 52, no. 2, pp. 175-205.

Bernhard, Michael, Christopher Reenock, and Timothy Nordstrom. 2003. "Economic Performance and Survival in New Democracies: Is There a Honeymoon Effect?" *Comparative Political Studies*, vol. 36, no. 4, pp. 404-431.

Bernhard Michael, Timothy Nordstrom and Christoper Reenok. 2001.

"Economic Performance, Institutional Intermediation, and Democratic Survival," *The Journal of Politics*, vol. 63, no. 3, pp. 775-803.

Boix, Carles, and Susan C. Stokes. 2003. "Endogenous Democratization," *World Politics*, vol. 55, no. 4, pp. 517-49.

Bunce, Valerie. 2003. "Rethinking Recent Democratization: Lessons from the Postcommunist Experience." *World Politics*, vol. 55, no. 2, pp. 167-92.

Carothers, Thomas. 2002. "The End of the Transition Paradigm," *Journal of Democracy*, vol. 13, no. 1, pp. 5-21.

Cohen, Stephen F. 2000. *Failed Crusade: America and the Tragedy of Post-Communist Russia.* New York: Norton.

Collier, Ruth Berins. 1999. *Paths toward Democracy: Working Class and Elites in Western Europe and South America.* New York: Cambridge University Press.

Dahl, Robert A. 1971. *Polyarchy: Participation and Opposition.* New Haven: Yale Univ. Press.

Diamond, Larry. 1999. *Developing Democracy: Toward Consolidation.* Baltimore: Johns Hopkins Univ. Press.

Doorenspleet, Renske. 2000. "Reassessing the Three Waves of Democratization," *World Politics*, vol 52, no. 3, pp. 384-406.

Encarnacion, Omar G. 2000. "Beyond Transitions: The Politics of Democratic Consolidation," *Comparative Politics*, vol. 32, no. 4, pp. 479-498.

Gasiorowski, Mark J., and Timothy Power. 1998. "The Structural Determinants of Democratic Consolidation." *Comparative Political Studies*, vol. 31, no. 6, pp. 740-771.

Geddes, Barbara. 1999. "What Do We Know about Democratization after Twenty Years?" *Annual Review of Political Science,* vol. 2, pp. 115-144.

Green, Donald, and Ian Shapiro 1994. *Pathologies of Rational Choice*

Theory: A Critique of Applications in Political Science. New Haven: Yale Univ. Press.

Hadenius, Axel, and Jan Teorell. 2007. "Pathways from Authoritarianism," *Journal of Democracy*, vol. 18, no. 1, pp. 143-156.

Hellman, Joel S. 1998. "Winners Take All: The Politics of Partial Reform in Postcommunist Transitions," *World Politics,* vol. 50, no.2, pp. 203-234.

Higley, John, and Richard Gunther, eds. 1992. *Eites and Democratic Consolidation in Latin America and Southern Europe.* New York: Cambridge Univ. Press.

Huber, Evelyne, Dietrich Rueschemyer, and John D. Stephens. 1997. "The Paradoxes of Contemporary Democracy: Formal, Participatory, and Social Democracy," *Comparative Politics,* vol. 29, no. 3.

Huntington, Samuel P. 1991. *The Third Wave: Democratization in the Late Twentieth Century*. Norman: Univ. of Oklahoma Press.

Inglehart, Ronald. 1999. "Trust, Well-being and Democracy." Pp. 88-120 in Mark E. Warren ed., *Democracy and Trust.* Cambridge: Cambridge Univ. Press.

Karl, Terry L. 1990. "Dilemmas of Democratization in Latin America," *Comparative Politics*, vol. 23, no. 1, pp. 1-21.

Levitsky, Steven, and Lucan A. Way. 2002. "The Rise of Competitive Authoritarianism," *Journal of Democracy*, vol. 13, no. 2, pp. 51-65.

Lijphart, Arend. 1994. "Presidential and Majoritarian Democracy: Theoretical Observations. In J. J. Linz and A. Valenzuela, eds., *The Failure of Presidential Democracy*. Baltimore: Johns Hopkins Univ. Press.

Linz, Juan J. 1994. "Presidential or Parliamentary Democracy: Does It Make a Difference? In *The Failure of Presidential Democracy*. Baltimore: Johns Hopkins Univ. Press.

Lipset, Seymour M. 1959. *Political Man: The Social Bases of Politics*. New York: Garden City.

Mainwaring, Scott. 1993. "Presidentialism, Multipartism, and Democracy: The Difficult Combination," *Comparative Political Studies*, vol. 26, no. 2 pp. 198-228.

Manin, Bernard. 1997. *The Principles of Representative Government*. Cambridge: Cambridge Univ. Press.

Moore, Barrington, Jr. 1966. *Social Origins of Dictatorship and Democracy*. Boston: Beacon Press.

Munck, Gerardo L. 1997. "Bringing Postcommunist Societies into Democratization Studies," *Slavic Review*, vol. 56, no. 3, pp. 542-550.

_____. 2001. "The Regime Questions: Theory Building in Democracy Studies," *World Politics*, vol. 54, no. 1, pp. 119-144.

Munck, Gerardo L., and Carol Skalnik Leff. 1997. "Modes of Transition and Eastern Europe in Comparative Perspective," *Comparative Politics*, vol. 29, no. 3, pp. 343-362.

O'Donnell, Guillermo. 1994. "Delegative Democracy," *Journal of Democracy*, vol. 5, no. 1, pp. 55-69

_____. 1996. "Illusions about Consolidation," *Journal of Democracy*, vol. 7, no. 2, pp. 34-51.

_____. 2002. "In Partial Defense of an Evanescent 'Paradigm'," *Journal of Democracy*, vol. 13, no. 3, pp. 6-12.

Power, T. J., and M. J. Gasiorowski. 1997. "Institutional Design and Democratic Consolidation in the Third World," *Comparative Political Studies*, vol. 30, no. 2, pp. 123-155.

Przeworski, Adam. 2003. "Why Do Political Parties Obey Results of Elections?" Pp. 114-144 in Jose Maria Maravall and Adam Przeworski, eds., *Democracy and the Rule of Law*. Cambridge: Cambridge Univ. Press.

Przeworski, Adam, and Fernando Limongi. 1997. "Modernization: Theories and Facts," *World Politics*, vol. 49, no.2, pp. 155-83.

Przeworski, Adam, Michael Alvarez, Jose Antonio Cheibub, and Fernando Limongi. 1996. "What Makes Democracy Endure," *Journal of Democracy*, vol. 7, no. 1, pp. 39-55.

Przeworski, Adam, Mike Alvarez, Jose Antonio Cheibub, and Fernando Limongi. 2000. *Democracy and Development: Political Institutions and Meterial Well-Being in the World*, 1950-1990. Cambridge: Cambridge Univ. Press.

Putnam, Robert. 1993. *Making Democracy Work: Civic Traditions in Modern Italy.* Princeton: Princeton Univ. Press.

Remmer, Karen. 1990. "Democracy and Economic Crisis: The Latin American Experience," *World Politics*, vol. 42, no. 3, pp. 315-335.

Rose, Richard, and Do-Chul Shin. 2001. "Democratization Backwards: The Problem of Third-Wave Democracies," *British Journal of Political Science,* vol. 31, no. 2 pp. 331-354.

Rustow, D. A. 1970. "Transitions to Democracy: Toward a Dynamic Model," *Comparative Politics*, vol. 2, no. 3, pp. 337-363.

Schedler, Andreas. 1998. "What Is Democratic Consolidation," *Journal of Democracy*, vol. 9, no. 2, pp. 91-107.

_____. 2001. "Measuring Democratic Consolidation," *Studies in Comparative International Development*, vol. 36, no. 1, pp. 66-92.

Schmitter, Phillipe C. 1992. "Interest System and the Consolidation of Democracies." In Gary Marks and Larry Diamond, eds., *Reexamining Democracy: Essays in Honor of Seymour Martin Lipset.* London: Sage.

Schmitter, Philippe C., and Terry Lynn Karl. 1994. "The Conceptual Travels of Transitologists and Consolidologists: How Far to the East Should They Attempt to Go?" *Slavic Review*, vol. 53, no. 1, pp. 173-185.

Tilly, Charles. 2007. *Democracy*. Cambridge: Cambridge Univ. Press.

Ziblatt, Daniel. 2006. "How Did Europe Democratize?" *World Politics*, vol. 58, no. 2, pp. 311-338.

6 정치변동

고 상 두

Ⅰ. 서 론

정치변동이란 무엇인가? 정치는 변화하는 속성을 가지고 있고, 정치변동이란 정치체제나 제도 그리고 행위 주체의 변화를 의미한다. 따라서 정치변동은 세 가지 수준에서 발생 가능하다. 첫째, 정치체제의 변화이다. 이것은 국가적 수준의 변동을 의미하는 혁명적 변화이다. 둘째, 정치제도의 변화이다. 이것은 정부적 수준의 변동으로서 예를 들어 입법부와 행정부간의 권력구조의 변화, 정당간의 관계변화 등을 말한다. 이것은 정치제도의 개혁이다. 로손은 정치체제와 정치제도를 그 작동원리로 구분한다. 그에 의하면 정치체제는 국가의 원칙과 규범이 어떻게 작동하는지와 관련된 개념이고, 정치제도는 그러한 원칙과 규범의 범위 안에서 마련된 규칙과 절차가 작동하는 차원의 행위양식이다. 따라서 정치체제는 국가적 수준의 형태이며, 정치제도보다 상위수준의 개념이다. 체제변동은 체제의 원칙과 규범이 변화하는 경우를 의미하는 반면에, 규칙과 절차가 바뀌는 것은 제도변화이며 개혁에 해당한다(Lawson 1993). 셋째, 정치체제나 정치제도 보다 낮은 수준으로서 정치엘리트의 변화가 있다. 이것은 정권적 수준의 변동으로서, 선거나 쿠데타에 의해 권력엘리트가 교체되는 경우를 말한다.

이 글에서는 이처럼 정치변동의 유형을 체제, 제도, 행위자라는 세 가지 수준에서 설명하고자 한다. 이와 같은 분류에 상응하여 정치변동에 관한 접근법에도 세 가지가 있다. 정치체제의 변화를 분석하는 이론은 주로 역사적이고 구조적인 분석방법을 사용한다. 이와 반대로 정치엘리트의 변화를 분석하는 이론은 정치변동 과정에 관여하는 주요 행위자들의 선호와 전략적 선택을 분석대상으로 삼는다. 쉐보르스키는 구조주의적 접근법을 비판하면서 “구조적 요인이 정치변동을 결정한다는 것은, 역사가 행위자 없이 움직이는 것”이라고 말했다(Przeworski 1986).

거시적 접근법을 대변하는 구조이론과 미시적 접근법을 대변하는 행위자 이론은 역동적인 정치변혁 과정은 잘 설명해주지만, 정치안정화 이후 점진적인 변화에 관해서는 충분한 설명력을 가지고 있지 못하다. 이러한 문제점을 극복할 수 있는 대안으로서 제도적 접근법이 제시되고 있으며, 거시적 수준과 미시적 수준을 연결할 수 있는 가능성을 보여주고 있다. 특히 신제도주의는 제도의 자율적 역할을 강조하고, 민주주의가 구조뿐만 아니라 제도에 의해서도 영향을 받을 수 있다고 주장하고 있다.

다시 말하자면 정치변동은 이행기와 공고화의 시기에 서로 다르게 나타나고 있다는 것이다. 이행기의 정치변동은 체제나 엘리트의 변화이고, 공고화 시기에는 제도변화의 성격이 강하다. 정치변동이 공고화되는 시기에는 효율적인 정당제도, 선거제도, 권력구조 등을 구축하는 것이 가장 중요한 과제이다. 이와 같이 정치변동의 이행기에 관한 연구가 혁명이나 쿠데타와 같이 정치체제와 정치엘리트가 급진적이고 역동적으로 변하는 것에 관한 연구라면, 정치 안정기의 연구는 권력구조, 선거 및 정당제도의 개혁과 같은 합법적이고 점진적인 변화에 주목하는 것이다.

Ⅱ. 정치체제의 변동과 혁명

근대 계몽주의 이후 20세기 중반까지 서구의 사회과학자들은 진보에 대하여 낙관적인 세계관을 가지고 있었다. 그들은 모든 사회가 농업중심의 전통사회에서 산업화된 근대사회로 변화한다는 발전론적 믿음을 가지고 있었다. 그리고 인간의 합리성이 이러한 근대화의 원동력으로 작용한다고 보았고, 경제, 사회, 문화 등 각 분야에서의 발전의 물결은 정치 분야에도 어김없이 영향을 미쳐서 민주주의의 발전을 가져온다고 생각하였다.

이러한 발전관은 자유주의자와 사회주의자에 의해 공유되었다. 그들은 계몽적 시대정신에 함께 영향을 받았다. 자유주의는 시민혁명과 산업화와 같은 사회경제적 조건이 정치체제의 변동에 영향을 미친다고 본다. 즉 경제·사회적 변동이 정치변동을 결정한다는 사회결정론적이며 구조주의적 인식을 하고 있다. 이와 동일한 논리로 사회주의는 경제라는 토대가 비약적으로 발전하게 되면 상부구조인 정치 및 사회 체제가 혁명적으로 바뀌게 되어 자본주의의 모순을 극복하는 방향으로 나아가게 된다는 구조론적 입장을 편다.

하지만 그동안의 인류역사가 보여주고 있는 바와 같이, 동질적인 전통사회는 근대를 거치면서 다양한 궤적의 발전경로를 밟게 되었고, 그 결과 다양한 정치체제가 생성되었다. 무어는 유럽의 농업사회가 산업사회로 전환되는 과정에서 의회민주주의 국가도 생겨났지만, 파시즘과 공산주의 국가도 생겨났다고 지적한다. 홉스바움은 근대화 과정에서 자본주의가 진정한 자유민주주의를 건설하는 데 실패하고, 그에 대한 대안적 체제로서 공산주의와 파시즘이 생겨나게 되었다고 본다.

혁명은 기존의 정치, 경제, 사회적 권력구조의 변혁을 초래한다는 점에서 권력자의 교체를 의미하는 쿠데타와 구별된다. 일반적으로 혁명은 행위 주체와 목표에 따라 자유주의 혁명과 사회주의 혁명으로 나누어진다. 자유주의 혁명은 시민계급이 자유 민주주의 체제 건설을 목표로 절대왕정이나 권위주의 독재체제 타도를 목표로 하는 정치변동의 형태이며, 사회주의 혁명은 노동자계급이 인민 민주주의 체제를 건설하는 것을 목표로 하고 있다.

무어는 새로운 정치체제의 등장배경을 누가 산업화의 주체가 되는가를 가지고 설명한다. 즉 산업화의 주체가 정치체제의 변동과 유지에 중요한 역할을 한다고 본다. 그는 “부르조아 없이 민주주의 없다”고 주장한다. 자유민주주의는 자본주의적 산업화 과정에서 출현한 시민계급에 의해 생성되고 유지된다는 것이다. 그리고 사회주의는 노동자의 지지를 받은 관료에 의해 산업화가 주도된 체제라는 것이다(Moor 1966).

혁명은 보편적 이상을 추구하기 때문에 빠르게 세계적으로 확산될 수 있었다. 1789년 프랑스 대혁명 이전에는 혁명적 사건이 일국적 차원에서 머물렀지만, 프랑스 혁명이 자유, 평등, 박애라는 보편적 가치실현을 주창하면서 자유주의 혁명은 일국적 한계를 넘는 계기를 마련하였다. 나폴레옹의 유럽정복은 프랑스 혁명정부에 대한 주변국가의 반동적 개입과 간섭을 제거한다는 의미에서 시작됐지만, 그가 승승장구할 수 있었던 것은 혁명의 대의를 깃발에 새겼고, 군주들의 통치 아래에서 억압을 받고 있던 유럽 각국의 시민계급으로부터 호응을 받았기 때문이다. 스스로 황제에 즉위하여 혁명의 이상을 짓밟기까지 나폴레옹은 자유주의 혁명의 가치를 전 유럽에 확산시킬 수 있었다.

사회주의 혁명은 세계혁명을 더욱 강조한다. 프랑스 혁명의 이상적인 가치는 완벽하게 구현되지 못했고 점차 쇠퇴하였다. 시민계급은 전제군주에 의한 정치경제적 구속이 철폐되면서 자유시민으로서의 권리를 향유하게 되었지만, 이들 시민계급과 노동자계급간의 사회적 불평등은 더욱 커졌고, 자유주의 혁명에 대한 사회주의자들의 비판이 본격화되었다. 마르크스는 자본주의 체제는 내재적 모순 때문에 필연적으로 붕괴하고 사회주의 체제로 이행하게 된다고 보았다. 사회주의 혁명의 역사적 불가피성은 자본주의가 배태하고 있는 위기성향에서 연유한다는 주장인데, 자본주의는 생산성의 향상으로 축적된 투자 자본을 가지고 생산을 기계화 내지는 자동화하는 합리화를 실현하여 노동인력을 감축하게 된다. 따라서 경제가 발전할수록 실업은 증가하고 사회적 빈곤층은 확대되고, 결국 사회의 구매력이 감소하면서 기업의 입장에서는 상대적으로 과잉생산을 하게 되는 불균형 위기가 초래된다는 것이다.

사실상 사회주의 혁명은 마르크스의 이론과 다르게 전개되었다. 20세기 초반 러시아 혁명은 발달된 자본주의 사회가 아닌 전제군주치하의 농민국가에서 일어난 것이다. 세계혁명으로 발전할 수 있는 보편적 조건도 갖추지 못했다. 레닌 혁명으로 불리는 것이 더욱 정확한 러시아 사회주의 혁명은 사회적 조건 보다 조직적 조건에서 성공이유를 찾아야 할 것이다. 혁명의 주체가 노동자 대중이 아니라 직업 혁명가 그룹이었고, 볼세비키 정당에 의해 혁명이 기획되었던 것이다. 이러한 보편성의 결여 때문에 러시아 혁명은 이차대전이 끝날 때까지 세계혁명으로 확산되지 못하였고, 트로츠키의 영구혁명론은 스탈린의 일국사회주의에 의해 배격되었다.

이차세계 대전이후 혁명의 논의와 가능성은 유럽을 벗어나 제3세계로 이전하였고, 식민지 독립운동과 연계되면서 성격이 변모하였다. 1949년의 중국혁명, 1959년의 쿠바혁명이 대표적이다. 그리고 동구 사회주의의 붕괴이후 사회주의 혁명은 정치변동의 논의에서 점차 관심영역 밖으로 밀려나고 있다. 반면에 사회주의의 도전을 받았던 자유주의는 지금까지 살아남아 세계적으로 확산되고 있다. 후쿠야마는 역사의 종언에서 자유주의가 인류역사의 마지막 발전단계를 장식하는 최종 이념이라고 주장한다.

자유주의 혁명이든 사회주의 혁명이든 상관없이 혁명의 성공조건은 무엇인가? 아직 일치된 의견은 없지만 몇 가지 합의된 조건들은 있다. 첫째 조건은 정권의 정당성 위기이다. 정권의 취약성은 혁명세력의 등장을 촉진하게 한다. 그리고 집권엘리트의 이반을 초래한다. 특히 정권을 물리적으로 수호해야 할 군부의 이탈은 정권의 취약함을 드러내는 결정적인 신호탄이다. 정당성의 위기는 주로 근대화의 실패에서 유래하는데, 정치, 경제, 사회 등의 분야에서 발전이 정체되면, 정권의 국정능력에 대한 사회적 불만이 커지게 되고, 혁신적 체제 건설을 약속하는 정치세력이 힘을 얻게 되는 것이다.

둘째 조건은 다양한 사회계급이 단결하여 혁명을 지지하는 것이다. 사회계급들은 혁명목표에서는 일치하지만, 혁명에 대한 이해관계가 다양하기 때문에, 혁명 앞에서 분열하고 대립하기 쉽다. 그러므로 혁명이 성공하기 위해서는 사회계급들이 혁명을 지지하거나 적어도 묵인하여야 한다.

셋째, 혁명은 자발적이고 능동적인 혁명가 집단을 필요로 한다. 이들은 혁명의 이념을 만들어내고, 필요한 조직을 구성하는 의지와 능력을 갖추고, 대중의 불만을 혁명적 열기로 승화시키는 정치적 능력을 발휘한다. 그리하여 혁명만이 대중의 사회적 고통을 해결할 수 있는 길이라는 것을 설득하게 된다.

넷째, 스카치폴은 혁명의 외부적 조건이 중요하다는 점을 강조하였다. 그는 프랑스, 러시아, 중국혁명을 비교 연구한 결과 이들 혁명의 공통점으로서 국제적 압력과 외국과의 전쟁으로 국가의 통치력이 현저하게 약화된 것이 혁명의 주된 요인이라고 보았다(Skocpol 1979).

Ⅲ. 민주주의의 공고화와 정치제도의 개혁

린츠와 스테판은 공고화된 민주주의의 특성을 다음과 같이 정의한다. 첫째, 권력획득을 위해 폭력적 수단이나 외국의 개입에 의존하지 않는다. 둘째, 국민 다수가 민주적 원칙과 규범을 지킨다. 셋째, 사회내의 모든 갈등이 합법적 절차에 의해 해소된다. 이와 비슷한 맥락에서 쉐보르스키는 민주주의가 공고화되기 위한 네 가지 조건을 제시하였다. 첫째, 경쟁이 가능한 정치 제도적 틀이 마련되어야 한다. 둘째, 권력교체가 가능한 정당구도가 구축되어야 한다. 셋째, 경제적 위기와 갈등이 민주적 절차에 의해 해결될 수 있어야 한다. 그가 경제관리 능력을 중요한 조건으로 꼽은 이유는 동구 민주화의 경우 시장개혁에 수반되는 초인플레와 대량실업과 같은 사회적 비용이 민주화를 위태롭게 할 수 있다는 점을 목격하였기 때문이다. 넷째, 군부가 민간통제 하에 있어야 한다는 것이다(Przeworski 1995).

민주화 이행론은 정치변동의 원인을 주로 구조와 행위자라는 두 가지 관점에서 설명하는 반면에 민주화 이후의 공고화 시기를 다루는 이론은 정치제도의 변화에 분석의 초점을 두고 있다. 가시오롭스키와 파워는 민주주의 공고화에서 정치과정 요인 못지않게 구조적 결정요인을 강조하면서 양 요인의 통합적 분석을 주창하였다(Gasiorowski and Power 1998). 이러한 맥락에서 제도는 거시적인 구조와 미시적인 행위자를 연결하는 중범위적 연구주제로 각광을 받고 있다. 경제·사회구조적 요인이나 정치 행위자의 전략적 선택이 주로 민주화의 이행기에 주요한 역할을 하였다면, 정치제도는 민주주의의 공고화 과정에서 주목을 받고 있다.

정치제도란 정치 행위자의 선호를 제약하고 정책형성에 영향을 미치는 규범과 절차를 말한다. 정치변동의 관점에서 정치제도를 최초로 다룬 헌팅턴은 정치제도가 정치발전에 중요한 역할을 한다고 보았다. 조직과 절차의 제도화를 통해서 이룩된다는 정치발전은 사회문제를 해결하는데 가장 효율적인 조직과 절차의 선택을 의미한다는 것이다(Huntington 1975).

1. 권력구조의 변화

린츠는 지속가능한 민주주의를 뒷받침하는 정치제도로서 어떠한 권력구조가 더 적합한지에 관해 관심을 갖고 분석하였다. 그리하여 대통령중심제보다 의원내각제가 민주주의의 공고화에 훨씬 긍정적인 영향을 미친다고 주장하였다(Linz 1994). 이러한 린츠의 주장은 찬반 논란을 불러 일으켰고, 권력구조에 관한 많은 후속연구를 활성화시켰다.

의원내각제는 의회와 행정부가 긴밀하게 연계된 정부형태이고, 의회는 행정부를 구성하고 통제하고 법률을 제정하는 권한을 가지고 있다. 따라서 의회와 행정부는 견제와 권력분할의 관계가 아니고, 행정부는 의회의 신임을 상실하면 임기 이전이라도 해산된다. 의원내각제에서는 동료의원이나 국민의 지지를 받지 못하는 정치지도자의 축출이 항시 가능하다. 이러한 제도가 안고 있는 단점은 내각의 빈번한 교체가 발생하여 정치 불안을 가져올 수 있다는 것이다. 대체로 정당이 난립하는 경우 의원내각제에서 잦은 정권교체 현상이 일어난다. 과거 이탈리아의 경우 정당난립이 심하여 4-5개 정당이 연합해야 의회 과반수 의석을 확보할 수 있었다. 그리하여 이차대전이후 내각의 평균수명이 1년을 넘기지 못하였다. 하지만 선거제도의 개선을 통하여 1990년대 중반 이후에는 정당난립을 막고 정치불안정도 극복하였다. 독일도 바이마르 공화국 시기의 정치불안정을 경험한 후 5% 진입장벽과 수상에 대한 건설적 불신임제도를 도입하여 이차대전 이후에는 정치안정과 경제발전을 이룩하였다. 아데나워와 콜 수상은 각각 20년에 가까운 기간동안 집권을 하였다.

대통령제에서는 의회와 행정부가 서로 권력의 분립과 견제가 뚜렷한 대립적 관계에 있다. 대통령제에서는 의회뿐만이 아니라 대통령도 국민에 의해 직접 선출되기 때문에 양자가 모두 국민의 대표권을 갖는다. 이러한 이중적 대표성은 국민의 주권이 누구에게 양도

되었는지를 모호하게 만들 뿐만 아니라, 두 기관이 정치적으로 갈등할 경우 해결이 쉽지 않다. 그리고 대통령의 임기가 고정적이어서 정치적 책임성과 유연성이 떨어진다. 대통령은 국정능력을 인정받아 국민의 높은 지지를 받더라도 임기가 끝나면 물러나야 한다. 또한 국민의 지지를 상실하더라도 임기동안 권력에 머무를 수 있다. 즉 대통령은 의회에서 여당이 과반수 의석을 확보하지 못하더라도 정해진 임기 동안 통치할 수 있다. 여소야대 상황에서 대통령이 통치를 할 수 있기 위해서는 정당의 기율이 느슨하여 교차투표가 가능한 정당 환경이 필요하다. 미국의 대통령제는 느슨한 정당문화 때문에 원활하게 작동하고 있다. 대통령은 의회 해산권이 없기 때문에 여소야대의 경우에는 다수당인 야당과 긴밀히 협력해야 한다. 대통령제에서는 의회와의 협력을 위한 각종 대화 및 협력 채널을 마련하고 있다. 의회의 각종 위원회, 청문회, 인준투표 등이 그러한 제도이다.

대부분의 선진국들은 의원내각제를 채택하고 있고, 미국이 예외적으로 대통령제를 채택하고 있다. 반면에 개도국에서는 의원내각제와 대통령제가 골고루 채택되고 있다. 과거 영국의 식민지였던 영연방 국가들은 의원내각제를 실시하고 있다. 남미국가들은 대통령제를 실시하고 있다. 민주화 이후 동구국가들은 의원내각제와 대통령제를 골고루 실시하고 있다. 미국에서 생겨나서 전 세계로 확산된 대통령제는 미국에서만 순수한 원형을 유지하고 있고, 대부분의 다른 수입국에서는 변형된 대통령제를 채택하고 있는데, 멕시코와 같이 권위적 대통령제부터 볼리비아와 칠레 같이 의원내각제적 요소를 많이 가미한 대통령제까지 다양한 제도가 존재하고 있다.

남미의 경우 1980년대 민주화 이후 다시 민주적 대통령제가 도입되었는데, 당시 일부 국가에서는 대통령제의 문제점이 강조되면서 대안적 정치제도가 논의되었다. 남미국가들이 군부독재를 겪게 된 것은 대통령이 가지고 있던 막강한 권력 때문이라고 진단되었다. 사실 남미국가들은 대통령제가 작동하기 어려운 정치 환경을 가지고 있다. 정당들은 이념적으로 뚜렷하게 대립하고 있고, 정당의 기율이 강하다. 이러한 상황에서 의회의 다수 지지를 받지 못하는 대통령은 야당과의 협력에 한계를 느끼기 때문에 국정운영에서 늘 어려움을 겪게 되는 것이다. 그렇기 때문에 남미에서 대통령이 점차 권력을 확대하는 것은 필요악으로 용인되었다. 이러한 이유에서 대통령제 대신에 의원내각제를 도입하자는 목소리가 높았다. 하지만 내각책임제로의 개헌을 실행에 옮긴 나라는 브라질이 유일하였으며, 그나마 1993년에 실시한 국민투표에서 국민의 동의를 얻지 못해 폐기되었다.

이원집정부제는 대통령제와 내각책임제를 혼합한 정부형태로서 프랑스, 핀란드, 포르투갈 등에서 실행하고 있다. 이원집정부제에서는 국민에 의해 선출되는 대통령이외에도 독자적인 총리가 존재한다. 프랑스와 포르투갈의 사례를 보면 이원집정부제의 통치성향은 정당의 구조에 의해 좌우된다는 것을 알 수 있다. 의회에서 여당이 다수 의석을 확보하면 대통령이 강력한 리더십을 발휘하는 대통령제의 통치성향을 보이지만, 여소야대 현상을 보이는 동거정부에서는 총리가 국정을 주도하는 의원내각제의 통치성향을 보인다는 것이다. 이런 점에서 엄밀하게 말하자면 이원집정부제는 대통령제와 의원내각제의 혼합형태 라기보다는 정당 정치적 상황에 따라 대통령제나 의원내각제로 성격이 변모하는 가변적 정부형태라고 하는 것이 더 정확하다.

이상에서 볼 수 있는 바와 같이 의원내각제와 대통령제는 모두

장단점을 가지고 있다. 의원내각제는 신속하고 효율적인 입법이 가능하다. 반면에 대통령제에서는 의회의 다수 지지가 보장되지 않을 경우에는 입법의 지체현상이 나타날 수 있다. 그러므로 대통령제에서는 국정의 실패 책임을 가려내기가 어렵다. 대통령과 의회가 서로에게 책임을 전가할 수 있기 때문이다. 행정부와 입법부가 정치권력을 분점하기 때문에 행정부에게 정책 실패의 책임을 전적으로 묻기 어렵다. 여소야대의 상황에서 법안의 교착상태 혹은 타협에 의한 법안통과가 빈번히 발생하기 때문에 행정부의 정책이 주도적으로 추진되었다고 할 수 없다. 반면에 항상 의회의 다수 지지를 전제로 하는 내각책임제하의 행정부는 정책의 입법과 실행에 전적으로 책임지는 정치를 할 수 있다.

대통령제를 옹호하는 사람들은 의원내각제에서는 권력분립이 뚜렷하지 않기 때문에 의회에 권력이 집중될 수 있다고 우려한다. 하지만 실제로는 의원내각제보다 대통령제에서 독재정권이 생기는 경우가 더 많다. 미국의 대통령제는 예외적으로 민주적이고, 대부분의 독재국가들이 대통령제를 채택하고 있다. 물론 의원내각제가 반드시 대통령제 보다 나은 제도라고 할 수는 없다. 어떠한 제도도 민주주의를 보장하는 것은 아니다. 효과적으로 작동하는 민주주의가 뿌리내리기 위해서는 해당국가의 정치적 전통과 문화, 정당구조에 적합하여야 한다. 특히 정당구조가 권력구조와 조응할 수 있도록 제도를 개선하는 것이 민주주의를 공고화하는 데에 크게 기여할 것이다.

2. 정당구조의 변화

오늘날의 정당개념은 19세기 이후 민주주의의 생성과 보통선거권의 확립과 함께 생겨났다. 정당은 사회조직 중에서도 선거에 참여하고 정치결정과정에 영향을 미치고 권력획득을 위해 경쟁을 하는 단체이다. 민주사회에서 권력찬탈은 반역죄가 아니라 권장사항이고, 야당의 존재는 긍정적으로 평가된다. 권력의 이동이 자유로워야 정당간에 경쟁과 책임이 생기기 때문이다. 국민은 자신의 견해와 이익에 가장 가까운 정당에 가입하고, 투표를 통하여 지지함으로써 정치에 참여한다. 그러므로 정당은 미약한 개인과 정치체제를 연계하는 역할을 한다.

오늘날 정당은 정치체제의 필수불가결한 요소이다. 정당은 국가적 차원에서만 결성되는 것이 아니라 지방수준과 지역수준에서도 결성되고 있다. 유럽연합 의회에는 지역 수준의 정당그룹이 활동하고 있다. 국제적 수준에서도 정당이 활동하고 있는데, 국제 사회주의 연맹, 국제 자유주의 연맹, 국제 기독민주주의 연맹 등이 있다.

정당의 연구에는 두 가지의 경향이 있다. 하나의 경향은 유럽적 정당연구 전통으로서 미헬스에 의해 시작된 정당 자체의 본질에 관한 연구이다. 하나의 조직 단위로서 정당의 생성, 기능, 구조, 재정 등을 연구하는 것이다. 아울러 정당 간부와 당원의 관계, 당내 민주주의, 정당의 사회적 지지기반 등도 연구의 대상이다. 미헬스는 민주주의가 확립되면서 생겨난 정당들이 내부적으로는 민주적이지 못하다는 점을 지적한다. 그는 독일 사민당의 당내 민주주의에 대한 연구에서 독일의 민주주의 발전을 위해 가장 투쟁적인 사민당도 과두적 경향을 보인다고 비판하였다. 이러한 역설의 원인은 바로 당내 민주주의가 선거에서 경쟁력 있는 후보를 선출하는 데에 장애가 되기 때문이다(Michels 1962). 또 다른 연구경향은 영미지역에서 지배적인데, 정당간의 관계를 연구하는 것이다. 행태주의적 접근법을 활용하여 정당간의 경쟁관계, 정치체제와 정당의 수직적 관계 등이 연구대상에 포함된다.

이들 두 가지 연구 성향의 공통점은 정당정치의 유형화에 관심이 많다는 것이다. 이것은 베버와 두베르제의 선구적 영향을 받은 결과이다. 정당의 지지방식에 따라서 이익정당, 계급정당, 국민정당 등의 유형이 있고, 정당의 조직방식에 따라 열성가정당, 간부정당, 대중정당 등의 유형이 있고, 정치이념에 따라 극우정당, 보수정당, 기민주의당, 자유주의정당, 사민주의정당, 공산주의정당 등이 있다. 정당의 수에 따라 일당제, 양당제, 다당제 등이 있다. 물론 단순히 정당 수에 의해 정당관계를 특징짓는 것은 무리가 있다. 따라서 질적인 측면이 추가적으로 고려되고 있다.

민주주의의 공고화를 위한 정당의 공헌이라는 관점에서 볼 때, 정당의 수가 중요한 검토대상이 된다. 정당의 수는 정당구조에서 가장 빈번하게 분석되는 주제이다. 미국과 영국은 양당제를 이상적인 정당구조로 간주한다. 양당제는 정치의 안정화를 가져다주고, 유권자는 자신이 지지하는 정당에게 통치의 책임을 지도록 할 수 있다. 반면에 다당제는 여러 개의 정당이 정부를 구성하기 때문에 어떠한 정당이 연립정부에 참여할 지는 선거 이후에나 알 수 있다. 그리고 연립정부는 불안정하여 붕괴하기 쉽다. 다당제가 정치 불안 요인을 내포하고 있음에도 불구하고, 이에 대비한 조치들을 취함으로써 안정적인 민주주의에 성공한 나라들이 과거에 비해 늘어나고 있다. 따라서 정당의 수와 정치안정간의 상관관계가 점차 약해지고 있다.

정치안정에 영향을 미치는 주요요인은 정당의 수보다 정당의 분극화이다. 분극화란 정당간의 이념적 거리를 말한다. 미국정당들은 대체로 정당간 이념차이가 적고, 여야간에 초당적 협력이 가능하다.

따라서 미국 민주주의의 과제는 특히 여소야대의 경우에 대통령이 야당과 협력할 수 있는 기회를 제도화하는 것이다. 반면에 유럽에서는 정당간의 적대성이 매우 커서 미국에서 볼 수 있는 것과 같은 정당정치의 느슨함이 없다. 유럽의 정당들은 초당적 협력보다는 대립과 파당정치로 치달을 위험을 안고 있고 정치 불안을 초래할 가능성이 있기 때문에, 유럽 민주주의의 과제는 정치 불안을 막는 일이다.

물론 유럽도 정당간의 차이가 점차 줄어들고 있다. 그리하여 오늘날 거의 모든 민주국가에서 정당간의 양극화 현상이 쇠퇴하고 있다. 그 이유는 첫째, 정당들이 민주주의와 시장경제라는 기본 가치에 대한 확고한 합의를 하고 있다. 따라서 정권교체가 이루어지더라도 국가의 기본정책이 크게 바뀌지 않을 정도로 주요 정당의 인식과 세계관이 서로 유사해졌다. 둘째, 이념에 기초한 쟁점들이 이제 더 이상 현실 적실성을 가지지 못하고, 탈이념적 이슈들이 늘어나고 있다. 예를 들어 여성, 환경, 평화, 이주민 문제 등은 전통적인 사회균열과 다른 새로운 균열인 것이다. 셋째, 이념이 점차 일반대중의 관심을 잃게 되면서 정당들은 실용주의를 중요하게 내세우고 있다. 실용주의란 목표달성을 위해서라면 어떠한 이념에 가까운 정책이든지 활용한다는 가치관이다. 이러한 추세 때문에 선진 민주주의 국가에서는 이념보다는 쟁점을 지향하는 포괄정당이 출현하고 있다.

Ⅳ. 쿠데타와 권력엘리트의 교체

쿠데타는 군사력에 의한 비합법적인 정권교체를 말한다. 쿠데타는 군인을 정치지도자로 만드는 정치적 행동이며, 군부지배를 초래하는 시발점이다. 하지만 군부지배가 반드시 군인의 독점적 통치를 의미하는 것은 아니고, 다양한 형태로 민간인과 협력할 수 있다. 주로 관료와 중산층의 지지와 협력을 끌어내고, 때론 농민과 노동자의 지지를 받게 되는데, 이러한 경우에 이들 계층과 관계된 정치인이나 정당과 협력하게 된다.

역사적으로 무인의 통치는 흔한 일이다. 비근한 예로 일본의 막부시대에는 천황이 지배하였지만 실권은 장군에게 있었다. 그렇지만 평화적이고 민주적인 권력교체 절차가 마련된 근대 이후, 군인이 최고 권력자가 되는 것은 주로 비합법적인 쿠데타에 의해서 가능하게 되었다. 물론 예외가 있다. 미국의 경우 2차대전 이후 아이젠하워 장군이 대통령이 되었고, 이스라엘의 역대 수상 대부분이 장군출신인 것은 이들이 모두 전쟁영웅이라는 프리미엄을 가지고 민주적 선출과정에서 승리한 덕분이다. 공산주의 국가에서 군인이 통치하는 경우는 드물지만, 군부가 정치적으로 매우 중요한 역할을 한다. 중국의 마오쩌뚱, 북한의 김일성, 쿠바의 카스트로는 게릴라 출신이라는 점을 활용하여 권력을 획득하거나 정당화하였고, 중국의 등소평과 북한의 김정일은 군사위원장이라는 직책으로 최고권력을 행사하는 지도자에 속한다. 이라크의 사담 후세인과 스탈린 등 많은 독재자들은 군복무 경험이 없지만 군복을 즐겨 입고 정치무대에 등장하였다.

쿠데타는 주로 일시적인 사회불만 해소 차원에서 거행된다. 즉 밑으로부터의 혁명이 발생하기 전 단계에 군이 사회가 안고 있는 과제를 개혁적으로 해결하려는 시도이다. 이러한 점에서 쿠데타는 사회혁명을 지연시키는 측면이 있다. 2차 대전이 종결되면서 식민지

치하에서 독립한 신생국들은 국가건설의 희망을 안고 힘찬 걸음을 내디뎠다. 이와 함께 근대화 담론이 다시 힘을 받았다. 당시 미국학자들을 중심으로 근대화 이론에 토대를 둔 정치발전론이 제3세계의 발전을 위한 이론적 기반으로 제공되었다.

립셋은 경제성장이 민주주의를 형성하고 유지하는 전제조건이 된다고 보았다. 그는 생활수준의 향상, 산업화, 교육의 확대, 도시화 등이 민주주의가 유지될 수 있는 사회경제적 기반이라는 점을 강조하였다(Lipset 1959). 정치발전론은 민주주의 보다 경제발전이 우선적이라는 점을 암시한다. 경제발전을 성공적으로 추진할 수 있는 지도자는 민주적 정통성이 약간 부족하더라도 민주주의의 토대를 마련하는 사람으로 용인되었다. 미국 행정부는 개도국에서 발생한 많은 군사쿠데타를 호롱불 논리에 따라 묵인하였다. 칠흑같이 어두운 밤에 모두 나란히 걸어가면 넘어지고 다칠 위험이 크기 때문에, 호롱불을 든 사람이 앞장서야 모두 안전하고 신속하게 길을 갈 수 있는 법이다. 개도국의 여러 사회세력 중에서 군부가 호롱불을 드는 역할을 해야 한다는 논리이다.

1980년대까지 개도국에서 쿠데타가 빈번하게 발생하였다. 남미는 독립국가 건설이후부터 쿠데타가 발생하여, 군부의 정치개입 역사가 매우 길다. 볼리비아에서는 건국이후 약 150년 동안 거의 200회에 달하는 쿠데타가 발생하였다. 아프리카에서는 아직도 군부 쿠데타가 발생하고 있다. 식민지 독립이후 오랫동안 자유선거가 정착되지 않은 아프리카 대다수 국가에서는 쿠데타가 권력교체를 가능하게 하는 유일한 절차가 되었다. 민주적 정당성을 상실하고 개인화된 권력은 군부의 무력에 의해서 와해될 수 있었다.

쿠데타의 동기는 무엇인가? 군부가 정권획득을 시도하는 이유는 무엇보다도 조직적 우월성 때문이다. 군은 중앙집권적인 구조, 조직의 동질성 그리고 폭력수단을 가지고 있다. 학생, 노동자, 교회 등도 정치세력화 될 수 있지만, 군부는 폭력을 독점하고 있다는 점에서 그들과 구별된다. 또한 군인 지도자의 정치적 야망이 쿠데타를 촉발하는 원인이 되기도 한다. 군인은 기율, 애국심, 국가에 대한 충성심이라는 덕성을 가지고 있는 직업이다. 정쟁을 일삼는 민간 정치지도자들이 무능하고 부패한 모습을 보일 때, 군인의 덕성은 빛이 난다. 민간정치인들에게 실망한 대중들이 불만을 표출하고 대규모 시위에 나설 때, 군부는 사회안정과 경제발전을 대의명분으로 내세우고 정치에 개입하려는 유혹에 빠지게 된다. 외부적 요인으로는 패전이나 외부로부터의 안보적 위협이 쿠데타의 빌미가 될 수 있다.

적지 않은 국가에서 군부 내부의 갈등이 쿠데타의 원인이 되기도 한다. 종족, 종교, 지역의 대립이 심한 국가에서는 이러한 사회적 균열이 군 내부에도 그대로 투영된다. 예를 들어 특정 종족의 쿠데타는 다른 종족의 숙청을 가져오기 때문에 서로 대립적인 장교 집단들이 생존을 위해 서로 경쟁적으로 쿠데타를 일으키는 현상이 발생하는 것이다. 나이지리아에서는 1966년 북부 이슬람교도가 선거에서 이기자 남부 기독교인들이 반발하여 제1차 쿠데타를 일으켰고, 몇 개월 뒤에는 북부 출신 장교그룹에 의한 쿠데타가 발생하여 정권이 다시 북부 이슬람인들에게 되돌아갔다.

1964년 브라질의 군부 쿠데타를 시작으로 남미 일대에 군부통치가 다시 뿌리를 내리기 시작하였다. 이차대전에서 패배한 파시즘이 제3세계에서 군부독재의 형태로 부활한 셈이다. 남미의 군부독재에 관한 연구 결과 관료적 권위주의 이론이 생겨났다. 이 이론은 남미의 권위주의 체제가 등장하게 된 배경과 그 성격을 설명하는 개념

틀이다. 관료적 권위주의란 남미가 직면하였던 경제위기를 타개하기 위하여 해외자본을 유치하고 안정적인 투자환경을 보장하기 위하여 군부와 관료가 함께 정치적 질서안정을 모색한 체제라는 것이다. 따라서 관료적 권위주의는 남미에서 산업화와 경제발전이 절실히 요구되는 역사적 단계에 생겨난 국가권력 형태이다(O'Donnell, 1973).

관료적 권위주의는 국가의 역할에 특별한 관심을 가졌다. 남미에서 국가는 독특한 자율성을 보여주었다. 국내적 관계에서 볼 때, 지주나 토착자본가로부터 자유로운 국가는 상당한 정도의 자율성을 누렸다. 그리하여 가격과 임금 결정 등에서 시장의 역할을 국가가 대신하였다. 하지만 국제적 관계에서 남미의 군부국가들은 외국자본을 적극적으로 끌어들임으로써 다국적 자본에 종속되는 양상을 보였다.

남미군부의 국제자본에 대한 의존은 부메랑 효과를 가져왔다. 1980년대에 남미의 군부독재 정권들이 연쇄적으로 붕괴하기 시작하였고, 제3의 민주화 물결이 일어났다. 1970년대 중반 남유럽에서 시작된 민주화의 물결이 1980년대에 본격적으로 남미로 번졌고, 필리핀, 한국, 대만 등의 아시아 국가로까지 파급된 것이다. 남미 군부통치의 와해는 내부적으로는 군부가 집권명분으로 내세운 경제발전에 실패하여 권력의 정당성을 상실하면서 이루어졌다. 더불어 추가적인 압력이 외부에서 가해졌다. 외채에 시달리는 군부에게 채권국과 세계통화기금은 금융지원의 전제조건으로 다원주의적 민주주의의 확립을 내걸었던 것이다.

V. 결 론

프리덤하우스의 평가에 의하면 1900년에는 지구상에 민주주의 국가가 하나도 존재하지 않았다. 반세기가 흐른 후인 1950년에는 22개의 나라가 민주주의의 자격을 갖추게 되었다. 그리고 백년이 지난 2000년에 이르러 120개의 민주주의 국가가 생겨났다(Gaddis 2001). 지구상에 존재하는 많은 정치체제가 민주주의라는 방향으로 움직이고 있는 것은 분명하다. 이러한 정치변동에는 혁명, 쿠데타, 제도개혁 등이 원동력으로 작용하여 왔다. 이러한 원동력에 의해 정치체제는 비민주적 체제에서 민주적 체제로 바뀔 뿐만 아니라 반대로 민주적 체제에서 비민주적 체제로 바뀌기도 한다. 또한 비민주적 체제에서 다른 비민주적 체제로도 변화하고, 민주적 체제가 발전하여 더 민주적인 체제로도 변한다. 이와 같이 장기적 관점에서 볼 때, 정치체제는 비민주적 체제에서 민주적 체제로 바뀌는 경향을 보이지만, 단기적으로 보면, 반드시 그러한 것은 아니다. 민주화는 정치변동의 일부분일 뿐이다.

이 글에서는 정치변동 중에서 혁명, 쿠데타, 제도개혁이라는 세 가지 형태를 중점적으로 다루었다. 혁명과 쿠데타는 급진적인 정치변동의 형태이고, 제도개혁은 점진적인 형태에 해당한다. 혁명은 체제의 변동으로서 자유주의 혁명과 사회주의 혁명이 있는데, 사회주의 혁명은 러시아 10월 혁명을 시작으로 세계적으로 확산되었다가 동구 사회주의의 붕괴 이후 앞으로 더 이상 사회주의 혁명이 일어나기는 어려울 것으로 보인다. 근대 혁명의 시초였던 자유주의 혁명은 사회주의 혁명에 의해 압도되는 듯 보였으나 이제 가장 오래된 혁명으로 자리 잡았다. 앞으로 당분간 지구상에는 자유주의 혁명만이 발생할 것이다.

쿠데타는 정치행위자의 변동이며, 혁명이 무르익기 전에 군부에 의해 시도된 정치 변혁노력이다. 민간 정치 지도자의 무능과 부패에 실망한 국민들의 불만을 해소하기 위하여 군부는 경제발전과 정치안정이라는 슬로건을 내걸고 정치개입에 나서게 된다. 제3세계 국가들이 식민지로부터 독립한 이후 자유 민주주의 건설을 추진하였으나, 대부분 실패로 돌아가면서 쿠데타가 만연하게 되었다. 쿠데타 주동자들이 정치개입의 대의명분을 구현하지 못하고 새로운 쿠데타를 부르는 악순환에 빠지는 경우 정치불안은 가속화되고 경제발전은 정체되었다. 하지만 다행히도 제3의 민주화 물결이후 쿠데타가 정치를 변동시키는 경우는 크게 줄어들고 있다.

제도개혁은 민주화가 성공적으로 이행된 경우에 실현하게 되는 제도적 변화이다. 독재체제에서 민주화를 성공적으로 이룩하는 것이 매우 어려운 일이지만 그것으로 민주주의에 도달한 것이 아니다. 민주화 이후 민주주의를 공고화하는 것은 민주주의를 완성하기 위한 필수 과제이다. 민주주의는 낮은 단계에서 높은 단계까지 여러 가지 종류가 있고, 이상형을 향해 끊임없이 발전되어야 한다.

민주주의는 크게 절차적 민주주의와 실질적 민주주의로 분류된다. 슘페터는 민주주의란 정치가들이 국민들의 표를 얻기 위해 경쟁하는 제도라고 하였다. 이 개념정의에 따르면 민주주의는 정당간의 경쟁이 가능하고 공정한 선거가 이루어지면 충족된다. 이와 같이 민주주의가 기능할 수 있는 최소한의 절차규정이 마련된 제도는 절차적 민주주의이며 최소한의 민주주의이다. 이에 반해 실질적 민주주의는 평등권, 참여권, 저항권 등이 보장되어 국민들이 실질적으로 정치결정과정에 관여할 수 있는 제도를 말한다. 따라서 민주주의는 절차적 민주주의에서 실질적 민주주의로 발전할 수 있도록 계속적인 제도개선이 이루어져야 하는 것이다.

실질적 민주주의를 보다 세부적으로 분류하면 다양한 유형의 민주주의가 존재한다. 첫째, 자유적 민주주의는 작은 정부와 개인적 자유의 신장에 중점을 둔다. 둘째, 다원적 민주주의는 정확한 대표성을 추구한다. 그리하여 사회내의 다양한 의견과 이익이 정치결정과정에 제대로 반영될 수 있도록 제도화한다. 예를 들어 성별이나 출신지역 등에 의한 차별을 없애는 여성할당제라든가 비례대표제 등이 다원적 민주주의를 실현하는 제도이다. 셋째, 사민적 민주주의는 경제적 평등에 관심이 있다. 재산이 많을수록 정치적 영향력이 크기 때문에, 빈부격차를 해소하는 것이 정치참여의 격차를 해소하는 길이라고 보는 것이다. 부의 재분배를 통한 자원의 균등한 배분이 평등한 정치 참여를 가능하게 한다고 본다. 넷째, 심의적 민주주의는 시민들이 정치논쟁에 적극적으로 참여하는 민주주의이다. 공공영역에서 합의된 담론이 사회구성원 모두의 이익을 반영하는 것이라고 보고, 모든 시민들이 정치에 관한 풍부한 지식과 정보를 가지고 정치논의에 참여하는 지식기반 민주주의를 만들어야 한다고 본다.

주요문헌 소개

테다 스카치폴. 1989. 『국가와 사회혁명』. 서울: 까치. 이 책은 성공한 혁명으로서 프랑스, 러시아, 중국 혁명과 실패한 혁명으로서 독일혁명, 영국혁명, 메이지 유신을 비교하고 있다. 스카치폴이 판단한 혁명의 성공기준은 급격한 정치구조의 변혁을 통해서 그 사회의 기존 제도나 계급구조까지 완전히 새로운 것으로 대체하였는지 여부이다. 이와 같이 성공한 3대 혁명의 공통점은 첫째, 농민이 주체가 된 사회혁명이라는 점, 둘째 패전이나 국제적 압력 등과 같은 외부적 요인이 강하게 작용하였다는 점, 셋째 혁명의 과정에서 국가는 항상 자율성을 가진 존재였다는 점이다.

베링터 무어. 1990. 『독재와 민주주의의 사회적 구조』. 서울: 까치. 20세기에 들어서서 민주화에 성공한 나라와 파시즘과 같은 독재의 길을 걷게 된 나라들이 왜 서로 다른 경로의 정치변동을 겪게 되었는지를 근대혁명, 계급구조 등과의 관련 속에서 밝혀낸 책이다. 민주주의를 건설하기 위한 조건이 무엇인지를 알게 해준다.

칼 폴라니. 1991. 『거대한 변환』. 서울: 민음사. 산업혁명 이후 시장경제가 형성되던 시대에 영국에서 발생한 정치·사회적 변혁을 분석한 책이다. 부제는 우리시대의 정치·경제적 기원이다. 폴라니는 현대의 시장경제와 민족국가는 서로 별개가 아니라 시장사회라는 개념 하에 통합되어 이해되어야 한다고 주장하며, 시장경제와 민족국가는 함께 나란히 발전해 왔다는 것을 밝히고 있다.

참고문헌

배링턴 무어 저. 진덕규 옮김. 1985.『독재와 민주주의 사회적 기원』서울 : 까치.

사무엘 P. 헌팅턴. 1992. "권위주의 체제의 유형과 민주화의 경로." 김웅진 · 박찬욱 · 신윤환 외 편역.『비교정치론 강의 2』. 서울 : 한울.

에릭 홉스봄 저. 이용우 옮김. 1997.『극단의 시대 : 20세기 역사』. 서울 : 까치.

후안 린쯔와 알프레드 스테판 저. 김유남 외 옮김. 1999.『민주화의 이론과

사례 : 이상과 현실의 갈등』. 서울 : 김영사.

Gaddis, John Lewis. 2001. "Democracy and Foreign Policy," *William Clyde De Vane Lecture Series*.

Gasiorowski, Mark J. and Timothy Power. 1998. "The Structural Determinations of Democratic Consolidation : Evidence From the Third World." *Comparative Political Studies* Vol. 31, no. 6.

Huntington, S. P. 1975. "Political Development and Political Decay." *World Politics* Vol. 17.

Lawson, Stephanie. 1993. "Conceptual Issues in the Comparative Study of Regime Change and Democratization." *Comparative Politics* Vol. 25, Issue 2.

Linz, Juan and Arturo Valenzuela. 1994. *The Failure of Presidential Democracy*, Baltimore: Johns Hopkins University Press.

Lipset, Seymour Martin. 1959. "Some Social Requisites of Democracy : Economic Development and Political Legitimacy." *American Political Science Review* Vol. 53.

Michels, Robert. 1962. *Political Parties: A Sociological Study of the Tendencies of Modern Democracy*, New York: Collier Books.

O'Donnell, Guillermo A. 1973. *Modernization and Bureaucratic-Authoritarianism*. Berkeley : Institute of International Studies, University of California.

Przeworski, Adam. 1991. *Democracy and the Market*. Cambridge University Press.

Schumpeter, Joseph A. 1962. *Capitalism, Socialism and Democracy*. New York : Harper Torchbooks.

Skocpol, Theda. 1979. *States and Social Revolution: A Comparative Analyses of France, Russia, and China*, Cambridge: Cambridge University Press.

7 계급과 사회갈등

정 병 기

I. 여는 말

계급(class)이란 용어는 재정적 · 군사적 목적으로 로마 인구를 재산에 따라 구분한 고대 역사에서 기원한다(Edgell 2001, 21). 이 고대의 용례는 평민계급이라는 위계적 신분들의 집합체라는 정태적 개념을 의미한다. 그러나 산업사회로 특징되는 근대 자본주의 사회가 형성된 이후에는 끊임없는 사회 변화와 맞물려 더 이상 특정한 고정된 집단만을 의미할 수 없게 되었다. 계급이 곧 사회변화로 연결되는 사회갈등의 중심 개념으로 등장하게 된 것이다.

한편 이러한 변화는 후기 자본주의로 오면서 초기 자본주의와 달리 계급 개념의 주변화나 무의미로 이어지는 현상도 보이고 있다. 특히 1980년대 말 신보수주의와 신자유주의의 등장 및 동구 현실사회주의의 몰락이 이러한 흐름의 주요 원인이었다. 특히 '제3의 길'은 좌파 진영 내에서 불거져 나온 계급개념 무용론의 일부였다.

그러나 역설적으로 정치 · 사회적 현실은 계급 개념의 사용이 전혀 감소하고 있지 않음을 나타내고 있다. 부정적 입장에서는 계급개념 무용론을 주장하기 위해, 진보진영은 계급의 존재와 사회양극화에 따른 계급의 새로운 공고화를 위해, 정치적 이유에서든 학술적 이유에서든 혹은 생활의 이유에서든 계급 개념의 사용은 오히려 증가한 듯하다. 이는 계급적 현상에 기초한 사회갈등이 증가하고 있다는 증거이다.

다만 계급의 유형이 달라지고 있는 것은 분명하다. 이제 계급의 문제는 노동자계급과 자본가계급만으로 구분할 수 없으며 그렇다고 직업에 따른 정태적 분류로도 만족할 수 없다. 새로운 중간계급의 등장과 팽창 및 비정규직 노동자의 급증이 새로운 계급 분석을 요구하고 있는 것이다. 이 장은 이러한 문제의식에 입각해 자본주의 사회 전반을 관통하는 주요 사회갈등 요인으로서 계급문제를 분석해온 기존의 방법들을 소개하고 새로운 문제를 제기한다.

계급에 대한 분석은 맑스(Karl Marx, 1818~1883)에서 촉발되어 베버(Max Weber, 1864~1920)가 비판적으로 이어간 후 신맑스주의와 신베버주의로 옮겨갔다. 따라서 계급분석에 대한 이론적 소개는 맑스와 베버에서 시작하여 신맑스주의의 풀란차스(Nicos Poulantzas)와 라이트(Eric Olin Wright) 그리고 신베버주의의 다렌도르프(Ralf Dahrendorf)와 골드소프(John H. Goldthorpe)를 중심으로 전개한다. 주요 초점은 현대 자본주의에서 논란이 되는 중간계급 문제를 비중 있게 포함해 계급 일반에 대한 개념과 구분 및 전망에 두어지며, 라이트와 골드소프를 다루는 부분에서는 다른 사회갈등 요인들 중 특히 여성 문제에 대한 계급분석적 접근[1])에 둔다.

---

1) 인종이나 종교 및 문화 같은 요소들도 사회갈등의 주요 요인에 속하지만, 계급문제와 관련해 거듭 논란이 되어온 것은 특히 여성문제이기 때문에 여성문제를 특별히 다루어야 할 필요성이 충분하다. 라이트와 골드소프를 다루는 부분에

Ⅱ. 맑스(K. Marx)와 베버(M. Weber)의 계급론

계급 논의에서 맑스와 베버의 중요성은 두말할 나위가 없다. 그러나 역설적으로 후대에 미친 두 사람의 중요성은 모두 계급론을 완성하지 못했다는 점에 있다. 맑스는 자신의 역작 『자본론』 제3권의 마지막에 두 페이지로 중단된 글(Marx 1988, 892-3)로 계급론을 시도했으며, 베버도 자신의 집대성된 선집에서 네 페이지에 머문(Weber 1972, 177-80) 미완성의 계급론을 남겨두었다. 따라서 두 사람의 계급이론은 각자의 저작에 흩어져 있는 논의들을 묶어 파악할 수밖에 없다.

맑스의 계급론을 파악하는 데 중요한 글은 1848년 「공산당 선언」(Marx und Engels 1982)과 1852년 「루이 보나파르트의 브뤼메르 18일」(Marx 1988)이다. 『자본론』 제3권이 부르주아지(Bourgeoisie)와 프롤레타리아트(Proletariat)[2] 및 지주계급이라는 세 계급에 대한 언급으로 시작한다면, 「공산당 선언」은 다양한 계급분파들을 기술하면서도 부르주아지와 프롤레타리아트를 중심으로 서술하였으며, 「루이 보나파르트의 브뤼메르 18일」은 지주, 금융자본가, 산업자본가, 중간계급, 소고용주, 산업노동자, 룸펜프롤레타리아트, 소농민 등 다양한 사회

서만 여성문제를 고찰하는 것은 위에서 소개한 여섯 명의 학자들 중에서 이 두 사람만이 여성문제를 다루었기 때문이다.

2) 맑스는 비록 분명하게 정의하지는 않았지만, 자신의 저작 곳곳에서 프롤레타리아(Proletarier)와 프롤레타리아트(Proletariat), 그리고 부르주아(Bourgeois)와 부르주아지(Bourgeoisie)를 각기 구별해서 사용했다. 특히 프랑스어를 독일식으로 변형하여 사용한 것은 엄밀한 목적의식적 어휘 사용으로 보인다. 프롤레타리아와 부르주아가 각각 개인으로서의 노동자와 자본가를 말한다면, 프롤레타리아트와 부르주아지는 각각 계급으로서의 노동자와 자본가를 의미한다.

집단들을 언급하였다.

맑스의 계급 개념은 현실적 구성요소로서의 존재를 지칭함과 동시에 사회를 변혁하는 행위자로서의 존재를 의미하기도 한다. 역사적 현실로서 존재하는 계급은 '즉자적 계급'(卽自的 階級, Klasse an sich)이며, 자기 정체성에 대한 의식과 사회 변혁의 힘을 소유한 사회세력으로서의 계급은 '대자적 계급'(對自的 階級, Klasse für sich)이다.

이와 같이 맑스의 계급 개념은 '서로 비슷한 위치에 놓여 있는 개인들의 범주'로 파악되는 한편, '적절한 조건 하에서는 일종의 집합적 사회동인', 즉 '문화적 · 정치적 행위자(agency)'로도 이해된다(Hindess 1989, 29-30). 즉자적 계급이 생산조직체 내에서 공통된 위치에 놓여 있는 구성원들을 지칭한다면, 대자적 계급은 이 구성원들이 점차 자신들의 공동체적 이해를 인식하게 됨으로써 형성되는 것이다.

그러나 맑스의 계급이론은 기본적으로 계급분류이론이 아니라 계급투쟁이론, 다시 말해 계급투쟁을 통한 공산주의로의 이행의 이론이다(서관모 2003, 19). 따라서 그의 계급분석은 계급의 분류나 분류된 계급들의 상태에 관한 연구가 아니라 계급투쟁에 대한 분석이다. 맑스에게 있어 기본적인 사회갈등은 계급갈등이며, 그것은 자본주의 사회에 고유한 것이 아니라 모든 사회구성체에 공통된 것이다. 모든 사회구성체(Gesellschaftsformation)는 그 생산력(Produktivkräfte: 생산수단과 인간 노동의 상호작용 체계)과 생산관계(Produktionsverhältnisse: 사회의 경제적 구조로서, 생산력에 조응함)의 변증법적 총체인 생산양식(Produktionsweise)과, 그 생산양식에 조응하는 상부구조(법적 · 정치적 · 이데올로기적 구조)로 구성된다. 그리고 이 때 생산수단의 소유 여하에 따라 주요 계급이 형성되며 이 계급간의 갈등에 근거해 일차적으로 작동하는 것이 생산관계이다.

따라서 자본주의 사회에서 기본적인 계급은 자본이라는 생산수단을 소유한 부르주아지와 소유하지 못한 프롤레타리아트로 구성되며, 이들의 갈등이 사회 변동을 초래한다. 전체적으로 사회는 점점 더 직접적으로 맞서고 있는 부르주아지와 프롤레타리아트라는 커다란 두 개의 적대적 진영으로 나뉘고 있다는 것이 그의 주장인 것이다(Marx und Engels 1982). 이 때 계급은 즉자적 계급에 머무는 것이 아니라 하나의 사회 세력으로서 동시에 대자적 계급으로 형성되어 감으로써 정치적·이데올로기적으로 일정한 형태를 구성하게 되는, 사회혁명의 결정적 참여자를 의미하기도 한다. 곧, 맑스의 계급은 정치조직체인 동시에 하나의 제도이며, 정당, 노동조합, 국가기구 등과 같은 조직체나 제도, 혹은 사회주의 이론이나 보수주의 이론 및 문화와 같은 이데올로기적 방법에 의해 계급적 성격을 표출한다(Hindess 1989, 22).

맑스에 따르면, 자본주의 사회에서 자본가의 이윤과 노동자의 임금은 반비례 관계이므로 자본의 이익과 노동의 이익은 양극적으로 대립한다(Edgell 2001, 24 참조). 그래서 두 주요 사회계급 사이에는 노동가격과 노동과정 혹은 생산체계에 대한 피할 수 없는 갈등이 존재한다. 부르주아지와 프롤레타리아트는 계급간 경쟁으로 나뉘지만, 각 계급은 또한 상대 계급에 반대하여 결합하게 된다. 그리고 이러한 계급관계의 결과는 훨씬 더 부유한 소수의 부르주아지와 점점 가난해지지만 더 커지고 균질화되는 프롤레타리아트의 대립으로 귀결된다.

물론 그는 「루이 보나파르트의 브뤼메르 18일」에서 많은 다양한 사회계급들을 언급하였다. 루이 보나파르트의 쿠데타를 전후한 19세기 중엽 프랑스의 상황을 분석한 이 글은 부르주아지를 토지·금융·산업 자본가로 나누고, 프롤레타리아트를 일반 프롤레타리아와 룸펜프롤레타리아 및 노동귀족으로 구분하며, 과도 계급으로서 프티부르주아지와 농민계급에 대해서도 언급하였다. 또한 군대, 대학, 교회, 법조계, 학계, 언론계에서의 고위층들을 중간계급(프티부르주아지를 포함하기도 함)으로 지칭하기도 했다(Marx 1988). 그러나 이 집단들은 어디까지나 계급이라기보다 계급분파로 간주된다. 예를 들어 상업가본가는 부르주아지의 한 분파이며, 노동귀족은 프롤레타리아트의 한 분파이다(Poulantzas 1984, 66).

다른 계급이론가들과 달리 맑스의 특징으로서 간과해서는 안 될 또 한 가지 중요한 점은 생산수단을 중심으로 파악하는 유물론적 사회구성체론에 더하여 역사적 시각을 중시함으로써 역사 유물론이라는 독특한 이론을 정립했다는 것이다. 그에 따라 맑스의 계급론은 자본주의에 한정되지 않고 고대 노예제 사회에서부터 현대에까지 이르는 체계적인 분류를 가능하게 했다. 고대 노예제 사회의 주요 계급은 노예노동을 생산수단으로 하여 그 소유자인 노예주인과 노예로 분류되며, 봉건제 사회에서는 토지를 생산수단으로 하여 토지 소유자인 영주와 그 예속농민인 농노로 구분되었다(〈표 1〉 참조).

그렇지만 자본주의 사회의 발전은 과거의 모든 생산관계들을 자

〈표 1〉 맑스(Marx)의 계급 분류

	고대 노예제 (노예노동)	봉건제 (토지)	자본주의 (자본)
생산수단 소유	노예주인	영주	부르주아지
생산수단 비소유	노예	농노	프롤레타리아트
*중간계급은 존재하나 점차 두 주요 계급으로 양극화됨			

본화함으로써 더 이상 또 다른 생산수단으로 대체될 수 없는 상황으로 치닫게 된다. 생산수단으로서의 자본은 모든 것을 집어삼키는 '맘모스'이며 생산수단 자체와 동의어가 된다. 따라서 자본주의 생산관계는 새로운 생산수단의 도래로 인해 다른 계급사회로 대체되는 것이 아니라 생산수단이 공유되는 질서에 의해 대체될 것이기 때문에 '최후의 적대적 제도'로 간주된다. 일단 생산수단이 공유되는 사회로 나아가게 되면 생산수단을 소유한 계급과 그렇지 못한 계급 사이의 적대적 관계도 더 이상 존속될 수 없을 것이고 계급 자체가 소멸된 무계급 사회가 도래할 것이었다. 생산력이 발전할수록 소규모 농지를 보유했던 농민들의 생산방식도 점차 자본주의화하면서 농민은 프롤레타리아화할 것이며, 중간계급도 자본의 경쟁과 집중・집적에 따라 점차 프롤레타리아로 전락하게 될 것이었다.

이제 생산력이 충분히 발전된 자본주의 사회에서 문제는 양극화된 두 주요 계급들 간의 갈등이다. 지배집단이자 착취계급인 부르주아지는 다른 계급(프롤레타리아트)을 자신의 존재 수단이자 충분조건으로 하지만, 피착취계급이자 억압계급인 프롤레타리아트는 다른 계급(부르주아지)의 존재를 필요로 하지 않는다. 오히려 프롤레타리아트에게 부르주아지는 착취와 억압의 고리일 뿐이다. 더 나아가 노동을 인간존재의 핵심적인 요소로 보는 맑스에게 노동을 착취하는 것은 인간성의 소외와 직결된다. 곧, 프롤레타리아트가 받는 고통은 보편적인 것이기 때문에 보편적 성격을 가지며, 그들이 당하는 수난은 특수한 수난이 아니라 일반적 수난이므로 특수한 해결을 요구하지 않는다. 따라서 부르주아지는 이기적인 특수한 계급인 반면, 프롤레타리아트는 인간해방을 추구하는 보편적인 계급으로서 모든 계급의 해체로서의 계급이다. 이러한 맥락에서 노동자의 소외는 인간성의 총체적 소외이고 자본주의 질서에서 노동자 착취는 인간 비자유의 전형이므로 프롤레타리아트의 해방은 인간성 자체의 해방이 되는 것이다.

계급이 집단행위의 기반이 된다고 인식한 점에서 베버는 맑스와 같다고 할 수 있지만, 사회갈등 요소의 하나로서 계급을 보는 관점과 자본주의와 계급의 문제를 보는 시각은 대조적이라고 할 수 있다. 베버의 계급 논의는 그의 사회학 및 경제학 관련 논문들에서 다양한 사회집단에 관한 정리로 남아 있다. 우선 맑스와 달리 베버는 계급 이외의 다른 계층 형식, 특히 지위와 인종에 주목하였다. 그에게 계급은 다양한 사회갈등 요소들 중의 하나에 불과했던 것이다.

베버가 본 계급은 "동일한 계급상황에 처한 사람들의 집단"(Weber 1972, 177), 즉 동일한 "계급적 상황에서 서로의 이익을 중심으로 연관되어 있는 개개인들의 집합체"(Hindess 1989, 48)이다. 이 계급상황(Klassenlage)은 시장과 연관되는데, '재화의 공급(Güterversorgung)과 사회적 지위(Lebensstellung) 및 일생의 운명(Lebensschicksal)에 대한 전형적 기회'로서 개인 운명의 공통적 조건을 나타내는 결정적 계기가 된다(Weber 1972, 177).

이러한 정의에 근거하여 베버는 모든 계급을 주로 재산에 따라 계급상황이 규정되는 재산계급(Besitzklasse)과, 주로 재화를 통한, 시장에서의 이윤 기회에 따라 계급상황이 결정되는 상업계급(Erwerbklasse)으로 구분하고, 이들을 다시 긍정적(positiv) 집단과 부정적(negativ) 집단 및 중간 집단으로 재분류하였다(Weber 1972, 177~9).

〈표 2〉에서 보는 바와 같이 긍정적 재산계급은 토지 · 건물 · 사람 · 설비 · 선박 소유자, 가축 · 곡식 · 금전 채권자, 증권 소유자를 포함하는 재산 소유자를 말하고, 부정적 재산계급은 봉건시대 신분

〈표 2〉 베버(Weber)의 분석적 계급 분류

<table>
<tr><th colspan="3">분석적 계급 유형</th><th rowspan="2">사회계급
(구성적 총체로서의 계급)</th></tr>
<tr><th></th><th>재산 계급</th><th>상업 계급</th></tr>
<tr><td rowspan="2">긍정적 계급</td><td rowspan="2">재산 소유자(Rentner):
토지 · 건물 · 사람 · 설비 · 선박 소유자, 가축 · 곡식 · 금전 채권자, 증권 소유자</td><td rowspan="2">기업가(Unternehmer):
상업 · 해운업 · 산업 · 농경 기업가, 금융업자, 자유직종전문가(변호사, 의사, 예술가)</td><td>재산소유자/
학력특권층계급</td></tr>
<tr><td>전문가계급</td></tr>
<tr><td>중간적 계급</td><td>중간층계급
(Mittelstandklasse):
소규모 재산이나 자격(학력) 소유자</td><td>중간계급(Mittelklasse):
농민, 수공업자, 관료, 소규모 자영업자</td><td>프티부르주아지</td></tr>
<tr><td>부정적 계급</td><td>재산 무소유자:
예속 신분, 몰락층, 채무자, 빈민</td><td>노동자(Arbeiter):
숙련노동자,
반숙련노동자,
미숙련노동자</td><td>프롤레타리아트</td></tr>
</table>

자료: Weber 1972, 177-9쪽을 정리.

(Stand)의 의미에서 예속된 처지에 있는 사람들과, 몰락한 사람 및 채무자와 빈민을 포괄하는 재산 무소유자를 의미한다. 상업계급은 자본주의의 특성을 반영한 분류로서, 상업 · 해운업 · 산업 · 농경 부문의 기업가들과 금융업자 및 변호사 · 의사 · 예술가 등의 전문가를 통칭하는 기업가를 지칭하며, 부정적 상업계급은 숙련 · 반숙련 · 미숙련 노동자를 총칭하는 노동자계급을 말한다.

그리고 각 유형에는 다시 중간적 계급이 존재하는데, 재산계급의 중간적 계급은 중간층계급(Mittelstandklasse)이라고 칭하고, 상업계급은 중간계급(Mittelklasse)이라고 부르면서 구별하였다. 구중간계급과 신중간계급에 해당하는 표현이라 할 수 있다. 중간적 재산계급인 중간층계급은 소규모 재산을 소유하거나 학력을 통한 자격을 소유한 사람들을 의미하며, 중간적 상업계급인 중간계급은 농민과 수공업자, 그리고 처분하거나 경영할 자산이나 권력을 소유한 사람들을 의미한다. 재산계급 분류에서 중간적 계급에 속했던 학력(자격) 소유자의 일부인 전문가들이 상업계급에서는 긍정적 계급으로 상향 이동한 점이 특징적이다.

베버는 여기에서 분석적 개념으로서 다양한 계층들을 '계급'으로 분류한 후 '사회계급'(Soziale Klasse)이라는 개념을 추가하여 특정한 계급상황의 구성체로 논의한다. 베버의 '사회계급'은 '그 안에서 이동이 쉽고 전형적인 계급상황의 총체'를 의미하는 것으로서, 재산소유자・학력특권층계급, 전문가계급, 프티부르주아지, 프롤레타리아트라는 네 가지 계급으로 구성된다(Weber 1972, 177, 179). 맑스의 계급분류와 비교해 볼 때, 학력과 전문성이라는 요소가 대단히 중요하게 배치되었음을 알 수 있다. 다른 한편으로 베버는 계급상황을 신분상황(Ständische Lage)과 구별하였지만 근대 사회에서는 계급상황이 단연 유력한 요인이라고 하며, 사회계급의 중요성을 강조하기도 하였다(Weber 1972, 180).

분석적 개념으로 계급을 재산계급과 상업계급으로 구분했지만 베버에게 중요한 것은 자본주의 사회의 계급이다. 베버에게는 자본주의 사회의 계급만이 현실적 구성체로서의 계급이 될 수 있는 것이다. 따라서 베버가 말하는 계급상황은 상업적 사회현상을 의미한다. 영주와 농노 사이의 봉건적 관계는 기본적으로 시장을 중심으로 해서 이루어지는 관계가 아니기 때문에 맑스에게서와 달리 베버에게서는 계급 관계로 이해될 수 없다(Hindess 1989, 48). 그는 계급의 존재나 계급들 간의 갈등도 시장이 존재하거나 시장의 기능이 있는 곳에서만 찾아볼 수 있는 현상이라고 생각하였다.

또한 베버는 공통 이익과 연관된 계급상황이 존재한다고 해서 계급이 집합적 행위자나 통일된 사회세력으로 기능한다고 규정하는 것은 무리라고 생각하였다(Hindess 1989, 49). 더욱이 계급투쟁은 시장을 중심으로 일어나는 것이 아니라 다른 영역을 중심으로 일어나기 때문에 사회발전을 계급투쟁의 역사로 파악하는 것은 무리라고 주장하였다. 특히 정당은 권력의 획득과 행사를 위해 조직된 집단으로서 계급이나 신분과는 별도의 독자성을 가지고 있는 사회적 조직체로 인식해야 한다고 보았다(Weber 1972, 167).

이와 같은 관점에서 베버는 자본주의에 대한 맑스의 비판과는 달리 자본주의의 합리성을 인정하고 사회주의에 반대했다. 베버는 특히 관료제를 다른 어느 행정 형식보다 효율적이라고 생각하고 자본주의는 관료제의 발전에 유리하다고 판단했다. 물론 그는 점차 비인격화되고 기계화되는 관료주의적 세계로부터 탈출하기 어렵다는 우려를 표명하고 경고를 하기도 했지만, 사회주의에 대해서는 노동동기를 약화시키고 관료제화의 비인간화 결과를 악화시킨다고 간주하였다. 그런 의미에서 베버는 "자본주의와 법적-합리적 관료제라는 조직의 특징적 형식에 대한 비판자이면서도 찬미자"였다(Edgell 2001, 34-5).

맑스와 베버의 계급분석에서 나타나는 결정적 차이는, 첫째 맑스의 계급관계가 생산관계 내의 착취와 지배에 근거하고 있는 반면, 베버의 계급상황은 시장에서의 상이한 '생활기회'를 반영한다는 점이다(Crompton 1995, 52). 둘째는 맑스가 계급을 역사 유물론에 입각해 생산수단의 소유 여하에 따라 구분함과 동시에 사회변혁을 추동하는 핵심 사회세력으로 인식하는 것과 달리, 베버는 계급을 신분이나 지위보다 중시하지만 계급 역시 사회갈등 요소의 하나로 보는 한편 다른 요소들과 종합하여 구성체로서의 '사회계급'을 구별한다는 것이다. 마지막으로 (신)중간계급과 관련해, 맑스는 계급의 양극화 현상에 따라 해체되어 갈 것으로 본 반면, 베버는 행정의 관료제화 증가로 전문가 집단의 중요성이 강화되며 학력과 자격의 중요성이 증대됨으로써 특권계층을 형성할 것이라고 보았다.

Ⅲ. 풀란차스(N. Poulantzas)와 다렌도르프(R. Dahrendorf)의 계급 이론

풀란차스는 신맑스주의 진영에서도 구조주의적 계급론을 대표하며, 다렌도르프는 신베버주의 중에서 갈등 이론적 입장을 대표한다. 풀란차스는 맑스의 입장을 수정했다기보다 대부분 맑시즘의 전통에서 맑스의 계급론을 수용하여 확장했다면, 다렌도르프는 맑스의 양극화론을 "폐물"로 간주하여 부정하면서 베버주의 쪽으로 논의를 펼쳤다(Dahrendorf 1964 참조). 그러나 다렌도르프도 구조적 입장은 수용하여 구조적 시각에서 갈등이론을 전개해 나갔다.

풀란차스와 다렌도르프는 미완성에 그친 맑스와 베버의 계급 이론을 나름대로 완성하여 독자적 저서로 출간했다. 그 대표적인 저작이 풀란차스의 1975년 『현대 자본주의의 계급들』(Classes in Contemporary Capitalism)과 다렌도르프의 1957년 『산업사회의 사회계급과 계급갈등』(Soziale Klassen und Klassenkonflikt in der industriellen Gesellschaft)이다.

풀란차스의 맑스이론 확장은 그의 국가론에서 보는 것처럼 상부구조에 대한 논의를 중심으로 이루어졌다. 풀란차스에게 있어서도 계급이란 주로 생산과정, 즉 "경제 영역에서 사람들이 차지하고 있는 위치에 의해 규정된 사회적 행위자들의 집합"이다(Poulantzas 1984, 60). 그렇지만 그는 경제적 위치가 계급을 결정하는 데 충분하다고 보지는 않았으며, 정치적·이데올로기적인 부문, 즉 상부구조의 역할도 매우 중요하다고 보았다. 맑스의 투쟁의 변증법이 풀란차스에게 그대로 이어져, 계급은 모순과 투쟁이라는 하나의 동일한 과정 안에서 전개되는 것으로서, 자체로 존재하지만 그와 동시에 계급 행동들로도 이루어진다.

또한 풀란차스의 계급론은 사회구성체를 형성하는 토대와 상부구조의 관계에서 상부구조의 역할도 강조하지만 근본적으로 계급의 결정은 노동의 사회적 분화 안에서 사람들이 차지하고 있는 객관적인 위치에 의해 이루어진다. 그리고 이 위치들은 사람들의 의지와 무관하게 유물론적 토대의 규정을 받지만, 이 규정은 다시 정치적·이데올로기적 구조로부터도 영향을 받는다. 이런 의미에서 풀란차스의 계급은 "노동의 사회적 분화 안에 설치된 구조의 효과를 지칭하는 개념"으로서, "구조적 결정"의 결과물이다(Poulantzas 1984, 60-1).

계급의 기본구성과 주요 개념에 관해 풀란차스는 맑스의 설명들을 수용했다. 따라서 풀란차스에게서도 구체적인 사회는 다양한 생산양식들을 포함하기 때문에 어떠한 사회든 언제나 둘 이상의 계급들을 형성하지만 핵심 계급은 언제나 지배적인 생산양식을 둘러싸고 구성되는 양대 계급으로 나타난다. 그리고 자본주의 사회에서 그것은 당연히 부르주아지와 프롤레타리아트로 현상한다. 이러한 관점에서 풀란차스는 일차적으로 경제영역과 역할의 분화에 따라 그리고 특별히 정치적·이데올로기적 관계들에 주목하면서 계급의 분파와 계층들을 구분했다(Poulantzas 1984, 66). 특히 국가 기구와 관련된 관료와, 이데올로기적 역할을 수행하는 지식인이 강조되는데, 이들은 특정한 국면에서는 상대적으로 자율적인 사회세력으로서 종종 작용할 수 있다고 한다. 그러나 이들 분파들은 맑스에서처럼 어디까지나 계급 분파들에 불과하다.

이와 같이 풀란차스는 맑스주의의 입장에서 계급을 구조주의적으로 논하는 데 관심을 집중했다. 이러한 구조주의적 입장에서 볼 때, 그는 동일한 신맑스주의 진영의 밀리반트(Ralph Miliband)에 대해서조차도 사회학적 성격을 띰으로써 "국가와 지배계급의 관계는 국가기구를 장악하고 있는 그 사회구성원들의 사회적 성격이나 통일체적 행위의 결과로 파악"하는 오류를 범했다고 비판했다(Hindess 1989, 41). 풀란차스에게 중요한 것은 계급을 자본주의 사회의 구조적 결과로 인해 대두될 수밖에 없는 일종의 객관적 관계로 파악하는 것이었다.

한편 다렌도르프는 맑스주의의 생산수단 소유 여하에 따른 계급 양극화 테제를 거부하고 베버의 전통에 따라 자본주의 사회에서는 소유와 경영이 분리되고 중간계급이 팽창한다고 주장했다. 신베버주의자인 다렌도르프에게 있어 현대 사회를 인식하는 가장 중요한 요인은 생산수단이 아니라 권위였던 것이다(Dahrendorf 1959).

다렌도르프가 베버에게서 차용한 '권위(Herrschaft)'[3] 개념(Weber 1972, 122-76 참조)은 역시 베버의 개념인 권력(Macht)과 뚜렷이 구별

3) 독일어 Herrschaft는 '지배'에 가까운 개념이고 권위를 의미하는 독일어 Autorität가 따로 있지만, 베버 스스로 Herrschaft를 권력(Macht)이나 영향력(Einfluß)과 구별해서 사용하기 위해 Autorität의 의미로 사용했으며, 그의 저작 속에서도 Herrschaft 옆에 Autorität가 괄호 속에 병기되어 있다(Weber 1972, 122).

된다. "사회 관계 속에 있는 한 행위자가 저항에도 불구하고, 그리고 그 개연성이 어떠한 것에 기초하고 있는가에 상관없이, 자기의 의지를 실현하는 지위에 있게 되는 개연성"이 권력이라면, 권위란 "특정한 내용을 가진 하나의 명령에 특정 집단의 성원들이 복종하게 되는 개연성"이다(Weber 1972, 122-3; Dahrendorf 1959, 166). 다시 말해 권력은 기본적으로 개인의 인격과 능력에 결부되어 있는 반면, 권위는 직접적으로 사회적 지위나 역할에 관련되어 있다는 것이다.

다렌도르프의 계급이론도 이러한 토대에서 시작된다. 그에게 있어 계급은 일정한 지위와 연관된 합법적 권력에 있어서의 차이, 즉 권위 기대에 관련된 사회적 역할들의 구조에 기초하며, 권위의 행사 과정에 직접 연관된 이익집단(interest group)과 그것에서 배제된 이익집단의 구조적 현상이다. 그의 계급 개념은 곧 가장 강력한 이익집단의 성격을 띠고 있음을 의미한다(Hindess 1989, 56). 이 때 이익집단은 구조, 조직형태, 계획, 목표 그리고 성원을 가진 조직체이다.

개인은 권위의 관점에서 보아 적절한 사회적 역할을 수행함으로써 한 계급의 성원이 된다. 또한 개인은 적어도 하나의 정치사회에 속해 있으며 그렇기 때문에 최소한 하나의 계급에 속하게 된다. 다시 말해 모든 개인은 사회조직체 내에서 어떤 지위를 점하고 그에 따라 사회적 역할을 부여받음으로써 계급에 속하게 되는 것이다 (Dahrendorf 1959, 149).

계급 갈등은 궁극적으로 사회조직체 내에서의 이러한 권위의 분배로부터 발생한다(Dahrendorf 1959, 148). 그러나 권위의 분배와 관련된 이해관계가 잠재적으로 남아 있을 때는 계급 갈등으로 현상하지 않는다. 모든 사회 행위자들의 역할에 대한 이해관계는 행동의 일차적 물밑흐름인 잠재적 이해관계로서, 역할을 담당하기 전에 미리 정해지며 의식적 지향과는 무관한 것이다. 이러한 잠재적 이해관계는 특수한 상황을 맞아 의식적인 목표로 전환됨으로써 현재적 이해관계로 현상한다(Dahrendorf 1959, 178). 이 현재적 이해관계는 심리학적 실재로서 그 특정 내용이 특정한 유형의 사회적 집단갈등 혹은 계급갈등을 구조적으로 생성시킨다. 이러한 의미에서 그 현재적 관계는 조직된 집단들의 강령이다. 이러한 구체적 이익집단 조직체로서 다렌도르프는 정당과 노동조합 및 경영자협회를 중시했다.

따라서 풀란차스와 달리 다렌도르프의 계급분석은 한 사회에서의 권력과 권위의 구체적 배분에 대한 분석이며, 이것은 현실적 관계인 조직된 집단들에 대한 구체적 고찰을 통해 이루어져야 한다. 왜냐하면 계급간 갈등은 "서로 다른 계급들 사이의 관계에 의해 조성되는 현상이 아니라 특정 계급에 속해 있는 개인들이 그들의 계급적 상황과 이익을 구체적으로 이해하게 될 때 일어나는 현상"이기 때문이다(Hindess 1989, 57). 갈등집단이 조직화되는 조건도 매우 현실적이다. 곧, 헌장, 규범, 인원 및 물질적 요건을 말하는 기술적 조건, 복수의 갈등적 당파의 존재를 허용하는 결사의 자유를 의미하는 정치적 조건, 그리고 이익집단 충원의 토대가 되는 준집단(quasi-group) 성원들 간 의사소통이 가능한 조건이라는 사회적 조건이 골고루 충분히 갖추어져야만 가능한 것이다.

이러한 구체적 집단간 갈등을 중심으로 하는 입장에서 다렌도르프는 사회주의적 전망에 대해서도 풀란차스와 판이하게 달랐다. 풀란차스가 맑스의 사회주의적 전망을 물려받은 반면, 다렌도르프는 사회주의 사회의 실현이 노동의 진정한 이익을 성취한다는 것을 "실로 증명되지 않은 (경험적) 전제들을 주장하는 것"이라고 못박았던 것이다(Dahrendorf 1959, 176).

계급이론에서 풀란차스와 다렌도르프는 모두 맑스와 베버를 언급했지만, 각각 다른 한 측을 수용함으로써 상이한 이론적 결과를 도출했다. 물론 구조주의적 영향을 받았다는 점에서 두 사람은 수렴하는 듯 보이기도 했다. 그러나 풀란차스의 구조주의가 구조의 영향에 더 역점을 둔 반면, 다렌도르프는 계급의 일반이론을 계급형성론과 계급행위론/계급갈등론으로 구분하여 '구조'와 '행위'를 분석적으로 분리했다(Crompton 1995, 54-5).

Ⅳ. 라이트(E. O. Wright) 와 골드소프(K. H. Goldthorpe)의 계급론

라이트와 골드소프는 각각 신맑스주의와 신베버주의 조류에서 계급론을 집대성한 대표적인 학자들이다. 그 중 라이트는 주류 사회과학의 미시적 방법론을 도입해 맑스이론을 재구성한 합리적 선택 맑스주의 혹은 분석적 맑스주의를 대표하는 인물이기도 하다. 라이트와 골드소프의 계급론은 연구의 진척에 따라 일정한 발전을 거듭해 왔는데, 여러 저작들 중에서도 가장 최근의 저작으로서 자신들의 이론을 정립한 글은 각각 1985년 『계급론』(Classes)과 1987년 『현대 영국의 사회이동성과 계급구조』(Social Mobility and Class Structure in Modern Britain)이다.

라이트는 전통적 맑스주의의 개념적 제약 속에서 같은 분석 맑스주의자인 로머(John Roemer)의 이론[4]에서 도움을 받아 '모순적 계

4) 라이트는 주로 Roemer, John. 1982. *A General Theory of Exploitation and Class*, Cambridge, Mass.: Harvard University Press에서 영향을 받았으며, 그 대표적인 내용은 착취를 부자의 복지가 가난한 자의 궁핍에 인과적으로 의존하는 경

급위치'라는 새로운 개념으로 중간계급 분석을 발전시켜 맑스의 계급이론을 완성하고자 했다. 우선 라이트가 맑스에게서 수용한 개념적 제약은 여섯 가지로 정리된다(Wright 1985, 26~37): 첫째, 구조주의적 관점을 수용해 계급구조가 계급형성, 계급의식, 계급투쟁에 한계를 부여한다. 둘째, 계급구조는 또한 사회 변화의 역사적 궤적에서 사회적 경계의 핵심적인 질적 한계를 구성한다. 셋째, 계급은 항상 사회적 관계, 특히 다른 계급과의 관계를 통해 규정된다는 의미에서, 관계적 개념으로 규정된다. 넷째, 계급간 관계는 대립적 이익을 형성하므로 본질적으로 적대적 관계이기 때문에, 계급을 정의하는 사회적 관계도 대칭적이라기보다는 본질적으로 적대적이다.[5] 다섯째, 한 계급의 부유와 다른 계급의 궁핍은 인과적 관계를 가지고 있으므로 계급간 관계는 착취관계이고 이 착취관계는 한 계급이 다른 계급의 잉여노동을 전유하는 관계라는 의미에서, 계급간 적대적 이익의 객관적 기반은 착취이다. 여섯째, 착취의 근본적 기반은 생산의 사회적 관계에서 찾아야 한다. 곧, 라이트의 계급 개념은 맑스주의의 전통에 따른 생산중심적인 관계적 개념인 것이다.

그러나 라이트의 분석은 신베버주의의 미시적 분석에서도 영향을 받아 계급구조와 계급형성을 분리하여 경험적 연구를 정교화시켰다. 그에게 있어 계급구조가 계급들 간의 사회적 관계라면, 계급형성은 계급들 내에서의 사회적 관계이다(Wright 1985, 8). 현대에 와서 맑스의 예상과 달리 발전해가는 계급구조, 특히 신중간계급의 팽창에 대한 그의 관심은 맑스의 양극화 테제를 거부하고 기존의 양대 계급에 속하지 않는 계급들에 대한 과학적 호기심을 불러일으켰

우라고 설명한 것이다.

5) 그러나 계급간에 불가능한 것은 조화이지 타협은 아니라고 라이트는 쓰고 있다(Wright 1985, 35-6).

다. 그래서 그는 중간계급처럼 기존의 계급관계 내에서 모순적 위치에 있는 계급의 형성과 실재에 연구를 집중했다. 라이트가 볼 때 중간계급들은 "기본 계급에 기반해 파생된 것"으로서 "복수의 계급적 성격을 가진 것"으로 이해되며(Wright 1985, 43), 이러한 의미에서 '계급관계 내 모순적 위치'로 개념화되었다.

라이트의 이론은 후기로 갈수록 모순적 계급위치를 세분하여 정교화하는 과정을 밟는다. 그는 스스로 1985년 단행본에서 자신의 초기 연구에 대해 다음과 같은 결함들을 지적했다: '모순적 계급 위치'의 물질적 이익이 실제로 '모순'적이라고 볼 수 없다는 '모순적 위치의 모순성', 자율성을 기준으로 했을 때 프티부르주아가 피고용자보다 더 노동자적으로 될 수 있게 되는 '자율성의 지위'에 관한 문제, 현실 사회주의의 계급구조를 파악하기 힘들게 되는 '자본주의 이후 사회'에 대한 분석의 결여, 착취 개념을 지배 개념으로 대체하여 착취 개념을 주변화함으로써 역사와 사회 분석에서 계급의 중심성을 상실케 한 점(Wright 1985, 51-7).

따라서 1985년에 발표한 연구결과는 이러한 결함들의 시정을 중심으로 이루어졌다. 그는 무엇보다 부자의 복지가 가난한 자의 궁핍에 인과적으로 의존하는 관계인 착취관계를 지배관계에 추가함으로써 착취 개념을 복원하는 데 힘썼다. 초기 연구([그림 1] 참조)에서 자본주의 생산과 단순 상품 생산이라는 2분법을 넘어 후기 연구([그림 2] 참조)에서는 생산수단 자산(Assets in the means of production) 소유 여부에 따라 양대 집단으로 나눈 다음, 생산수단 비소유자를 다시 조직 자산(Organization assets)과 기술/자격 자산(skill/credential assets)을 두 축으로 하여 9개의 집단으로 분류했다. 이로써 그는 부르주아지와 프롤레타리아트 이외의 모든 계급집단들에 대해 자산의 종류와

그림 1 라이트(Wright)의 계급 분류(초기)

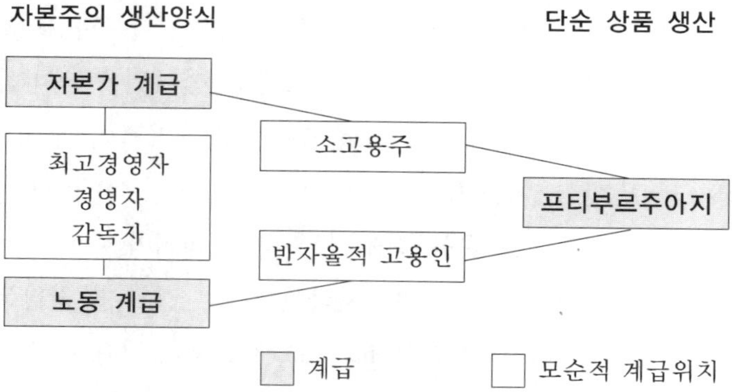

자료: Wringht 1976, 27; 1985, 48.

그림 2 라이트(Wright)의 계급 분류(후기)

생산수단 자산

생산수단 소유자		생산수단 비소유자(임금노동자)				조직 자산
자신은 일하지 않고 남을 고용할 만큼의 자본 소유	1. 부르주아지	4. 전문 경영자	7. 반전문 경영자	10. 비전문 경영자	+	
자신도 일해야 하나 남을 고용할 만큼의 자본 소유	2. 소고용주	5. 전문 감독자	8. 반전문 감독자	11. 비전문 감독자	0	
남을 고용할 수 없고 자신이 일해야 할 정도의 자본 소유	3. 프티부르주아지	6. 비경영 전문가	9. 반숙련 노동자	12. 프롤레타리아트	–	
		+	0	–		
		기술/자격 자산				

자료: Wright 1985, 88.

시대적 상황에 따라 '모순적 계급위치'로 설명이 가능하도록 함으로써 초기 연구의 결함을 시정하고자 했던 것이다.

자본주의 생산양식에 전형적인 [그림 2]에서 조직 자산이란 노동의 복잡한 기술적 분업을 보정하는 의사결정 참여권을 의미하며, 기술/자격 자산이란 희소한 기술, 특히 학위 혹은 자격이 부여되는 능력의 보유를 말한다. 라이트는 부르주아지에 대한 이해에서는 항상 일(사회적으로 생산적인 노동)을 하지 않는다는 의미가 아니라, 단순히 평균적인 삶의 수준을 얻기 위해서라면 일할 필요가 없다는 것을 의미한다는 점을 주지시켰다(Wright 1985, 188, Note 14). 경영자는 작업장에서 정책결정에 직접 참여하며 부하들에게 유효한 권위를 갖고 있는 직위를 가진 사람이고, 감독자는 부하들에게 유효한 권위를 갖고 있지만 조직적 의사 결정에 참여하지는 않는 사람(주변적 조직자산을 가짐)이며, 비경영직은 생산 내에서 조직 자산이 없는 경우를 말한다. 그리고 전문가는 대학 학력을 갖춘 전문 기술자와 경영자들(조직 자산을 정의하는 데 사용되는 기준에 의해서가 아니라 직업명칭으로서)을 포괄하는 모든 전문직종 종사자에 해당하는 반면, 숙련노동자는 학교 교사와 기능공, 대학 학위 미만의 경영자와 전문 기술직, 대학 학력을 갖추고 진정한 자율성 있는 직업을 갖고 있는 판매직 또는 사무직 종사자를 칭하며, 프롤레타리아트는 기술직 피고용자가 되기 위한 학력이나 자율성 기준을 만족시키지 못하는 사무직과 판매직, 기술 없는 육체노동직과 서비스직에 종사하는 노동자계급을 이른다.

라이트의 새로운 계급분류는 역사유물론의 재구성에도 적용되었다. 봉건제 계급구조가 노동력 자산의 소유 여하에 따라 영주와 농노로 구성되었다면, 자본주의 계급구조는 생산수단자산의 소유 여하에 따라 부르주아지와 프롤레타리아트로 이루어진다. 이 점에서 라이트는 여전히 기본 계급에 대한 언급에서는 전통적인 맑스의 입장을 벗어나지 않았다. 그러나 '모순적 계급위치'로 표현되는 중간계급의 문제에서는 소멸 테제를 거부함으로써 맑스의 범주를 벗어났다고 할 수 있다.

또한 자본주의 이후의 질서에 대해서도 라이트는 맑스의 전망을 그대로 수용하지는 않았다. 자본주의에서 사회주의로의 이행은 두 가지 착취 자산(생산수단과 조직)을 평등화하는 것인데, 라이트가 볼 때 이 두 가지 평등화가 동시에 일어난다는 논리적 필연성은 없다. 따라서 자본주의로부터 나올 수 있는 미래 사회는 적어도 두 가지, 즉 국가주의(현실사회주의)와 사회주의가 모두 가능하다. 이 때 사회주의는 맑스의 전통에 따라 공산주의의 낮은 단계로서 아직 완전한 무계급사회는 아니다. 국가주의는 조직 자산의 소유 여하에 따라 경영자/관료계급과 비경영자계급이 각축하는 질서이며, 사회주의는 기술 자산의 소유 여하에 따라 전문가계급과 노동자계급이 투쟁하는 질서이다.

역사유물론의 재구성은 신맑스주의자인 라이트에게 있어 대단히 중요한 계급투쟁 전망의 변화와 연결된다(Wright 1985, 117-8). 자본주의의 미래가 사회주의나 공산주의로 바로 이어지지 않고 열려 있다는 것은 프롤레타리아트를 더 이상 자본주의 내 혁명과업의 유일한 담지자로 인정하지 않는 것을 의미하기 때문이다. 다른 계급들도 혁명 과업의 수행자로서 프롤레타리아트를 대체할 수 있다는 것이다. 따라서 라이트의 혁명 전략은 적어도 생산수단의 사적 소유와, 조직 자산의 위계적이고 권위주의적인 통제를 동시에 종결시키는 급진적 민주주의이다(Wright 1985, 287). 이러한 혁명 전략에서 필요한 것은 계급 형성 과정을 계급 동맹의 문제로 파악해야 한다는 것이다. 곧, 모순적 계급위치의 사람들을 동맹에 끌어들여, 사적 소비 이외의 이익들, 즉 삶의 질, 진정한 자유의 확장, 폭력의 감소 등의 측면에서 사회주의를 지지하는 논의를 펼쳐야 한다는 주장이다 (Wright 1985, 289).

이러한 주장은 계급론에서는 여성문제에 대해서도 열린 시각을 제공했다. 그러나 라이트의 계급론에서도 여성이 계급으로서의 위치를 차지하지는 않는다(Wright 1985, 129-30). 노동자들의 가정주부는 자본과의 관계에서는 노동계급에 속하며, 남편의 계급에 따라 다양한 계급의 가정주부가 가능하다는 것이 라이트의 입장이다. 서로 다른 범주의 여성들이 유형과 양에서 서로 다른 생산 자산을 소유하기 때문에, 여성이라는 이유만으로 하나의 '계급'으로 간주될 수는 없다는 것이다.

라이트와 달리 골드소프는 신베버주의 계급론의 최근 대표자로 알려져 있다. 골드소프와 베버를 이어주는 것은 록우드(David Lockwood)처럼 노동상황과 시장상황을 구별하여 이 차원들을 '계급위치의 두 개의 주요 구성요소'라고 주장하는 것이다(Edgell 2001, 54). 다시 말해 골드소프의 계급분류에서는 시장과 직업이 가장 중요한 요소이다.

골드소프도 라이트처럼 꾸준한 연구를 통해 자신의 이론을 수정해 나갔다. 그러나 골드소프의 경우는 라이트와 달리 자신의 이론에 대한 신랄한 비판이나 치열한 검토를 통해 이루어진 수정이 아니라, 영국의 계급 분석을 목적으로 했던 초기 모형과 달리 후기 모형은 영국, 프랑스, 스웨덴의 계급구조를 비교하기 위해 발전시켜 이후 두루 적용했으므로 연구의 목적과 대상의 차이에서 비롯된 수정이었다.

록우드와 함께 수행한 골드소프의 초기 경험연구(Goldthorpe and Lockwood, 1963)는 육체노동자 계급과 비육체노동자 계급 사이의 구별에 입각했으며, 당시 널리 통용되던 직업 지위 척도에 의거해 이루어졌다. 〈표 3〉을 보면, 서비스계급, 중간계급, 노동계급이라는 직업묶음에 따른 기본 계급집단 구분에 따라 분석의 편의상 특별한 명칭 설정 없이 7개의 하부 계급집단들을 배치하고 각각의 하부 계급집단들에 종사상 지위(직업)를 나열했다.

후기의 수정된 분류표인 〈표 4〉도 세 개의 기본 계급집단들과 7개의 하부 계급집단들을 유지했지만, 하부 계급집단들을 중간단위 계급집단들로 바꾸고 계급 1과 계급 5를 다시 2등분하여 총 9개의 하부 계급집단을 구성했다. 또한 원래의 분류표에서 계급 Ⅰ과 계급 Ⅱ를 중간단위 계급집단 1로 묶고, 계급 Ⅴ와 계급 Ⅵ을 결합하여 중간단위 계급집단 5로 묶었다. 이 새로운 분류에서 중요한 변화는 무엇보다 하위 기술자와 육체노동자 감독자들을 포괄하는 계급집단 Ⅴ가 중단계급에서 노동계급으로 옮겨졌다는 것이다. 그리고 〈표

〈표 3〉 골드소프(Goldthorpe)의 계급 분류 (초기)

계급		종사상 지위 (직업)
서비스 계급	Ⅰ	고위 전문가 · 관리자 · 공무원, 대경영자, 대소유주.
	Ⅱ	고위 기술자, 하위 전문가 · 관리자 · 공무원, 소경영자, 비육체 피고용인 감독자.
중간 계급	Ⅲ	비육체 피고용인, 판매직 종사자, 기타 서비스 노동자.
	Ⅳ	소소유주, 자영 기술공, 비전문 자영 노동자.
	Ⅴ	하위 기술자, 육체노동자 감독자.
노동 계급	Ⅵ	숙련 육체노동자.
	Ⅶ	반 · 비숙련 육체노동자, 농업노동자.

자료: Goldthorpe 1987, 40-3을 재정리.

〈표 4〉 골드소프(Goldthorpe)의 계급 분류 (후기)

계급			종사상 지위 (직업)
서비스 계급	1	Ⅰ	고위 전문가 · 관리자 · 공무원, 대경영자, 대소유주.
		Ⅱ	고위 기술자, 하위 전문가 · 관리자 · 공무원, 소경영자, 비육체 피고용인 감독자.
중간 계급	2	Ⅲ	비육체 피고용인, 판매직 종사자, 기타 서비스 노동자.
	3	Ⅳab	소소유주, 자영 기술공, 비전문 자영 노동자(1차 산업 부문 제외).
	4	Ⅳc	농민과 소자작농, 기타 1차 산업 부문 자영노동자
노동 계급	5	Ⅴ	하위 기술자, 육체노동자 감독자.
		Ⅵ	숙련 육체노동자.
	6	Ⅶa	반 · 비숙련 노동자(1차 산업 부문 제외).
	7	Ⅷb	농업노동자, 기타 1차 산업 부문 노동자.

자료: Goldthorpe 1987, 305를 재정리.

3〉의 계급 Ⅳ와 계급 Ⅶ에서 1차 산업 부문을 분리, 즉 계급 Ⅳc에서 농민을 분리하고 계급 Ⅶb에서 농업노동자 및 1차 산업 부문을 분리했다는 점도 눈에 띈다. 이것은 골드소프 스스로 명확히 밝히지는 않았지만 블루칼라 전체를 노동계급으로 분리한다는 의미로 해석할 수 있다(Edgell 2001, 56).

골드소프의 계급분석은 관계적 정의와 등급적 정의를 모두 사용한 것으로 이해된다. 관계적 계급정의는 한편의 희생이 다른 한편의 이익이 되는 양대 계급의 적대적 구조와 관련된다면, 등급적 계급정의는 각 계급이 한 가지 이상의 차원에서 다른 것들보다 높거나 낮다고 간주되는 많은 분파에 의해 특징지어지는 최소한 3분적 구조와 관련된다(Ossowski 1981, 44-62). 이러한 등급적 계급정의에 따른 골드소프의 직업 도식들은 부르주아지의 강력한 존재를 부인하며, 계급갈등에 따른 사회변동에 대한 관심이 거의 없다는 특징을 갖고 있다.

골드소프도 라이트처럼 여성문제에 일정한 관심을 가지고 있다. 그러나 그의 관심은 적어도 초기 계급론에 있어서는 대단히 부정적인 관심이었다. 사회분업이라는 차원에서 볼 때 여성의 계급적 위치는 계급구조가 결정적으로 표출되고 계급적 성격이 보다 엄격하게 규정되고 있는 아버지나 남편 등과 같은 자기 가정의 남자 구성원의 역할에 의해 결정된다는 것이 그의 입장이었다.[6] 그러나 1988년에는 에릭슨(Robert Erikson)과 함께 '지배'전략을 채택하여 자신의 본래 입장을 수정하였다(Erikson and Goldthorpe 1988). 지배전략에서 가구의 계급위치는 물질적 측면에서 남성이든 여성이든 '지배적' 직업의 지위로써 정해진다는 것이다.

리이트와 골드소프는 신맑스주의와 신베버주의의 계급이론을 더욱 정교하게 현실의 계급 실재에 적용했으며 여성문제를 계급론에 포괄하기 위해 노력했다는 점에서 공통점을 갖는다. 그러나 라이트에게 있어서는 신베버주의류의 미시적 분석기법을 동원해 맑스주의의 전통적 틀을 넘어서고자 했지만, 골드소프는 베버주의가 일정하게 갖추었던 구조적 관점과 역사적 시각을 탈각하고 엄밀한 계급 실재의 비교 분석에 집중했다는 점에서 크게 차이가 난다. 반면 여성 문제와 관련해서는 라이트가 적극적인 고려에까지 나아가지 못

6) Goldthorpe, John H. 1983. "Women and Class Analysis: In Defence of the Conventional View." *Sociology* 17-4, 465-488; Goldthorpe, John H. 1984. "Women and Class Analysis: A Reply to the Critics." *Sociology* 18-2, 159-170이 여성문제에 대한 그의 입장을 밝힌 대표적인 글들이다.

한 반면, 골드소프는 논쟁을 통해서나마 계급론의 확대를 위해 노력했다고 할 수 있다.

V. 맺는 말

계급 문제에 대한 논의를 맑스주의와 베버주의로 구분해서 설명하는 것에 반대하는 논리도 없지 않지만(Arbercrombie and Urry 1983, 11 참조), 페미니즘 이론처럼 전혀 다른 측면에서 접근하는 경우가 아니라면, 자본주의 사회의 계급에 대한 분석은 양대 흐름을 통해 전개된 것이 사실이며 또 그럴 수밖에 없을 것이다. 왜냐하면 자본주의 사회를 분석하는 양대 조류가 자본주의 체제의 옹호 혹은 극복을 두고 전개되어 왔을 뿐만 아니라, 특히 극복을 주장하는 측은 자본주의 사회의 불평등을 체제적 속성으로 보고 그 근본적 원인을 계급의 존재와 계급간 대립과 착취로 보기 때문이다. 따라서 옹호하는 측은 계급문제를 아예 무시하지 않는다면 그에 반대되는 논리와 시각을 가질 수밖에 없을 것이다.

그러나 목적의식적 분석이 아니라 엄밀한 과학적 분석에 입각하여 계급의 실재를 정확히 포착하고자 한다면 기존의 접근방식에 얽매여서는 안 될 것이다. 이러한 의미에서 후대에 이어진 계급 논쟁은 이러한 과학적 노력을 반영한 역사적 흐름이다. 맑스의 계급 이론은 풀란차스와 라이트를 통해 그리고 베버의 계급이론은 다렌도르프와 골드소프 및 여기에서 다루지 못한 많은 분석가들에 의해 발전해온 것이다.

(신)맑스주의는 관계적 측면을 강조하는 반면, (신)베버주의는 등

급적 측면을 강조한다. 전자의 장점은 부르주아지와 프롤레타리아트라는 엄연히 실재하는 계급의 대립을 정확히 보았다는 것이고, 후자의 장점은 다양한 비부르주아지들을 상세하게 구분하여 미시적 관찰을 가능하게 했다는 것이다. 그중 라이트와 다렌도르프는 양자의 입장을 일정하게 종합하여 이론적 발전을 꾀했으며, 라이트와 골드소프는 여성문제를 계급론에 포함시켜 사회갈등 요소로서의 계급에 대한 논의를 더욱 풍요롭게 하는 데 기여했다.

특히 (신)맑스주의와 (신)베버주의의 종합은 고용구조에 기반하여 보편적으로 타당한 이론적 계급모형을 구축하려는 시도들로 볼 수 있다. 그러나 이 시도들은 아직 사회갈등의 주요 요소로서 계급에 관한 분석을 획기적으로 발전시키기에는 다음과 같은 적지 않은 문제점들을 안고 있다.

첫째, 사회적 지위나 경제적 소유 문제를 벗어난 다른 요소들, 즉 성, 민족, 세대, 문화와 같은 요소들을 반영하지 못한다는 것이다. 이들을 계급 개념에 포함시키지는 못하더라도 적어도 그러한 다른 요소들과의 관계에 대해서는 적절한 설명이 있어야 할 것이다. 특히 현대 사회에서 성에 관한 문제는 핵심적인 사회갈등 요소로 자리잡아 가고 있으므로 계급 개념에 포함시키려는 노력이 더 경주될 필요가 있다. 68혁명운동을 계기로 형성된 새로운 세대적 정체성이나 탈물질주의적 사회변혁의 흐름과 관련해서도 기존의 계급론으로서는 사회갈등을 온전히 설명해 낼 수 없다. 계급구조와 계급행위 및 계급의식에 대한 좀더 포괄적이고 정밀한 분석이 요청된다.

둘째, 모든 사회·정치적 결정들을 다시 시장에 내맡기려는 신자유주의가 확장되어감에 따라 새롭게 등장한 비정규직과 실업자의 문제를 계급론에 포함시키는 문제이다. (신)맑스주의와 (신)베버주의의 어느 쪽 개념을 적용해 보아도 이들이 새로운 계급적 정체성을 형성해 가는 것으로 간주할 수 있음에도 불구하고 아직 이 문제와 관련해 적절한 이론적 시도를 내놓지는 못했다. 다만 헨리(Stuart Henry)의 경우에 주변화 이론을 통해 이 문제를 해결하고자 하여 주목 받은 바 있다. 그러나 그의 이론도 새로운 산업의 부상에 따라 형성되는 지식인이나 기술/전문인에 더 주목한 것으로서 신자유주의 시장의 열패자들을 포괄하기에는 무리가 있다(Henry 1982 참조). 불평등이 존재하고 갈등이 존재하는 사회라면 어떤 정의와 형태로든 계급 분석이 필요하고, 적절한 계급이론이라면 수혜자와 열패자를 모두 설명할 수 있는 틀을 갖추어야 할 것이다.

주요문헌 소개

Dahrendorf, Ralf. 1959. ***Class and Class Conflict in Industrial Society.*** **London and Henley: Routledge & Kegan Paul. [역서: 1989. 『산업사회의 계급과 계급갈등』. 정대연 역. 서울: 기린원.]** 신베버주의자로서 구조주의적 갈등이론의 입장에서 계급론을 전개한 다렌도르프의 대표작이다. 맑스주의 계급이론에 대한 연구와 비판 및 현대 산업사회에 대한 계급구조를 치밀하게 분석한 글로서 계급이론과 계층이론을 공부할 때 필독서로 꼽히는 책이다.

Goldthorpe, John H. 1987. ***Social Mobility and Class Structure in Modern Britain*****, revised edition. Oxford: Clarendon Press.** 골드소프가 영국의 계급구조를 분석한 연구로서 초기의 계급 분류 모형을 발전시킨 책이다. 연구대상은 영국에 한정되었으나, 신베버주의적 계급분석의 대표적인 연구서로서 계급분석 이론의 주요한 한 축을 배우기 위해 필요한 책이다.

Marx, Karl und Friedrich Engels. 1972. "Manifest der Kommunistischen Partei." ***Marx Engels Werke*****, Bd. 4, 459~493. Berlin: Dietz Verlag. [역서: 1991. "공산주의당 선언." 『칼 맑스 프리드리히 엥겔스 저작 선』 제1권, 김세균 감수, 최인호 외 역, 367~433. 서울: 박종철 출판사.]** 최초의 공산주의 정당을 위한 창당선언문으로 계급문제뿐만 아니라 맑스와 엥겔스의 핵심적인 사상이 압축되어 있는 글이다. 초판은 1848년에 발행되어 이후 수많은 나라에서 거듭 발행되었으며, 미완성으로 끝난 맑스 계급론 연구의 고전이다.

Poulantzas, Nicos. 1975. ***Classes in Contemporary Capitalism.*** **London: New Left Books.** 구조주의 맑스주의의 대표적 학자의 한 사람인 풀란차스의 계급분석서로서, 맑스주의 계급론을 알기 위해서는 반드시 읽어야 할 책이다. 특히 정치학적 시각에서 계급을 다룬 글로는 드문 예에 속한다.

Weber, Max. 1972. ***Wirtschaft und Gesellschaft: Grundriss der verstehenden Soziologie.*** **Aufl. 5. Tübingen: J. C. B. Mohr.** 맑스의 계급론에 대해 처음으로 체계적이고 과학적인 반론을 제기하면서 새로운 이론을 발전시켜간 베버의 계급이론이 실려 있다. 계급 자체에 대해 직접적으로 다룬 곳은 많지 않지만 신분과 정당 및 권위를 다룬 부분도 주의깊게 읽어야 할 부분이다.

Wright, Eric Olin. 1985. ***Classes.*** **London: Verso. [역서: 2005. 『계급론』. 이한 역. 서울: 한울 아카데미.]** 맑스의 계급론을 완성한다는 취지에서 저술한 역작이다. 맑스의 개념틀 내에서 계급문제를 확대하여 상론하고, 특히 현대 자본주의 사회의 중간계급에 대해 '모순적 계급위치'라는 개념을 도입해 이론적 · 경험적으로 분석하였다.

참고문헌

서관모. 2003. "계급이론과 역사유물론." 『경제와 사회』 제59호, 8~31.

Arbercrombie, Nicholas and John Urry. 1983. *Capital, Labour and the Middle Classes*. London: Allen and Unwin.

Crompton, Rosemary. 1995. 『현대의 계급론』. 정태환 · 한상근 역. 서울: 한울 아카데미.

Dahrendorf, Ralf. 1959, *Class and Class Conflict in Industrial Society*. London and Henley: Routledge & Kegan Paul.

Dahrendorf, Ralf. 1964. "Recent Changes in the Class Structure of European Societies." *Daedalus* 93, 225~270.

Edgell, Stephen. 2001. 『계급사회학』. 신행철 역. 서울: 한울 아카데미.

Erikson, Robert and John H. Goldthorpe. 1988. "Women at Class Crossroads: A Critical Note." *Sociology* 22-4, 545~553.

Goldthorpe, John. H. 1983. "Women and Class Analysis: In Defence of the Conventional View." *Sociology* 17-4, 465~488.

Goldthorpe, John. H. 1984. "Women and Class Analysis: A Reply to the Critics." *Sociology* 18-2, 159~170.

Goldthorpe, John H. 1987. *Social Mobility and Class Structure in Modern Britain*, revised edition. Oxford: Clarendon Press.

Goldthorpe, Johm H. and David Lockwood. 1963. "Affluence and the British Class Structure." *Sociological Review* 11, 133~163.

Henry, Stuart. 1982. "The Working Unemployed: Perspectives on the Informal Economy and Unemployment." *Sociological Review* 30-3, 460~477.

Hindess, Barry. 1989. 『정치와 계급분석』. 진덕규 역. 서울: 학문과 사상사.

Ossowski, Stanislaw. 1981. 『사회의식과 계급구조』. 정근식 역. 서울: 인간.

Poulantzas, Nicos. 1975. *Classes in Contemporary Capitalism*. London: New Left Books.

Poulantzas, Nicos. 1984. "구조주의적 계급이론." 한상진(편). 『계급 이론과 계층 이론』, 60~72. 서울: 문학과 지성사,

Marx, Karl. 1988. "Der achtzehnte Brumaire des Louis Bonaparte." *Marx Engels Werke*, Bd. 4, Aufl. 8, 111~207. Berlin: Dietz Verlag.

Marx, Karl und Friedrich Engels. 1972, "Manifest der Kommunistischen Partei." *Marx Engels Werke*, Bd. 4, 459~493. Berlin: Dietz Verlag.

Marx, Karl. 1988. *Das Kapital*, Aufl. 29. Berlin: Dietz Verlag.

Roemer, John. 1982. *A General Theory of Exploitation and Class*, Cambridge. Mass.: Harvard University Press.

Weber, Max. 1972. *Wirtschaft und Gesellschaft: Grundriss der verstehenden Soziologie*, Aufl. 5. Tübingen: J. C. B. Mohr.

Wright, Eric Olin. 1976. "Class Boundaries in Advanced Capitalist Societies." *New Left Review* 98, 3~41.

Wright, Eric Olin. 1985. *Classes*. London: Verso.

8 민족과 민족주의

구 춘 권

Ⅰ. 서 론

냉전체제의 종식 이후 등장한 놀라운 현상의 하나는 민족주의 또는 민족이라는 이름으로 채색된 정치적 갈등의 확대라고 할 수 있다. 동구권 "현존사회주의" 체제의 붕괴와 함께 소련이라는 거대한 다민족국가가 해체되었고, 체코와 슬로바키아가 분리되었다. 슬로베니아와 크로아티아의 탈퇴로부터 시작된 유고슬라비아 연방의 붕괴는 보스니아-헤르쩨고비나에서 내전으로 치닫는 잔혹한 종족갈등으로 이어졌다. 이 상흔이 채 가시기도 전에 코소보에서 일어난 알바니아계와 세르비아계 주민들의 반목은 이른바 코소보전쟁이라는 미국과 나토(NATO)의 유고슬라비아에 대한 일방적 공습을 가져온 계기가 되었다. 몇 해 전에는 마케도니아가 코소보의 상황을 재연하면서 새로운 발칸의 화약고로 주목받았다. 러시아로부터 독립을 요구하는 체첸인들의 극적인 저항 역시 몇 년째 세계의 이목을 집중시키고 있다.

21세기 초반에 민족과 민족주의는 다시 부활하는가? 세계화 또는 지구화로 통칭되는 근본적 변환의 과정 속에서 등장한 민족과 민족주의의 부활을 어떻게 해석할 것인가? 민족과 민족주의의 이름 아래 전개되는 정치적 운동은 미래의 희망을 담지하는 프로젝트인가, 아니면 역사의 수레바퀴를 거꾸로 되돌리려는 시도인가? 이 글은 이러한 문제제기와 함께 민족과 민족주의 개념의 변화를 추적하면서 민족의 정치를 설명하려고 시도할 것이다.

이 글은 다음과 같이 구성된다. 우선 제2장은 근대적 현상으로서 민족과 민족주의의 등장을 유럽의 경험을 중심으로 재구성한다. 이 작업을 통해 우리는 근대적 민족의 역사적 뿌리로 거슬러 올라갈 것이며, 상이한 두 가지 민족 개념을 구별하려 시도할 것이다. 제3장에서 우리의 과제는 제국주의 국가와 (탈)식민지 사회에서 민족과 민족주의의 변화를 이해하는 것이다. 제국주의 국가들에서 민족주의는 보다 퇴행적으로 변모하여 한 민족의 다른 민족의 지배를 정당화하는 이데올로기적 도구로 전락한다. (탈)식민지 사회에서도 민족주의가 등장하는데, 그 정치적 역할과 의미를 논의하는 것도 제3장의 과제이다. 마지막으로 제4장은 냉전체제 종식 이후에 등장한 민족주의에 대해 주목한다. 이 글은 특히 유고슬라비아의 붕괴라는 구체적 예를 통해 분리주의적 민족주의의 특징과 그 등장배경을 살펴볼 것이다.

Ⅱ. 민족 개념의 두 가지 기원과 민족의 구성

한 인간집단은 최소한 세 개의 상이한 개념을 통해 묘사될 수 있다. 민족(nation), 종족집단(ethnic group), 그리고 인종(race)이 바로 그것이다. 이들은 일상언어에서 뿐만 아니라 정치적으로, 그리고 또한 학술문헌에서조차 종종 혼동되어 사용되어진다. 따라서 민족을 한 마디로 정의하는 것은 대단히 힘든 과제인데, 이는 한편 위와 같은 유사 개념들의 존재 및 이들 간의 경계설정의 어려움에서는 물론, 다른 한편 — 앞으로 보게 될 것처럼 — 민족 개념 자체가 역사적으로 상이한 내용을 담으며 변모해왔다는 사실에 기인한다.

아주 일반적으로 얘기해 민족(nation)은 정치적 의미가 강한 개념이라고 할 수 있다. 이에 비해 종족집단(ethnic group)에서는 문화적 성격이 강조되고, 인종(race)에서는 생물학적 측면이 주로 조명된다. 이 개념들은 또한 상호관련을 맺고 있다. 예컨대 다수를 구성하는 — 수적으로 다수가 아니라 정치권력의 차원에서 — 특정 집단이 하나의 민족을 구성할 경우, 소수집단은 일반적으로 종족집단으로 전락한다. 오늘날 등장하는 대부분의 민족문제는 민족을 구성한 다수집단과 종족집단을 형성하는 소수집단 사이의 갈등을 내용으로 하고 있다. 반면 과거 독일 나찌즘의 경험에서와 같이 민족의 개념이 인종을 중심으로 채워지는 경우도 존재한다.

민족이라는 단어가 어떤 내용을 담고 있던지 간에, 이는 근대 자본주의의 발전과 더불어 일반화된 개념이라는 사실을 주목해야 한다. 중세만 하더라도 민족은 "소규모의 국지적 목적단체" 또는 "거대한 집단에 소속된 하부단체"를 지칭하였고, 오늘날과 사뭇 다른 의미로 통용되었다. 홉스봄이 조사한 바에 따르면, 『스페인 왕립학술원 사전』은 1884년판에서야 비로소 근대적 의미의 국가, 민족, 그리고 국어 등에 대해 언급한다. 즉 1884년 이전까지 민족은 "한 지방, 한 나라 또는 한 왕국 등의 거주민 집합체"를 지칭하였고, 여기에는 종종 "외국인"도 포함되었다. 예컨대 당시 스페인어에서 "nación"은 외국상인들의 "nación"(도시에 거주하며 특권을 누리는 상인들의 공동체)과 같이 외국인들을 지칭하는 의미로 사용되었다(홉스봄 1994, 33).

1. 정치적 의지로서 민족(nation)

근대적 의미의 민족 개념은 프랑스 혁명 당시 처음으로 등장한다. 민족은 근대 시민혁명의 산물이며, 수천 년의 장구한 역사가 아니라 불과 200년을 조금 넘긴 짧은 역사를 지닌 것이다. 근대적 민족 개념은 정치적 성격의 것이었으며, 당시 프랑스 혁명의 이념과 목표를 반영하고 있었다. 프랑스 혁명의 유명한 지도자 시이예스(A. E. J. Sieyes)는 혁명 와중에 작성된 〈제3신분이란 무엇인가?〉라는 팜플렛에서 민족을 다음과 같이 정의한다.

> "민족이란 무엇인가? 민족은 공동의 법률 아래 공동의 의회에 의해 대표되는 집합체이다"

여기서 민족 개념은 인민(people)이 자신의 집합적 주권을 발휘하여 국가를 구성하려는 정치적 의지와 관계한다. 인민주권을 강조한 루소(J. Rousseau)의 일반의지(volonté générale)는 시이예스에서 대표원칙을 매개로 한 민족의지(volonté nationale)로 발전하고 있는 것이다(Göhler und Klein 2000, 615). 최초의 근대적 민족 개념은 왕족, 귀족, 교회 등 봉건적 특권계급의 정치적 권력의 독점을 폐지하고 법률에 기초하여 인민의 대표를 선출함으로써 새로운 국가를 창출하려는 정치적 프로젝트를 내용으로 했다. 그리고 이로부터 "민족=국가=인민"이라는 등식이 성립한다. 즉 원래의 민족은 국가를 구성하려는 인민의 정치적 의지의 문제이며, 혈통, 언어, 문화, 종족집단, 인종, 민족감정 등 이후에 흔히 민족을 구성하는 요소로 알려진 것들과 전혀 무관한 것이었다. 이러한 민족을 여러 학자들은 "의지민족(Willensnation)" 또는 "국가민족(Staatsnation)" 등으로 지칭하였다.

이와 같은 혁명적·민주적 민족 개념은 시민혁명을 경험한 미국과 프랑스에서는 물론 영국, 스위스, 벨기에, 네덜란드 등의 서유럽 국가들에서 관철되었다. 예를 들어 프랑스 혁명은 중세 이래 독자적인 문화전통을 고수하던 랑그독, 툴루스, 생 말로 등의 지역을 프랑스 민족으로 통합시켰다. 게르만 혈통이 대다수인 알자스-로렌, 켈트족의 아성인 브르타뉴, 그리고 교황령인 아비뇽과 베네신 역시 주민투표를 통해 프랑스 민족이 될 것을 결의하였다. 혁명 후 국어가 된 프랑스어는 국민공회가 실시한 의무교육을 통해 프로방스어, 알사스어 등 여러 지방언어들을 점차 밀어내었다. 요컨대 종족적·언어적 다양성은 민족 구성에 결코 장애가 아니었다. 그러기에 수많은 종족집단과 다수의 인종이 존재하는 미국도 하나의 민족(nation)이 될 수 있었던 것이다. 스위스에서는 오늘날도 여전히 4개의 공식언어가 사용됨에도 불구하고 한 민족으로 살아가며, 이러한 예는 벨기에와 네덜란드에서도 발견된다. 19세기에 민족국가의 건설에 성공한 라인강 서쪽 유럽의 어떤 나라들에서도 종족적·언어적 다양성은 결코 중요한 국내문제로 등장하지 않았다.[1]

---

1) 이는 물론 정치인들이 까딸루냐인이나 바스끄인, 브르따뉴인이나 플랑드인, 스코틀랜드인과 웨일즈인 등의 문제를 의식하지 못했음을 의미하지는 않는다. 정치인들은 이 민족들이 전국적 정치세력의 힘을 일정하게 더하거나 빼는 역할을 한다고 보았다. 즉 스코틀랜드인과 웨일즈인은 자유주의를 강화하는 역할을, 브르

혁명적·민주적 민족형성의 역사적 경험은 영어나 프랑스어에서 민족(nation)과 국가(state) 개념의 근접성을 통해서도 표현된다. 이들 지역에서 민족과 근대국가 형성의 역사적 일치는 민족과 국가라는 단어가 큰 구별 없이 사용되도록 하였다. 바로 이 때문에 국가들의 연합인 국제연합이 United States가 아니라 United Nations로 불려지게 된 것이다. 또 다른 예로 국유화는 영어와 프랑스어에서 둘 다 nationalisation이다.

2. 공동의 역사적 경험으로서 민족(Volk)

독일어에서는 흥미롭게도 민족으로 번역되는 두 개의 개념, 즉 Nation과 Volk가 존재한다. 전자는 영어의 nation과 동일한 것이지만, 후자는 독일의 특수한 역사적 상황을 반영하며 등장한 독특한 민족 개념이다. 당시 독일은 프랑스에 비해 압도적으로 농업 중심인 경제구조와 지방으로 분열된 봉건적 정치체제로 특징지어지는 낙후된 후진사회였다. 프랑스 혁명은 독일의 봉건 지배계급을 공포에 떨게 했지만, 그러나 수많은 지식인들을 열광 속으로 몰아 넣었다. 이들은 프랑스가 이룩한 중앙집중적인 근대 민족국가를 독일의 미래 모델로 이해했다. 그러나 수백 개의 봉건국가들로 쪼개진 독일의 정치적 현실에서 일반의지와 인민주권의 실현을 기대하는 것은 사뭇 요원한 과제였을 뿐이다. 독일의 많은 지식인들은 통일된 민족국가 건립의 필연성과 당위성을 다른 방식으로 찾아야 했다. 주지하듯이 프랑스에서 민족국가의 건설을 가능케 한 정신적 기반은 인간의 이

따뉴인 및 플랑드인은 전통적인 카톨릭을 강화하는 역할을 한다고 본 것이다. 다만 영국만이 예외적으로 아일랜드인 문제에 시달리고 있었다(홉스봄 1994, 65).

성과 합리성에 호소한 계몽사상의 보편적 해방정신이었다. 반면에 독일의 낙후된 현실은 낭만주의적 감성과 상상력에 의존해 역사를 이상화하는 작업에서 — 즉 공동의 민족적 과거를 발견하는 데서 — 민족국가 건설의 당위성을 찾게 만들었다.

정치적 의지로서의 민족(nation)과 구분되는 또 다른 근대적 민족 개념인 폴크(Volk)는 낙후되고 분열된 정치적 현실에서 민족국가 건설의 당위성을 설파한 낭만주의적 독일 지식인들 — 헤르더(J. G. Herder), 피히테(J. G. Fichte), 아른트(E. M. Arndt) 등 — 에 의해 발전되었다. 이들의 낭만주의적 역사해석은 민족적 과거를 이상화하면서 민족을 신의 창조물인 인격으로 파악하는 유기체적 민족이론으로 발전한다. 이들에게 민족(Volk)은 정치적 의지의 문제가 아니었으며 — 이러한 의지는 당시 독일 인민 대다수에게 존재하지 않았다 —, 이상화된 역사적 과거로부터 상상된 문화적 · 언어적 · 혈연적 동일성의 문제였다.

프랑스를 중심으로 서유럽에서 발전한 민족(nation) 개념이 근대국가 건설을 위한 정치적 의지를 의미했던 반면, 독일을 비롯한 중 · 동유럽에서 등장한 민족(Volk) 개념은 공동의 언어, 문화, 역사, 출생, 종족, 인종, 관습, 감정 등에 기반한다. 후자에서 민족은 공동의 역사적 경험의 존재라는 "객관적" 차원으로 이동한 것이다. 물론 이 "객관성"은 앤더슨이 강조하듯이 실제 존재했기보다는 "상상된" 성격이 훨씬 강하다(앤더슨 2002). 그리고 이 "상상된" 공동의 역사적 경험에 대한 강조는 민족국가 형성의 당위성을 설파하려는 의도에서 등장하였다. 그러나 민족국가 형성의 당위성이 민족을 구성하는 시민의 차원에서 제기되지 않고, 민족의 단순한 존재로부터 도출되고 있다는 사실은 프랑스(자유주의)와 독일(낭만주의)의 큰 차이를 보여준다. 독일에서 등장한 이 민족(Volk) 개념은 종종 "문화민족(Kulturnation)"으로 지칭되기도 한다.

낭만주의적 민족 개념은 이후 러시아의 슬라브주의자들에 의해 종교적 요소가 첨가됨으로써 보다 보수적인 것으로 변질된다. 키례프스키(I, Kireevskii), 호미아코프(A. Khomiakov) 등은 서구의 합리주의와 개인주의를 비판하고, 러시아 민족의 해방을 그리스정교나 슬라브적인 공동체적 생활원리의 실현에서 찾았다. 이들의 민족주의는 민족적 전통과 원초적 집단정서에 대한 맹목적 호소로 일관하였고, 이른바 "정치로부터의 자유"라는 이름 아래 전제군주의 지배를 정당화한 반동적 성격의 것이었다(임지현 1999, 39-40).

3. 민족의 구성

그렇다면 민족은 어떻게 구성되는가? 왜 어떤 집단은 민족의 구성에 성공하고 다른 집단은 실패하는가? 일련의 민족이론들은 언어 또는 종족과 같은 단일한 기준을 세우거나, 또는 언어, 문화적 특성, 거주지역, 공동의 역사 등 여러 기준들을 조합함으로써 민족 구성의 성공과 실패를 설명하려고 시도했다. 이와 같이 "객관적" 기준으로부터 민족의 구성을 판단하려는 다양한 시도들이 등장했지만,[2] 이 모든 시도들은 다음과 같은 명백한 이유 때문에 실패할 수밖에 없었다. 이들의 기준에 상응하는 많은 집단들 중 단지 일부만이 "민

2) 이러한 "객관적" 민족이론은 낭만주의적 민족주의자들에서는 물론 일부 마르크스주의자들에서도 발견된다. 스탈린(J. Stalin)의 다음과 같은 민족에 대한 "객관적" 정의는 가장 잘 알려진 정의의 하나이다. "민족은 언어, 영토, 경제생활 및 문화공동체 내에 구현된 심리구조 등을 지닌 역사적으로 진화된 안정된 공동체이다."

족"으로 분류될 수 있기에 항상 예외가 발견되었고, 반면 의심할 여지없는 현실의 "민족"은 이들의 기준이나 기준들의 조합에 들어맞지 않는 경우가 존재했다. 요컨대 역사적으로 새롭게 생성하고 변천하는 민족을 "객관성"이라는 이름 아래 영원한 보편성의 틀로 재단하려는 시도 자체가 이미 실패를 내포하고 있었던 것이었다(홉스봄 1994, 21).

그렇다면 민족은 순전히 주관적인 것인가? 민족은 어디에 사는지 또는 누구와 사는지에 상관없이 단지 소속 성원의 의사에만 달려있는가? 만약 전라도 지역의 많은 주민들이 "전라도 민족"을 구성하기를 원한다면 그렇게 되는 것인가? 민족을 의지의 차원으로 환원시키는 주관주의나 극단적 주의주의(voluntarism) 역시 민족 구성에 대해 만족스러운 답변을 주는 것이 아니다. 이들은 민족이 무엇인가라는 질문에 대해 구성원들의 의지로부터 등장한다는 사후적 답변만을 제공할 뿐이다. 민족 구성이 소속원들의 주관적 의사에 기반하는 것은 당연하지만, 그러나 또한 일정하게 객관적 요소들을 공유한다는 사실 역시 의심할 여지가 없다. 민족이 어떻게 구성되는가의 문제는 객관적 또는 주관적 접근이라는 한 입장에서 답변될 성격의 것이 아니며, 양자를 모두 고려하는 구체적인 역사적 접근을 요구한다고 할 것이다.

한 가지 확실한 점은 민족이 역사적으로 특정 시기에 등장했다는 사실이다. 유럽의 역사에서 민족은 상품생산과 상품교환을 통해 자본주의적으로 전환해 가는 경제를 배경으로 한 지역에서 공동의 정치적 조직이 문제될 때 등장했다. 요컨대 한 사회가 더 이상 국지적인 혈연적·언어적 동질성에 의해 규정되지 않고, 특정한 종류의 근대적 영토국가를 필요로 할 때 민족이 나타난 것이다. 따라서 민족의 구성은 민족국가의 형성과 관련되어 논의되어져야 한다. 그러나 어쨌든 민족은 그 구성원들이 민족에 대한 소속감을 어떠한 계기를 통해서든 주관적으로 획득할 때만이 구성된다. 즉 민족의 구성원들은 자신이 특정 민족에 속한다는 특징들을 자각하도록 규범적 · 정서적 반복과정을 경험해야 하며, 이를 통해 민족적 정체성이 만들어진다. 그러기에 민족의 구성에는 가공, 발명, 상상, 정치 · 사회공학 등의 요인들이 중요하다. 그리고 이러한 요인들을 만들어내는 이데올로기적 담론체계가 바로 민족주의이다. 홉스봄이 강조했던 것처럼 민족이 국가와 민족주의를 만드는 것이 아니라, 국가와 민족주의가 민족을 만들어낸다(홉스봄 1994, 25-26). 그러기에 민족주의는 과거의 역사와 문화를 일부분을 발췌해 민족으로 바꾸며, 또한 어떤 경우는 이전의 문화를 말살하기도 한다. 따라서 민족을 인간의 정치적 운명으로 보는 것은 신화에 불과하다. 민족은 인간을 분류하는 자연적 신법이 아니라, 정치적 · 사회적 과정을 통해 (가변적인) 역사적 실체로서 구성되어지는 것이다. 아래의 몇 가지 예들은 민족이 정치적 · 사회적으로 구성되는 가변적인 역사적 실체임을 잘 보여준다.

아프리카 루안다의 후투(Hutu)족과 투치(Tutsi)족은 언어적 · 문화적으로 구별되지 않는다. 그러나 이들은 서로를 상이한 종족으로 이해하는데, 이는 과거 식민지 지배자들에 의해 구축되어진 소수 유목집단(투치)의 다수 농경집단(후투)에 대한 오랜 정치적 지배와 관련이 있다. 그런데 이들의 갈등이 유혈사태로 발전하고, 또한 서로를 완전히 다른 종족으로 인식하게 된 것은 비교적 최근의 일이다. 이는 한편 식민지적 영향력의 약화로 인해 사회경제적 변화가 진행되고, 그리고 다른 한편 물질적 자원의 공정한 분배를 요구하는 민주주의적 사고가 확산된 결과이다. 인류학적 측면에서 하나의 종족으로 정의될 수 있는 집단이 완전히 적대적인 두 개의 종족으로 분리되어 상호 인식되는 것은 위와 같은 사회경제적 · 정치적 과정을 통해서이다.[3)]

또 다른 예로 팔레스타인의 경우를 들어보자. 20세기 초반까지만 하더라도 팔레스타인 지역에 거주하는 아랍계 방언을 사용하는 주민들에게 팔레스타인 민족이라는 개념은 존재하지 않았다. 그러나 터키 정부와의 갈등, 영국 위임권력과의 투쟁, 시온주의를 내세운 유대인들의 유입, 그리고 무엇보다 이스라엘 국가의 설립 및 팔레스타인 주민들에 대한 강제추방, 팔레스타인 피난민들의 통합을 방해하는 주변 아랍국들의 간섭, 이와 동시에 귀환 및 독자적 국가수립을 요구하는 팔레스타인 지식인들의 정치적 선전, "7일전쟁" 등을 통한 이스라엘 점령지역의 확장, 국제연합에 의한 팔레스타인 해방기구(PLO)의 인정 및 망명 팔레스타인 국가의 탄생, 이스라엘에 대한 무장투쟁 및 민간인들의 저항(Intifada), 이 모든 역사적 과정을 통해 팔레스타인 지역에 거주하는 아랍계 주민들은 팔레스타인이 국가가 없는 민족이라는 사실을 인식하게 되었다. 즉 이들의 의식 속에 팔레스타인 민족의 당위성이 정착된 것이다. 그러나 팔레스타인 민족 구성의 궁극적인 성공은 독자적인 영토 위에 독립적인 국가를 건설할 수 있느냐의 여부에 달려 있음은 물론이다.

마지막 예로 유대인들의 경우를 들어보자. 유대인들은 외부(미국, 영국)의 강력한 지원을 받으면서 독립된 국가의 건설이라는 자신의 정치적 프로젝트를 실현하였다. 즉 유대 민족의 구성에 성공한 것이

3) 후투족과 투치족과 같은 종족집단 사이의 갈등과 반목이 주권국가를 형성하려는 민족주의로부터 등장한 것이라고 해석하는 것은 적절치 못하다. 종종 유혈사태를 빚는 종족집단간의 갈등과 반목은 민족주의라는 정치적 프로젝트보다 훨씬 오랜 역사를 지니고 있으며 앞으로도 지속될 것이다.

다. 그런데 20세기 초반까지만 하더라도 서구에 거주한 대부분의 유대인들은 그 지역의 민족과 동화되어 살았고, 유대인의 의미는 일종의 종교적 공동체 이상의 성격을 지닌 것이 아니었다. 그러나 점증하는 유대인들에 대한 박해, 그리고 나찌에 의해 극단적으로 전개된 유대인들에 대한 집단학살을 경험하면서 종교적 계기를 넘어선 새로운 유대 민족의 자의식이 구성되어져 갔던 것이다.

Ⅲ. 민족주의의 다양한 모습

1. 근대적 민족주의

앞에서 우리는 민족의 구성에 대해 논의하면서 민족이 국가와 민족주의를 만들어내는 것이 아니라, 국가와 민족주의가 민족을 만들어낸다는 사실을 강조했다. 민족은 자연으로부터 주어진 인간의 숙명이 아니라, 역사적으로 비로소 근대에 들어 탄생한 것이다. 즉 민족은 근대적 영토국가가 요구될 때 나타났으며, 민족이 구성되기 위해서는 가공, 발명, 상상, 정치·사회공학 등의 요인들이 중요했다. 민족주의는 민족의 구성 및 유지를 위해 등장하는 가공, 상상, 그리고 (부분적) 진실과 (상당한) 왜곡으로 채워진 이데올로기 및 담론체계로 정의될 수 있다. 민족주의는 정직한 역사가들에게는 빤한 거짓말로 들릴 수 있지만,[4] 그러나 민족 구성원들에게 "우리"라는 집단적 유대감을 부여함으로써 민족이라는 실체를 만들어낸다.

4) 그러기에 르낭(E. Renan)은 "역사적 오류라고까지 말할 수 있는 망각은 민족 창출의 근본적인 요소"라고 지적했다(르낭 2002, 61).

근대적 민족주의는 앞 장에서 논의한 두 가지 근대적 민족 개념과 관련한다. 정치적 의지로서의 민족(nation) 또는 "국가민족"을 구성하는 데에 등장한 민족주의를 우리는 "인민의 민족주의(Nationalismus des Demos)"로 지칭할 수 있다. 이 민족주의는 언어, 문화, 출신, 사회적 신분에 상관없이 인민주권에 기초하여 국가를 건설하여 "국가민족"을 구성하는 것을 내용으로 한다. 설령 국가가 아직 건설되지 않았더라도, 자유와 평등, 그리고 인민주권의 요소가 민족주의의 내용을 이루고 있는 경우, 이 역시 "인민의 민족주의"로 분류할 수 있다. 이 민족주의에서 "우리"라는 집단적 유대감은 자유, 평등, 박애, 법률에 의한 지배, 시민으로서의 권리와 의무 등에 대한 구성원들의 동의에 기초하고 있다. 18/19세기 영국, 미국, 프랑스, 스위스, 네덜란드, 벨기에 등에서 등장한 민족주의가 이 부류에 해당될 것이다.

반면 "종족의 민족주의(Nationalismus des Ethnos)"는 공동의 역사적 경험으로서의 민족(Volk) 또는 "문화민족"의 개념과 관련해 등장한다. 이 민족주의는 민족(Volk)을 공동의 언어, 문화, 역사, 출신, 인종, 관습, 감정세계, 그리고 때때로 종교 등과 같은 요소 및 이들의 결합을 통해 정의하고, 이에 기초한 사고, 세계관, 정치적 프로젝트 및 운동을 내용으로 갖는다. 종족 민족주의는 공동의 역사적 경험에 의존하여 "우리"라는 집단적 유대감을 만들어내며 — 그러나 이 역사적 경험은 낭만주의적으로 해석된, 즉 상당 부분 왜곡된 성격의 것일 수 있다 —, 나아가 이 역사적 경험이 없는 타자를 배제함으로써 "우리"의 유대감을 더욱 강화하려 시도한다. 19세기 독일 및 동유럽, 그리고 러시아 등에서 발전한 민족주의가 이 부류에 속한다.

2. 제국주의와 민족주의

근대적 민족주의의 일차적 목표는 민족국가의 창출과 함께 완성되었지만, 그러나 새롭게 탄생한 국가의 현실은 민족주의가 약속했던 만큼 자유롭고 평등하지도, 그리고 사회적으로 동질적인 것도 아니었다. 인민주권을 내세운 민족주의는 봉건적 지배계급에 대해서는 혁명적이었지만, 자본주의적 경제관계들의 관철과 함께 등장한 사회적 긴장을 해결하는 데는 전혀 혁명적이지 않았다. 산업혁명을 거치면서 대규모 공장들이 출현하였고, 프롤레타리아 계급의 규모 역시 점차 커져갔다. 그러나 노동자 계급은 혹독한 착취에 시달려야 했으며 인민주권의 실현으로부터도 배제되었다.[5] 다수의 노동자들이 민족주의에 반대하고, "만국의 노동자여 단결하라"는 구호 아래 국제주의의 깃발을 들었던 데는 충분한 이유가 있었던 것이다.

자본주의는 19세기 후반에 지구적으로 확산되었다. 자본주의는 태어나면서부터 세계시장에 의존했지만,[6] 기계제 대공업의 출현과 함께 세계시장의 중요성은 더욱 커졌다. 19세기의 자유주의적 자본주의가 직면한 근본적인 긴장은 과잉생산과 과소소비의 문제였다. 즉 기계제 대공업의 확산과 함께 생산능력은 엄청나게 늘어났지만, 경쟁과 비용절감을 이유로 노동자들에게 지불되는 저임금은 항상적인 과소소비를 낳고 있었던 것이다. 자유주의적 자본주의는 이 문제

5) 일반선거권은 19세기 노동운동이 쟁취한 중요한 성과물의 하나임을 상기하자.

6) 예컨대 노예무역은 엄청난 이윤을 남기는 사업이었고, 이른바 자본의 원시적 축적에 톡톡한 몫을 기여하였다. 또한 남아메리카로부터 그 많은 금과 은이 유입되지 않았던들 서유럽의 화폐경제는 훨씬 더디게 정착했을 것이다.

를 해결할 수 있는 방법을 몰랐고,[7] 선진자본주의 국가들은 이 긴장을 완화하기 위해 식민지—상품의 판매 및 원료의 공급원으로서—의 구축, 즉 제국주의적 팽창에 몰두했다. 그 결과 19세기 후반의 세계는 그 구석구석까지 서구 열강에 의해 분할·점령·지배되었다.

선진자본주의 국가들의 제국주의적 팽창은 민족주의의 내용 및 정치적 기능에도 큰 변화를 가져왔다. 민족주의는 근대 초기의 혁명성을 완전히 상실하고, "민족적 이익"이라는 이름 아래 지배계급의 이해와 제국주의적 팽창을 정당화하는 이데올로기로 변질되었다. 제국주의 국가들에 의한 식민지의 분할과 지배를 옹호하기 위해—즉 한편 식민지를 놓고 일어나는 한 민족과 다른 민족 사이의 경쟁과 투쟁을 미화하고, 그리고 다른 한편 "선진 민족"에 의한 "몽매한 인간들"에 대한 지배를 정당화하기 위해—민족주의는 점차 반동적이고 퇴행적인 요소들을 수용했다. 한 민족의 다른 민족에 대한 지배를 정당화하기 위해서는 우선 그 민족을 다른 민족들로부터 구별해야 했고, 따라서 민족주의는 혈연적, 언어적, 문화적 동질성을 강조하는 종족 민족주의의 성격이 농후해졌다.

이 종족 민족주의는 19세기 후반 한편 엄청나게 증가한 인구이동(대량이민)에 의해, 그리고 다른 한편 사회진화주의(social darwinism) 및 인종(race) 개념의 확산과 함께 더욱 힘을 얻었다. 피부색깔에 따라 백인종, 황인종, 흑인종 등 인류를 몇 개의 인종으로 구분하던 오랜 습성은 이제 백인을 "아리아인"과 "셈족", 그리고 "아리아인"을 다시 "북유럽인", "알프스인", "지중해인"으로 세분화하는 방식으

7) 이에 비해 20세기 자본주의 발전의 결정적 차이는 국가가 경제에 광범위하게 개입함으로써 이 문제를 상당 부분 해결한 점에 있다고 할 것이다.

로 정교해졌다(홉스봄 1994, 144). 유전학에 의해 보완된 다윈의 진화론은 이러한 구분을 "과학"으로 격상시켰으며, 스펜서의 사회진화론의 확산과 함께 "적자생존"은 인간사회 및 국가세계에도 적용되는 것으로 받아들여졌다. 이방인을 따돌리고 몰아내며 심지어 살상하는 논리가 "학문"의 이름으로 제공된 것이다. 민족주의와 인종주의의 결합은 명백해졌고, 20세기 초반의 엄청난 재앙(집단대학살, 즉 holocaust와 genocide)이 이데올로기적으로 준비되고 있었다. 민족주의는 제국주의 시대에 이와 같이 퇴행에 퇴행을 거듭한 것이다.

3. 식민지와 탈식민지 사회의 민족주의

19세기가 지나는 동안 서유럽의 몇 안 되는 제국주의 국가들은 비유럽 세계를 아주 손쉽게 정복했다. 이들은 자신의 경제적 · 과학기술적 · 군사적 · 조직적 우위를 통해 세계를 자신의 방식대로 지배하고 또 변화시켰다. 그러기에 비서구 세계의 20세기 역사는 19세기에 세계의 지배자로 군림한 제국주의 국가들과의 관계에 의해 결정되었다. 따라서 오늘날 소위 제3세계가 당면한 다양한 문제들과 고민은 19세기 제국주의 국가들의 식민지적 지배와 착취의 역사에 대한 고려 없이 정확히 이해될 수 없다. 설령 현재 서구 사회가 누리고 있는 물질적 풍요가 더 이상 제3세계 국가들에 대한 직접적 착취에 기반하지 않을지라도, 그러나 제3세계의 많은 국가들이 당면하고 있는 심각한 저발전과 경제적 빈곤은 상당 부분 식민지적 유산과 관련된 문제이다.

식민지 사회에서 등장한 민족주의는 이들 지역에서 자생적으로 나타난 것이 아니라, 서구에서 등장한 민족주의가 모방되고 수입된 것이었다. 식민지에서 민족주의는 대중과 괴리된 소수 지식인들의 문제였으며, 압도적 다수의 주민들에게 민족적 정체성이라고 지칭할 만한 것은 존재하지 않았다(Öner 2002, 143). 대부분이 문맹이었던 대중들의 공동체와 정치적 충성에 대한 사고는 지식인들의 그것과는 완전히 상이한 것이었다. 물론 지식인들이 주도한 반제국주의 운동에 대중들이 동원되기도 했지만, 이는 민족주의에 의해 동원되었다기보다는 식민지적 착취와 지배에 대한 저항, 즉 반제국주의적 차원에서 가능해졌다고 할 것이다. 예를 들어 이슬람 지역에서 등장한 대중운동, 그리고 인도 대중을 향한 간디의 호소는 민족주의적이라기보다는 종교적 색채가 훨씬 강한 것이었다.

18/19세기 유럽이 경험한 근대적 민족주의는 제3세계에서 제국의 붕괴 이후, 즉 탈식민화가 이루어진 1945년 이후에서야 나타났다. 탈식민지 사회에서 등장한 민족주의의 모습은 대단히 다양하다. 그러나 이 민족주의는 제국주의적 지배에 대한 저항의 문제가 아니라, 제국주의적 지배의 결과 — 즉 탈식민화된 사회의 정치, 경제, 문화, 종족, 국경, 언어 등등의 문제 — 를 두고 일어난 문제였다.

제국주의자들의 권력을 물려받은 탈식민지의 근대적 엘리트들은 민족적 동일성을 내세우며 서구를 모델로 한 근대화를 추진하였다.[8] 이들이 세습한 국가권력은 과거 식민지의 영토와 행정조직에 의존하고 있었지만. 제국주의 시대가 갈라놓은 종족적·문화적 균열은 이들의 권력기반을 심각하게 잠식하였다. 아프리카와 아시아의 많은

8) 이 모델에는 서구식 자본주의는 물론 소련식 "현존사회주의"도 포함된다. 소련식 사회주의가 탈식민화된 정부들에게 호소력이 있었던 것은 계획된 공업화를 통하여 후진성을 극복할 수 있는 효과적인 모델로 인식되었기 때문이다. 특히 1930년대 소련의 공업화 경험은 독립 초기 많은 탈식민지 엘리트들에게 매력적인 것으로 보였다.

식민지들은 제국주의 시대의 국제적 "편의"에 의해서 영토가 분할되었고, 종족적·문화적 요소들이 거의 고려되지 않았다. 그러나 이제 제국이 종식된 후, 이러한 문제들이 불거져 나오기 시작한 것이다. 아시아와 아프리카의 수많은 신생 독립국가들에서 종족적·부족적 갈등, 또는 촌락들 간의 갈등이 터져 나왔다. 탈식민지 지배엘리트들의 위로부터의 민족주의적 호소는 대부분 그 사회의 정치적·문화적·종족적 기반과 일치하지 않았고, 따라서 서구식 민족주의는 제3세계에서 제대로 뿌리내릴 수 없었다.9)

오늘날 서구에 대한 "위협"으로 주목받는 이슬람근본주의 역시 이슬람 지역의 탈식민화 과정에서 등장한 민족주의의 실패와 무관하지 않다. 즉 이슬람근본주의의 확산은 서구와의 문화적·종교적 차이 때문이 아니라, 이 지역에서 실패한 근대화와 민족주의에 대한 반발로서 나타난 것이다. 1980년대 이후 이슬람 지역에서 괄목하게 증가한 반서구주의 — 그리고 이의 다른 표현이 바로 이슬람근본주의이다 — 의 성격을 이해하기 위해서는 최소한 다음과 같은 두 가지 사실을 주목해야 한다.

첫째, 역사적으로 이슬람의 위기는 이미 오래 전 서구가 피비린내를 풍기며 아랍세계를 침범하면서 시작되었다고 할 수 있다. 그 시작은 1798년 나폴레옹의 이집트 원정이었으며, 이 침략 이래 아랍세계는 150년 동안 서구로부터 굴욕과 압박, 착취를 당했다(뮐러 1999, 184). 영국, 프랑스, 이탈리아, 스페인 등 식민세력은 이슬람권

9) 물론 예외적인 경우도 존재한다. 문화적·언어적·종족적 동일성이 역사적으로 존재했던 몇몇 예외적인 지역들, 예컨대 중국, 한국, 베트남, 그리고 아마도 이란과 이집트 같은 지역에서 민족주의는 훨씬 수월하게 정착하였다. 그러나 이 경우조차 민족주의는 상당 부분 전통적 권위와 충성심의 동원에 의존하지 않으면 안 되었다.

경제 대부분을 장악했으며, 반(反)식민주의적 저항을 군사적으로 억압하였다. 이 억압은 특히 알제리와 같은 지역에서 극도로 잔인한 모습을 띠었으며, 그 결과 서구에 대한 증오라는 역사적 상흔으로 남았다(Ruf 1997). 많은 아랍인들의 서구에 대한 뿌리 깊은 원한은 이슬람과 기독교, 또는 모슬렘 정통파와 서구 계몽주의 사이의 적대감 때문이 아니라, 이슬람 세계가 근대 서구와 만나면서 오랜 기간에 걸쳐 겪은 고통과 치욕의 경험 때문이다. 즉 이슬람과 서구 문명 사이의 긴장은 문제의 원인이 아니라, 역사적 결과인 것이다.

둘째, 자본주의적 모델을 지향했든, 아니면 현존사회주의적 모델을 지향했든 간에 서구로부터 차용된 근대화의 전략은 이슬람권 대부분의 국가들에서 약속했던 경제적 성공을 가져오지 못했고 오히려 사회문제들을 악화시켰다.[10] 여기서도 근대화는 민족주의와 민족적 동질성에 호소하며 진행되었지만, 그 결과는 소수의 근대화의 수혜자들과 대다수의 근대화의 패배자들로 이들 사회가 분열된 것이다. 광범위한 빈곤층의 대두, 높은 — 특히 청년층에서는 거의 극적인 — 실업률이 가져오는 절망감은 지켜지지 않은 근대화의 약속에 대한 배반감과 함께 반서구주의, 반민족주의, 이슬람근본주의가 확산되는 기반으로 작용한다. 요컨대 이슬람근본주의의 확산은 이슬람의 호전성 때문이 아니라, 근대화와 결부된 사회경제적 문제, 그리고 이 근대화 과정을 담당했던 부패한 정치권력이 내세운 민족주의에 대한 반발로부터 등장하고 있는 것이다.

이슬람근본주의는 이슬람교의 이름 아래 이슬람권이 서구 제국주의의 침략 이전의 사회통합 모델로 회귀할 것을 강조한다. 여자는

---

10) 예컨대 1980년대 아랍과 중동국가들 — 이스라엘을 제외한 — 의 연평균 경제성장률은 마이너스 2%였다.

사람들의 눈에 띄지 않아야 하며, 결혼한 여자는 머리카락을 잘라야 한다. 도둑질을 한 자는 다시 손이나 발이 절단되는 벌을 받고, 술 또는 그밖에 종교적 의식에 위배되는 모든 것들이 금지된다. 21세기의 세계에 과연 적합한 것인지 의문시되는, 그리고 서구적 관점에서 대단히 전근대적으로 보일 이 현상은 그러나 서구의 지배와 충격에 대한 고려 없이 이해될 수 없다. 민족과 민족주의는 이슬람근본주의자들에게 당연히 서구적 프로젝트이며, 따라서 이들은 하등의 민족적 차이를 인정하지 않는 일반적으로 구성된 이슬람 공동체(umma)를 창출할 것을 의도한다.

Ⅳ. 냉전체제 종식 이후의 민족주의

1989/90년 동구권 “현존사회주의” 국가들의 연속적 붕괴와 함께 냉전체제가 종식되었다. 역설적으로 냉전의 종식은 세계질서를 새로운 불안정 속으로 이동시켰다. 냉전체제는 온 세계를 무기로 가득 채우는 비합리적인 방법을 통해서였긴 했지만 상대적으로 지속적인 평화를 창출하는 데에 성공했었다. 전쟁은 그것이 지구를 순식간에 날려버릴 초강대국 사이의 핵전쟁을 촉발할지도 모른다는 우려 때문에 통제되었고, 이와 같이 얼어붙은 국제상황은 역설적으로 일종의 “냉평화(Cold Peace)”를 가져왔던 것이다. 냉전체제의 종식은 국제갈등의 종식이 아닌 상대적으로 평화로웠던 한 시대의 마감을 의미했으며, 당시까지 억제되고 조절된 온갖 종류의 갈등과 분쟁을 터뜨리는 계기로 작동한다.[11)]

11) 쿠웨이트와 이라크의 오랜 이해갈등은 1990년 11월 후자가 전자를 점령하

냉전체제 아래서 민족주의는 더 이상 중요한 세계정치의 이슈가 아니었다. 이미 제2차 세계대전에서 "반(反)히틀러 연합"의 승리는 파시즘과 극우 민족주의를 정치적 무대에서 사라지게 하였다. 그리고 뒤이은 냉전의 발발은 자본주의와 공산주의의 대결을 제외한 모든 종류의 갈등과 경쟁을 제거하거나 약화시켰다. 20세기 전반부에 해결되지 않았던 여러 민족문제들 역시 냉전체제의 고착과 함께 동시에 얼어붙었다. 1990년대 민족문제의 분출은 새로운 현상이 아니라, 해결되지 않고 보류된 문제들이 냉전체제가 종식되면서 급격히 터져 나온 것에 다름 아니다.

냉전체제의 종식 이후 폭발적으로 증가한 분리주의적 민족주의 ─ 이 대부분은 구 소련 및 동구권 "현존사회주의" 체제에서 나타났다 ─ 는 새로운 문제가 아니라, 20세기 전반부(주로 1918-21년)에 생겨난 문제의 부활이라고 할 수 있다(홉스봄 1994, 211-212). 예를 들어 당시 체코는 슬로바키아에 속박되었고, 또한 발칸반도에서 새로운 국경이 그어졌다. 독일은 국가형성의 전례가 없는 발트해 연안에 작은 세 개의 국가를 세웠다. 러시아가 혼란에 빠졌을 때 독일은 그루지아와 아르메니아의 독립을, 영국은 유전지대인 아제르바이잔의 자치를 부추겼다. 이 모든 문제들은 냉전체제 아래서 잊혀졌다 냉전

는 사태로 치달았고, 서방 ─ 특히 독일과 일본 ─ 의 군비분담 아래 미국이 군사적으로 개입하는 걸프전쟁으로 발전했다. 이 전쟁은 냉전체제의 종식이 "역사의 종언"이 아닌 대단히 불안정한 역사의 시작을 알리는 신호탄일 수 있음을 암시했다. 만약 1989년 이전이었더라면 이라크의 주 무기공급국인 소련이 미국의 전략적 이해 ─ 중동지역의 석유자원에 대한 통제 ─ 에 직접적으로 도전하는 바그다드의 군사적 모험주의를 단념시켰을 것이고, 따라서 이러한 전쟁은 일어나지 않았겠지만, 그러나 소련은 더 이상 그러한 위치에 있지 않았다. 1999년의 코소보 전쟁 역시 냉전체제에서는 상상할 수 없는 전쟁이었음은 물론이다. 왜냐하면 유고슬라비아는 미국의 영향력지대가 아니었고, 무슨 이유에서든지 미국과 나토의 유고슬라비아에 대한 공습은 소련과의 핵전쟁을 불사한다는 신호로 해석될 수 있었기 때문이다.

체제가 종식된 후에야 비로소 불거져 나온 것이다.

그러기에 1990년대 분리주의적 민족주의의 등장은 변화의 원인이 아니라, 변화의 결과일 뿐이다. 소련이나 유고슬라비아는 민족주의와 민족갈등 때문에 해체된 것이 아니라, 반대로 소련과 유고슬라비아가 붕괴되면서 민족주의가 터져 나온 것이다. "현존사회주의" 체제의 중앙집중적인 당 권력이 작동하는 한 민족갈등은 효과적으로 통제되었다. 그러나 소련의 개혁결정 — 페레스트로이카와 글라스노스트 — 과 함께 동구권 위성국에 대한 군사적 지원이 철회되었고, "현존사회주의" 지배체제를 작동시켰던 중앙집중적인 명령·권위구조가 해체되었다. 고르바초프는 이미 화석화된 공산당에 의존해서 개혁이 진행될 수 없음을 인식했고 대통령제로의 개헌을 통해 권력을 국가기구로 집중시켰지만, 그러나 이는 동시에 "현존사회주의"의 지배기반을 붕괴시킨 것이다. "너무 늦게 시작한 자는 목숨을 잃는다"는 고르바초프의 유명한 경고는 역설적으로 소련과 "현존사회주의"의 운명을 암시했던 것이었다. 아래에서는 냉전체제 종식 이후 등장한 분리주의적 민족주의의 대표적 예로서 유고슬라비아의 경험을 살펴보도록 하자.

원래 구 유고슬라비아는 여섯 부류의 종족, 다섯 개의 공화국, 네 종류의 언어, 세 가지의 종교로 구성된 다종족, 다언어, 다종교의 국가였다. 이 다양성은 역사적으로 일정한 갈등과 반목의 요소를 내포하고 있었지만, 그러나 또한 보스니아-헤르쩨고비나와 같은 지역은 수세기 동안 상대적으로 평화로운 다종족의 평화적 공존모델을 발전시켰던 것도 사실이다.

주지하듯이 유고의 민족문제는 제1차 세계대전 이후 슬로베니아인(이전까지 오스트리아인)이 크로아티아인에, 그리고 이들이 그리스정교를 믿고 오스만제국에 속했던 세르비아인과 합쳐진 사실에서 출발한다. 제2차 세계대전 당시 크로아티아 지역에 들어선 극우적 우스타샤(Ustascha) 정권의 유대인, 모슬렘, 그리고 세르비아인에 대한 혹독한 탄압은 민족들 사이의 반목에 깊은 골을 패이게 한 사건이었다. 그러나 전후 티토 정권은 민족주의의 공격성을 상당 부분 무디게 하는 데에 성공하였고, 한때 유고슬라비아는 "사회주의권의 스위스"로 불릴 정도로 다민족의 통합에 성공한 듯 보였다. 따라서 유고의 붕괴를 가져온 1990년대 초반 극단적인 분리주의적 민족주의의 등장은 예전부터 존재한 민족들 사이의 반목의 결과로만 이해될 수는 없으며, 유고식 "현존사회주의"의 붕괴라는 보다 특수한 계기와 관련되어 설명되지 않으면 안 된다.

유고슬라비아는 과거 "현존사회주의" 국가들 중에서 자본주의권과 가장 연계된 경제구조를 가졌고, 따라서 생산부문은 물론 특히 금융부문에 있어서 세계시장의 직접적인 영향력에 노출되고 있었다. 유럽과 미국시장을 겨냥해 만들어진 유고산 가전제품은 1980년대를 지나면서 한국, 대만 등의 저가공세에 밀려 세계시장에서 점점 자취를 감춰가고 있었다. 유고는 또한 서방의 은행들로부터 막대한 빚을 지고 있었는데, 1인당 외채규모는 1980년 이미 지불불능을 경험한 폴란드의 규모보다도 더 큰 것이었다(1985년 인구 3900만의 폴란드의 외채가 300억불이었던 반면, 인구 2400만의 유고슬라비아의 외채는 210억불에 달하고 있다). 1980년대 초반 미국 레이건 행정부가 끌어올린 국제금융시장의 살인적인 고금리는 유고를 거의 파산지경으로 내몰았으며, 유고는 외국의 채권자들에 의해 강요된 "개혁"을 받아들여만 했다. 그런데 문제는 이 "개혁"이 산업기반의 붕괴, 실업률의 급격한 상승, 사회보장체계의 점차적 해체 등을 수반하며 경제를 심각한 폐허상태로 내몰았다는 사실이다. 특히 외채의 차환(借換)에 있어 국제통화기금(IMF)이 강제한 조치의 하나는, 각 공화국들로 하여금 외환수입의 대부분을 외채에 대한 이자지불을 위해 독자적으로 처분할 수 있게 한 것이다. 이 조치는 연방정부와 공화국들 간의 심각한 갈등을 유발했음은 물론, 공화국들 사이에 존재하는 기존의 경제적 격차를 더욱 크게 벌여 놓았다(구 유고의 공업 생산시설의 대부분은 슬로베니아와 크로아티아에 집중되어 있었다). 1980년대 내내 유고는 지속적인 경제위기를 경험하며 — 연평균 96.7%에 이르는 인플레이션, 실질임금의 급격한 하락, 외채에 대한 엄청난 이자지불 부담 등등 —, 사회적 혼란과 정치적 불만은 급속도로 확산된다.

이 경제위기는 또한 자치, 집단소유, 비동맹, 독립, 그리고 자결로 상징되는 구 유고슬라비아의 이상을 허물어뜨렸다. 분리주의적 민족주의는 이 무너진 이상을 파고들었다. 1980년 유고 연방의 정치적 지주 역할을 했던 티토의 죽음 역시 분리주의에 유리하게 작용했다. 한때 티토의 충실한 수행자를 자임했던 수많은 당관료들은 경제위기의 1980년대를 거치면서 분리주의적 민족주의의 신봉자로 변신한다. 이들은 주민들의 경제위기 및 생활수준 하락에 대한 불만을 "민족문제"로 돌리는데 성공하였고, 이를 통해 자신의 권력을 유지·공고화 할 수 있었다. 예를 들어 밀로세비치는 세르비아 민족주의를 강력히 선동하였으며, 자신의 집권을 위해 이를 철저히 이용하였다. 슬로베니아의 쿠찬, 크로아티아의 투치만 역시 비슷한 방법으로 권력에 올랐고, 나중에 코소보해방군(KLA) 역시 코소보 민족주의를 대대로 부추기고 있었다. 이 새로운 지도자들은 "독립"과 "민족적 혁신"을 위해서는 전쟁조차 불사할 것임을 공공연히 선언하였다.

그러나 유고슬라비아가 여러 나라들로 쪼개지는 것이 경제적으로는 물론 정치적으로도 현명한 선택일 수 없다는 사실은 당시 서방의 공통적인 견해였다. 그렇지 않아도 유고는 인구 2400만의 조그만 나라였는데, 이를 나누는 것은 국내시장을 분절시키는 경제적 어리석음을 동반하기 때문이다. 또한 발칸에서 분리주의의 득세는 유사한 종족갈등을 갖는 터키, 그리스 등 주변지역 국가들에서 정치적 불안을 강화할 것이라는 우려가 대두되었다. 그런데 이러한 우려에 동조하지 않는 국가가 있었는데, 이는 바로 독일이었다. 독일은 1990년 통일과 함께 이른바 “정상국가”로 복귀하였고, 유고문제는 통일 독일의 대외정치적 영향력의 첫 번째 시험무대가 된 셈이다. 독일은 1991년 12월 미국은 물론 다른 유럽연합 국가들의 반대를 무릅쓰고 성급하게 슬로베니아와 크로아티아의 독립을 인정하며, 이는 유고슬라비아 분쟁의 구도를 걷잡을 수 없는 방향으로 몰고 갔다. 독일의 결정은 보스니아-헤르쩨고비나와 코소보 지역의 분리주의 세력에게도 마치 불에 끼얹은 기름과 같이 작용했으며, 이 지역의 갈등이 증폭되는 불행한 계기가 되었다.

종족적 · 문화적으로 얽히고 설킨 발칸지역에서 아마도 구 유고슬라비아는 내부의 평화뿐만 아니라 최대의 경제성장을 보장하는 최적의 구조였을 것이다. 그러나 유고는 분열되었다. 이는 반드시 불가피한 것만은 아니었다. 몇 차례의 중요한 고비들이 있었다. 1980년대 이래 외채위기로 인한 경제상황의 악화, 그리고 분리주의를 조장한 IMF의 차환조건, 또한 경제위기의 상황에서 분리주의적 민족주의의 득세, 나아가 대외정치적 영향력의 차원에서 독립을 성급하게 지지한 독일의 역할 등이 복합적으로 작용하며 참혹한 유혈사태와 함께 구 유고는 붕괴되었던 것이다.

V. 결 론

민족주의는 근대적 민족국가의 형성을 위한 정치적 프로젝트와 관련하여 등장한 것이었다. 시민계급이 존재하고 혁명적인 방식에 의해 근대국가의 성립이 가능했던 지역에서 민족주의는 공화주의적·민주주의적 요소와 결합했으며, 이러한 전망이 보이지 않던 낙후된 지역에서 민족주의는 혈연적·인종적·문화적 요소와 결합하였다. 그런데 이 양자의 목표는 근대 민족국가의 구축이었고, 이를 위해 민족적 정체성이 강조된 것이다.

한편 제국주의 시대의 민족주의는 한 민족을 다른 민족과 구별하고, 한 민족의 다른 민족에 대한 지배와 착취를 정당화하기 위한 이데올로기적 도구로 변질되었다. 민족주의는 사회진화론적·인종주의적 요소와 결합하면서 극도의 퇴행적인 모습을 보였다. 제3세계에서 민족주의는 탈식민화가 이루어진 1945년 이후에서야 등장한다. 탈식민지 사회에서 민족주의는 제국주의적 지배에 대한 저항의 문제가 아니라, 제국주의적 지배의 결과 — 즉 탈식민화된 사회의 정치, 경제, 문화, 종족, 국경, 언어 등등의 문제 — 를 놓고 일어난 문제였다. 예외적인 몇몇 지역을 논외로 친다면 제3세계에서 민족주의는 그렇게 성공적인 것이 아니었다. 예를 들어 이슬람근본주의의 대두는 이 지역에서 실패한 민족주의와 무관하지 않다.

냉전체제의 종식을 계기로 구 소련과 동구권 지역에서 분리주의적 민족주의가 급증하였다. 그러나 이는 새로운 현상이라기보다는 20세기 전반부에 생겨난 문제의 부활이라고 할 수 있다. 요컨대 민족갈등과 민족주의 때문에 "현존사회주의"가 붕괴한 것이 아니라, "현존사회주의" 체제가 해체됨으로써 해결되지 않은 민족문제들이 터져 나온 것이다. 그러나 이러한 분리주의가 바람직한 것인지는 대단히 논쟁적인 문제다. 종족적·문화적으로 얽혀 있는 대부분의 지역들에서 민족의 분리 및 독립 이후에도 소수민족의 문제가 다시 등장할 것이 자명하기 때문이다.

오늘날 또 다른 우려를 낳는 문제는 선진자본주의 국가들에서의 소수민족 문제이다. 중심부를 향한 주변부로부터의 이민과 이주, 그리고 경제적 난민의 행렬은 이들 지역에서 소수민족의 문제를 새롭게 제기하고 있다. 이 문제의 궁극적 해결은 제3세계의 심각한 경제적 저발전과 빈곤을 해소하려는 목표 아래 지구적 연대와 정의를 실현하는 조치들이 도입되는 것을 전제로 함은 물론이다. 그럼에도 불구하고 선진자본주의 국가들은 소수민족을 통합하는 다양한 정책들 — 예컨대 종족적 국적의 폐지와 공화주의적 국적 개념의 실현, 다문화의 지향과 지원, 민족적 정체성의 다차원적 구조에 대한 인정 등 — 을 도입함으로써 이 문제의 적극적 해결에 나서야 할 것이다.

지구상에 존재하는 약 180개 국가들 중 단지 12개 정도의 국가들만이 그들 시민들의 종족적·언어적 단일성을 그럴 듯하게 주장할 수 있는 상황에서, 이른바 동질성의 확립을 목표로 하는 민족주의는 바람직하지 못할 뿐 아니라 자기 파괴적이다(홉스봄 1994, 236). 따라서 동질성이 아닌 다양성의 추구가 우리 시대의 목표가 되어야 한다. 민족은 지속될지라도 그러나 희망은 아니다. 민족과 민족주의를 넘어선 정치적 프로젝트에 대한 고민이 요청된다.[12)]

12) 유럽연합(EU)과 유럽통합을 바로 이 점에서 대단히 흥미로운 역사적 프로젝트이다.

주요문헌 소개

에릭 홉스봄, 『1780년 이후의 민족과 민족주의』, 창작과비평사, 1994. 민족과 민족주의에 대한 이해와 관련해 가장 추천하고 싶은 책이다. 이 책과 함께 저자의 19세기 3부작 —『혁명의 시대』, 『자본의 시대』, 『제국의 시대』—, 그리고 20세기 최고의 저술로 꼽힐 『극단의 시대』를 읽을 것을 권유한다. 이 저술들은 필자가 가장 인상 깊게 읽은 책들에 속한다. 진지하게 홉스봄의 저작을 독해한 대부분의 독자들은 아마도 세상을 바라보는 새로운 시각이 생길 것이다.

베네딕트 앤더슨, 『상상의 공동체. 민족주의의 기원과 전파에 대한 성찰』, 나남출판, 2002. 앤더슨은 민족을 세 가지 차원에서 "상상된 공동체"로 정의한다. 첫째, 민족은 제한된 것으로 상상된다. 어떤 민족도 자신을 인류와 동일시하지 않으며, 유동적이지만 한정된 경계를 가진 제한된 민족으로 상상한다. 둘째, 민족은 주권을 가진 것으로 상상된다. 민족의 개념은 계몽사상과 근대 혁명이 계층적 왕국의 합법성을 무너뜨린 시기에 태어났다. 이 역사적 단계에서 민족들은 자유롭기를 꿈꾸며, 이 자유의 표식과 상징은 주권국가이다. 셋째, 민족은 공동체로 상상된다. 모든 민족에 보편화되어 있는 현실적 불평등과 수탈에도 불구하고 민족은 언제나 수평적 동료의식으로 상상된다.

에르네스트 르낭, 『민족이란 무엇인가』, 책세상, 2002. 르낭의 이 짧은 강연원고는 민족에 관한 "고전적" 저술에 속한다. 르낭은 독일식 종족적 민족주의에 반박하며, 민족 구성의 원칙이 그 지역 구성원들의 소속의지임을 강조한다. 르낭은 인간이 언어, 종교, 지리의 노예가 아니며, 인간들의 대결집, 건전한 정신과 뜨거운 심장이야말로 민족이라 부르는 도덕적 양심을 창조한다고 강조한다.

박노자, 『당신들의 대한민국』, 한겨레신문사, 2001. 박노자의 이 저술은 아주 쉬운 언어로 한국 사회의 어두운 면을 구석구석 집어내고 있다. 위로부터 강제된 한국식 민족주의의 문제점에 대한 비판 역시 이 책의 중요한 화두이다. 박노자는 서구의 인종주의와 결합한 민족주의는 물론 한국의 “국가주의적 민족중심주의” 역시 근·현대화과정에서 형성된 통제와 배제의 방법으로, 그 차이점 못지 않게 본질적인 유사성을 지니고 있음을 강조한다.

임지현, 『민족주의는 반역이다』, 소나무, 1999. 민족문제에 지속적인 관심을 가지고 집필작업을 해온 한 사학자의 연구결과들을 묶은 책이다. 저자는 운동사의 관점에 민족주의의 역사를 재구성한다는 목표를 내세우고 있다. 특히 우리에게 거의 알려지지 않은 동유럽 민족주의에 많은 지면이 할애되고 있는 것은 이 책의 장점이라 할 것이다.

참고문헌

베네딕트 앤더슨. 2002. 『상상의 공동체. 민족주의의 기원과 전파에 대한 성찰』. 나남출판.

에르네스트 르낭. 2002. 『민족이란 무엇인가』. 책세상.

에릭 홉스봄. 1994. 『1780년 이후의 민족과 민족주의』. 창작과비평사.

임지현. 1999. 『민족주의는 반역이다』. 소나무.

하랄트 뮐러. 1999. 『문명의 공존』. 푸른숲.

Döhn, L. 1996. “Nationalismus - Volk und Nation als ideologisches Konstrukt,” in: F. Neumann (Hrsg.), *Handbuch politische Theorien und Ideologien.* Leske+Budrich: Oplanden.

Göhler, G. und A. Klein. 2000. “Politische Theorien des 19.

Jahrhunderts,"in: H. J. Lieber (Hrsg.), *Politische Theorien von der Antike bis zur Gegenwart.* Wiesbaden: Fourier Verlag.

Öner, Ö. 2002. *Nation, Nationalismus, Globalisierung, Eine Bilanz theoretischer Erklärungsansätze*. Köln: PapyRossa.

Ruf, W. 1997. *Die algerische Tragödie. Vom Zerbrechen des Staates einer zerrissenen Gesellschaft*. Münster: Agenda-Verlag.

9 동아시아 발전의 정치경제

임 혜 란

Ⅰ. 서 론

20세기 동아시아 지역은 세계경제 성장의 한 축으로 역동적인 발전을 지속해 왔다. 제2차 세계대전 이후 식민지 시대를 마감하고 신생독립국가로 발전한 제3세계 국가들 가운데 동아시아는 남미와 아프리카 지역과 비교해 볼 때 월등히 높은 경제발전을 지속했다. 이러한 현상은 서구를 비롯한 많은 지역의 학문적 관심을 끌기에 충분했다. 동아시아 국가의 성장은 제3세계국가의 저발전을 설명했던 종속이론과, 경제발전이 곧 정치발전을 가져온다고 주장한 근대화 이론을 반박할 수 있게 한 경험적 근거를 제공했다. 또한 경제발전은 국가개입을 최소화할 때 가장 효율적 결과를 가져올 수 있다고 주장한 신고전주의 경제학의 전제마저 의심케 했다.

군부쿠데타와 권위주의 정권이 존재했던 동북아 국가들이 왜 경제성장을 병행할 수 있었는가 하는 연구 관심은 '동아시아 발전모델'이라는 개념을 낳았다. 동아시아 발전모델의 핵심은 신고전주의와 달리 산업정책을 통해 정부가 주도적인 경제발전을 이끌었다는 데 있다(Johnson 1987). 물론 동아시아 발전모델의 개념을 엄밀히 따져보면 일본을 위시한 한국과 대만 등의 경우에만 적용가능하며, 싱가포르와 홍콩은 이 발전모델에 정확히 들어맞지는 않는다. 그러나 신흥공업국(newly industrializing countries: NICs)의 범주는 그 내부적 차이에도 불구하고 남미나 아프리카 국가에 비교할 때 상당한 공통점을 보이고 있기 때문에 이들 국가를 같은 범주에 포함시킬 수 있다.

'동아시아 발전모델'의 기원은 일본의 경제성장을 가능하게 했던 자율적 국가의 산업정책에서 찾아볼 수 있다. 한때 동아시아 국가들은 일본의 정치경제 제도를 성장을 위한 모델로 인식하여 모방한 바 있다. 실제적으로 한국의 산업정책은 과거 일본의 경험에 근간을 두고 시행된 것이 많다. 또한 한국과 대만은 일본의 쇠퇴산업을 받아들임으로써 경제발전을 위한 선진기술을 습득할 수 있었다. 따라서 일본이 먼저 발전하고 그 뒤를 신흥공업국들이 그리고 마지막으로 아시아의 후발주자인 중국과 동남아가 그 뒤를 따라가는 모양을 두고 '기러기형 발전 모형(flying geese model)'이라는 틀로 설명하기도 했다. 동아시아의 경제성장을 설명해 주었던 이러한 틀이 최근 일본의 쇠퇴와 중국의 부상으로 이제는 중국을 중심으로 하는 새로운 모양의 발전모형으로 변화되고 있다.

본 절에서 논의하는 동아시아 경제성장, 위기에 대한 논의는 한국, 대만의 경우인 동북아 국가에 초점을 두고 있다.[1)] 이들 국가의

---

1) 동아시아 지역의 성장은 동북아국가에서 시작되어 현재 동남아를 아우르는 발전적 팽창을 거듭하였다. 동아시아 지역은 따라서 동북아와 동남아 모두를 포함하는 지역적 전체 차원에서 이해되어야 할 것이다, 그러나 동아시아 발전모델의 기원은 동북아 지역에서부터 찾아볼 수 있으며, 또한 논의의 제약상 연구 분석의 범위를 동북아에 두기로 한다.

성장과 위기과정은 지역적 차원뿐만 아니라 세계적 차원에서의 상호작용과 연관되어 있다. 동아시아 개별국가의 경제성장과 위기는 동아시아 지역내부의 경제적 상호연계와 안보의 차원에서 논의되어야 한다. 또한 동아시아 지역의 발전은 패권국인 미국과의 안보 및 통상관계를 떠나서는 이해할 수 없다. 최근 동아시아와 미국과의 경제, 안보적 연계의 끈은 과거와 달리 상대적으로 희석되었고 오히려 중국과의 경제적 상호작용이 증대하고 있지만 동아시아 지역내 미국의 역할은 21세기에서도 지속되고 있다.

동아시아 지역은 1997년 외환위기에 의해 심각한 타격을 받은 이후 개혁과 변화의 도전을 경험하고 있다. 동아시아 외환위기 이후 동아시아 발전모델에 대한 연구와 관심은 다소 줄어들었지만, 두 가지 점에서 이에 대한 지속적 관심이 필요하다. 첫째, 동아시아 발전모델에 대한 관심을 통해 시장과 국가의 관계를 재조명해야 할 필요가 있다. 세계화 시대를 맞이하여 동아시아 국가들은 위기 이후 기존의 발전모델을 폐기하고 영미식 발전모델을 취해야 하는가의 문제에 직면한 바 있다. 예컨대 한국은 외환위기 이후 금융 및 경제 개혁과정을 지속하고 있지만, 최근 몇 년간 세계평균에도 미치지 못하는 저성장을 지속하고 있어 발전을 위한 새로운 성장엔진을 찾아야 할 기로에 서 있다. 위기의 원인이 과거의 발전모델 때문인지, 그렇다면 새로운 발전모델은 무엇인지에 대한 사회적 논의 및 합의가 이뤄지지 않고 있다. 한국은 위기를 전후해서 시장에서의 정부역할에 대해 방향감각을 상실하고 표류해 왔다. 외환위기 10년이 지난 오늘 한국은 새로이 몰려오는 먹구름을 목도하고 있다.[2] 지속가능한

2) 예컨대 성장률 저하, 단기 외채의 급증, 경상수지의 악화 등을 들 수 있다, 특히 2003년 이후 세계평균에도 못 미치는 성장률을 보이고 있다. 1980년대 세계평균(3.1%)보다 높은 연평균 7.7%의 성장률, 1990년대 세계 평균(2.2%)보다 높은

발전을 위해서는 시장에서의 정부의 새로운 역할에 대한 논의가 필요한 시점이다.

둘째, 최근 놀랄 만한 성장속도를 보여주고 있는 중국은 '베이징 컨센서스(Beijing Consensus)'와 같은 중국식 발전모델의 개념을 개발하고 있다.[3] 21세기 또 다른 패권국의 가능성을 담지하고 있는 중국이 어떤 발전모델을 제시할 것인지에 대한 관심도 증대하고 있다. 권위주의정권과 자본주의 발전체제의 병행이라는 점에서 동아시아 발전모델이 적용될 수 있는지의 가능성 등도 논의해 볼 수 있을 것이다. 또는 동아시아 발전모델이 중국에 적용되기보다 중국식 발전모델이 타당할 것이라는 주장도 설득력을 얻고 있다.

이러한 맥락에서 본 절에서는 동아시아의 경제발전, 위기와 관련한 기존의 연구동향을 개관하고, 쟁점이 되었던 주요 개념과 이슈, 그리고 새로운 연구영역 등을 제시해 보기로 한다. 세계화 시대 국가들은 지속가능한 발전을 위해 나름의 발전모델을 개발하고 있다. 동아시아 국가는 과거의 발전모델로 복귀해야 하는지, 선진국의 자본주의 모델을 쫓아가야 하는지, 아니면 이를 넘어서서 각자에 맞는 발전모델을 찾아야 하는지 기로에 서 있다. 그런 점에서 동아시아 발전과 관련한 이슈에 관심을 기울이는 것은 매우 시의적절하다고 할 수 있다.

6.3%를 보이다가, 2003년 한국은 3.1%, 세계평균 4.0%, 2004년 4.7%, 5.3%, 2005년 4.2% 4.9%, 2006년 5.0% 5.4% 등으로 낮은 성장을 지속하고 있다.

3) '베이징 컨센서스'는 '워싱턴 컨센서스'에 상응하는 개념으로, 중국식 자본주의 발전 가능성을 첫째, 혁신(innovation)을 통해, 둘째, 중국발전의 모순을 해결하기 위한 대안으로 삶의 질(quality of life), 평등, 지속가능성 등을 통해, 셋째, 민족 운명의 자결(self-determination)의 중요성 등을 통해 강조하고 있다(Ramo 2004).

Ⅱ. 이론적 개념과 쟁점들: 동아시아 경제발전에 대한 다양한 시각[4)]

1. 국제정치경제적 시각

동아시아 발전을 설명하고자 하는 다양한 시각 가운데 국제정치경제적 시각은 동아시아 국가 외부의 요인을 강조한다. 국제정치경제 시각 내에도 국제정치의 안보구조, 경제통상환경, 혹은 국제경제분업구조를 강조하는 다양한 논의가 있다. 그러나 논의의 강조점이 안보와 경제로 나뉘더라도 이들은 공통적으로 동아시아 개별국가 내부의 성장엔진보다는 외부적인 환경이 국가내부의 발전에 보다 중요한 영향을 미쳤다고 보고 있다. 이 시각에 따르면, 냉전구조에 의한 미국의 동아시아 지역에 대한 전략적 경제원조 및 우호적 통상정책이 아니었다면, 한국과 대만의 빠른 성장이 가능하지 않았을 수도 있었다(Pempel 2002). 한국과 대만은 1960년대 이후 수출주도정책을 통해 빠른 경제성장을 할 수 있었는데, 이는 미국이 거대한 수출시장을 일방적으로 제공했기 때문이었다.

커밍스(Cumings 1987)는 동아시아가 종속이론과 달리 발전을 보여 주었던 원인은 동아시아가 갖고 있는 역사적 특수성, 특히 냉전에 의해 미국이 일본에 부여했던 경제원조 및 지원체제와 연관되며 한국과 대만은 이러한 일본의 위성(satellites)국가로서 세계경제 자본

4) 동아시아 성장에 대한 이론적 논의의 일부분은 『정치학의 대상과 방법』 가운데 "정치경제" 부분으로부터 발췌한 것임을 밝혀 둔다(유석진 외. 2005).

주의체제에 용이하게 편입될 수 있었다고 강조한다. 한국과 대만은 생산주기이론(product cycle theory)에서 논의하듯이 일본에서 쇠퇴산업이었던 면직물과 철강산업을 받아들임으로써 일본으로부터 기술을 이전받을 수 있었다. 이를 통해 일본의 발전경험이 한국과 대만에도 유사하게 반복되는 결과를 가져왔다. 그럼에도 한국과 대만의 특수한 역사성과 제도적 특성은 서로 다른 발전과정과 결과를 가져왔다(Cumings 1987). 국제정치경제적 시각은 동아시아 개별국가의 성장이 지역간 생산분업체제(regionalized networks of production) 및 생산네트워크의 차원에서 이해되어야 함을 강조한다(Bernard and Ravenhill 1995; Kurth 1979).[5)] 제레피(Gereffi 1998)는 동아시아 성공원인, 특히 일본 및 동아시아 신흥공업국의 수출전략의 성공원인을 일국적 차원에서 설명하기보다는 생산의 세계화과정의 부분으로 이해하고 있다.[6)] 국제정치경제적 시각은 자칫 개별국가의 성장을 일국적 차원에서만 이해할 가능성을 줄여주는 유용한 시각이다. 그러나 외부적 요

---

5) Vernon. 1971; Bernard and Ravenhill. 1995. 생산주기이론의 핵심은 다음과 같다. 예컨대 면직물 산업(국가발전을 이끄는 주도산업에 초점을 둠)의 경우, 산업이 수입, 국내생산, 그리고 수출 이라는 단계를 경험한다. Vernon은 개별기업 행동에 초점을 두고 또한 기업경쟁력에 영향을 주는 개별 상품의 life cycle을 관찰하였다. 선진국에서 혁신상품이 출시되고(product innovation), 이때 혁신기업(innovating firms)은 독과점위치를 누린다. 다음 단계에 기술과 상품이 성숙기에 접어들며, 그 다음 단계엔 생산비용이 중요한 요소가 됨에 따라 점차 수출이 해외생산을 통해 전환된다. 마지막으로 국내수요는 낮은 임금을 보유하는 국가로부터의 수입에 의존하는 마지막 단계가 되어 생산을 더 이상 담당하지 않게 된다. 생산주기이론에 따르면 이러한 주기는 개별상품, 산업, 개별국가의 차원에서 진행된다.

6) 제레피(Gereffi 1998)는 생산자주도 상품사슬(자동차, 전자, 항공), 구매자추동 상품사슬(의류, 신발)의 개념을 통해 위계적·탈집중적 분업구조를 설명하고 있다. 생산자 추동네트워크는 생산이 해외생산거점에서 이뤄지고, 탈집중적 네트워크(decentralized network)가 그 특징이다. 구매자 추동네트워크는 생산은 선진국 기업이 맡고, 다층적 생산체제구조가 그 특징이며 생산업체는 판매와 원자재 등에서 중요한 역할을 담당한다.

인만을 강조하다 보면 외부 구조가 개별국가의 운명을 결정한다는 시각을 가져올 수도 있다. 개별국가가 자칫 유사한 국제환경에서도 서로 다른 성장결과를 가져올 수도 있는데, 이를 간과함으로써 개별국가의 자유의지와 선택을 과소평가할 소지가 많다. 그런 점에서 다음은 개별국가의 내적 요소 등에 초점을 둔 시각을 살펴보기로 한다.

2. 신고전주의 시각

신고전주의 시각은 동아시아 경제성장이 시장에 의한 효율적인 자원배분의 결과에 의해 가능했으며 수출지향정책이 그 대표적인 정책이라 강조한다. 시장 중심적 시각인 신고전적 경제학에 의하면 시장은 자율적이며 효율적, 그리고 윤리적이기까지 하다고 강조한다. 아담 스미스는 시장의 덕성을 강조함으로써 개인이 자신의 이익을 추구하면 그 결과는 사회적 번영과 질서를 가져온다고 하였다. 하이에크 역시 시장의 자발적 질서를 강조하고 국가는 시장이 발전할 수 있는 틀을 제공해 주고 보장해 줘야 한다고 하는 제한된 국가를 주장하였다. 평등주의는 자의적이며 강압적인 정치적 간섭을 필요로 하여 자발적 시장을 침해하게 된다. 반면 시장은 개인의 자유를 중시하는 윤리성을 반영한다(임혁백 1994; Gilpin 2001).

시장 중심적 시각은 시장실패보다 정부실패가 더욱 악영향을 미친다고 주장하면서 국가의 최소역할을 강조한다. 신보수주의자들에 의하면 이기적 국가, 규제국가, 지대추구 국가의 논의를 통해 국가가 해결책이 아니라 문제의 근원임을 제시한다(Krueger 1990). 이들 논의의 핵심은 국가는 재선을 추구하는 정치인과 정부예산을 극대화하려는 관료들로 구성되어 있기 때문에 정부의 규제정책은 정부기구 확대로 인한 폐해, 사회구성원의 지대추구, 자원의 비효율적 배분, 그리고 경제의 비효율성을 가져온다고 주장한다.

신고전주의에서 논의하는 성장의 주된 동력은 효율적인 자원배분이며, 따라서 동아시아 국가의 성장원인은 이러한 효율적인 자원배분에 기인한다. 특히 동아시아 국가들의 빠른 성장은 시장 순응적 정책, 예컨대 수출지향정책, 자유무역정책, 정부개입 축소, 그리고 민간기업의 주도적 역할 등에 의해 진행되었다고 강조한다. 그러나 동아시아 국가들을 자세히 살펴보면 한국과 대만은 이러한 신고전적 시각에서 논의하는 최소국가 역할의 범주에 들어가지 않으며, 국가는 중립적인 인센티브만을 제공한 것도 아니었다. 신고전주의 시각은 동아시아 국가가 정부의 금융기관 통제수단을 통해 적극적인 산업정책을 시행하였다는 점에서 그 이론의 한계를 드러내고 있다.

3. 국가 중심적 시각

국가 중심적 시각은 마르크스를 비판한 베버(Weber)의 전통에 기반을 둔 국가이론으로부터 그 지적 근원을 찾아볼 수 있다. 마르크스(Marx)는 생산양식이 정치체제를 형성하고 그 생존 및 파괴까지 결정한다고 주장하였다. 정치란 경제보다 하위적 중요성을 반영할 뿐이다. 베버는 이러한 마르크스의 경제결정론적 시각을 비판하면서 국가가 자율적 행위자로서의 역할이 있음을 주장한다. 자유주의와 마르크스주의가 정치를 경제에 대한 종속변수로 인식한 것에 비해 베버는 정치적 영역의 독자성을 강조하였다. 저개발국의 발전이 불가능하다고 했던 종속이론과 세계체제론은 동아시아 국가가 빠르게 성장하자 그 이론의 설득력을 잃기 시작했고, 그 뒤를 이어 국가 중심적 시각이 부각되었다. 국가 중심적 이론은 동아시아 성장을 설명하는 강한 국가 이론(strong state theory) 및 발전국가이론(developmental state theory)에 의해 더욱 정교화되었다.

발전국가모델의 중요한 요소는 전략적 산업정책에 있다. 발전국가이론이 신고전주의와 다른 점이 있다면 시장 순응적이라기보다 시장 주도적이었으며, 소비적 목표보다는 생산적 목표를 더욱 중시했다. 동아시아의 빠른 경제성장은 특정 전략산업에 대한 다양한 인센티브 제공과 집중투자, 그리고 이들 산업의 국제경쟁 노출 등에 의해 가능하였다. 웨이드(Wade 1990)는 신고전주의 시각과 달리 성장을 가져오는 주된 동인을 자본축적으로 설명한다. 동아시아 발전국가는 권위주의 정권이라는 제도적 유용성에 의해 특정산업 영역에 대한 집중적 투자와 생산을 지속할 수 있었다. 국가는 시장의 신호(signal)를 따라가는 역할을 하기보다 오히려 경쟁력 있는 산업에 전략적으로 투자함으로써 시장을 주도하였다. 동아시아 발전국가 모델은 자유시장하에서 일어날 수 있는 결과와는 다른 생산 및 투자 결과의 가능성을 강조함으로써 신고전주의 시각과는 반대되는 논의를 제기하였다(Wade 1990, 24-27).

암스덴(Amsden 1989)에 의하면 시장의 내적갈등은 부국이나 빈국 모두에게 일어날 수 있는데, 특히 빈국의 경우 그 갈등이 가장 첨예하게 나타난다. 예컨대 생산성이 낮은 국가는 이자율을 낮춤으로써 투자를 촉진해야 하지만 동시에 이자율을 높여야 국민의 저축을 장려할 수 있다. 또한 환율을 높여 평가절하해야만 수출을 장려할 수 있으나 평가절상이 되면 외채의 비용이나 수입을 위한 비용을 절감할 수 있다. 후발산업화에 있어서 국가의 역할은 이러한 시장의 영향력을 중화시키는 동시에 서로 갈등하는 집단의 선호를 충족시켜야 한다. 그러기 위해서는 다양한 가격정책을 실시해야 하는데, 즉 국가는 의도적으로 시장가격을 왜곡(getting the prices wrong)시켜야 하는 것이다. 그럼에도 이러한 정책이 경제적 비효율을 가져오지 않았던 이유는 보조금을 부여하면서 동시에 수출성과(performance criteria)를 강조하는 상호성(reciprocity)이라는 이중적 압박을 가했던 것에 기인한다(Amsden 1989, 13-17). 이처럼 보조금을 주면서도 수출성과와 같은 기준을 제시할 수 있었던 데에는 국가가 사회집단에 대해 자율성을 유지하고 있었기 때문이다. 국가 중심적 시각은 국가와 사회집단의 협력관계를 논의하면서도 궁극적으로는 국가의 자율성과 강한 국가의 존재를 전제로 하고 있다.

강한 국가의 자율성을 강조하면 국가는 단일한 통일체인 것처럼 강조되는 경향이 있다. 그러나 국가 내부에는 다양한 이해와 선호를 반영하는 부처간 갈등이 있기 마련이다. 뿐만 아니라 강한 국가의 자율성을 강조하다보면 국가와 사회집단과의 상호협력의 필요성 또는 발전과정에서 중요한 역할을 담당할 수 있는 사회집단에 대한 균형적 평가가 간과될 가능성이 높다. 국가 중심적 시각의 문제는 자율성이 높은 동아시아 국가가 아프리카와 같은 약탈국가가 되지 말라는 이유는 어디 있는지 또는 고립주의적 국가로 가지 말라는 보장이 어디 있는지 설명하지 못한다. 즉 발전국가모델에서는 국가 실패의 가능성을 간과하고 있는 것이다. 이처럼 국가 중심적 시각의 가장 큰 한계는 동아시아 국가들이 보여주는 다양한 국가-사회관계의 제도적 특성을 설명하지 못한다는 점과 발전이 다양한 경로를 통해 가능할 수 있음을 설명하지 못한다는 점이다(Chiu 1998; Evans 1995). 결국 국가와 사회의 연계를 설명해 줄 수 있는 제도주의 시각이 필요하게 된다.

4. 제도주의 시각

제도주의는 수정주의적 발전국가이론과 유사한데, 예를 들면 발전국가의 제도적 기반으로 관료적 자율성을, 정치적 기반으로 공-사 협력(public private cooperation)을 강조한다. 경제발전을 위해서는 국가와 사회집단의 협력이 필요하지만 이 관계가 지대추구국가가 되지 않기 위해서 국가의 자율성이 필요한 것이다. '배태된 자율성(embedded autonomy)'을 강조했던 에반스의 논의 역시 이러한 문제의 중요성을 반영하는 것이었다(Onis 1991; Evans 1995; Doner 1992).

배태된 자율성의 시각은 그러나 국가와 시장을 구분하려는, 그리고 국가와 사회를 구분하려는 의도가 존재하며 국가자율성과 국가-사회의 협력 네트워크가 공존해야 함을 강조하고 있다는 점에서 국가 중심적 시각 틀로서 인식될 수 있다. 강한 국가 이론에서 제기되는 '국가자율성'의 개념은 다소 모호하다. 예컨대 국가가 사회집단에 대해 자율적이면서도 동시에 어떻게 사회세력과 협력을 유지할 수 있는 긴장적인 균형을 유지할 수 있는지에 대해 경험적·이론적으로 설명하지 못한다. 결국 이는 제도주의적 시각으로 모든 논의가 재구성되어야 함을 의미한다. 제도주의에 의하면 우선 국가와 시장의 이분법적 구분의 논의 자체에 문제가 있음을 지적한다. 뿐만 아니라 공적인 것과 사적인 것의 구분 자체도 용이하지 않기 때문에 제도의 개념으로 재정의해야 한다고 강조한다(Ostrom 1990).

제도주의 시각에 의하면 시장은 자본주의 체제에 있어 다양한 제도 중 하나이다. 자본주의 체제는 다양한 종류의 제도에 의해 구성되어 있는데, 교환제도인 시장, 생산제도인 기업, 그리고 이러한 제도들을 규제하고 조정하는 제도인 국가 등으로 구성되어 있다(Chang 2002, 89-90). 제도주의 시각은 신고전주의의 '시장 우위적 전제(market primacy assumption)'를 비판하면서 시장이 원래 자발적으로 존재하는 것이 아니라고 강조한다. 그리고 시장은 국가와 기업과 같이 인위적 제도 가운데 하나이며, 국가는 시장형성에 역사적으로 개입해 왔음을 강조한다. 사실 국가와 시장은 그 작동기제 및 목표 과정이 다르다. 국가는 공익추구, 영토, 충성심, 배타성의 개념에 기반을 두고 있으며 폭력의 합법적 사용에 대한 독점권을 소유하고 있다. 시장은 사적욕구 충족, 계약관계와 기능적 통합, 효율성을 위해 팽창하려는 기제에 기반을 두고 있다. 이처럼 국가와 시장은 상이한 작동원리에 의해 서로 긴장관계를 반영하고 있으며 이러한 역동적 상호작용이 근대역사의 진행과정에 긴밀한 영향을 주었다(안청시 외 2000).

시장과 국가의 관계를 이분법적으로 설명하는 논리와는 달리 역사적 제도적으로 바라보면 국가는 언제나 시장에 간여해 왔음을 알 수 있다. 또한 국가의 개입은 구체적인 역사적 상황에 따라 경제적 효율성을 낳을 수도 있으며 또는 비효율적 결과를 가져올 수도 있다(Bates 1988). 폴라니(Polanyi)에 의하면 시장을 내버려두는 경우 인간사회 및 자연마저 파괴할 수 있으며, 근대 자본주의 발전과정에 있어 국가의 역할은 매우 중요했음을 알 수 있다(Polanyi 1957). 블락(Block 1990)과 같은 학자는 경제를 자율적·윤리적인 존재로 인식하는 사상 때문에 국가가 어느 특정한 역사적 상황에서 중요한 역할을 담당할 수 있는 것에 많은 제한을 받고 있다고 비판한 바 있다. 결론적으로 국가의 시장개입은 역사적으로 지속되어 왔다. 정치와 분리된 시장은 존재할 수 없으며 정치는 시장의 기구와 밀접히 연계되어 있는 것이다. 시장 역시 실패로 나아갈 수 있으므로 경제위기의 원인을 국가의 시장개입 자체만으로 주장하기보다는 국가개입의 어떤 구조적 조건이 위기와 연계되는지 구체적으로 분석해야 한다.

제도주의적 시각은 국가와 사회의 다양한 네트워크를 통한 상호작용 관계를 분석하고 있기 때문에 동아시아뿐만 아니라 다른 지역 국가 경제발전의 다양성도 설명해 줄 수 있다. 특히 발전국가이론에 의해 동아시아 경제발전을 설명하고자 했던 과대한 일반화 논리의 허점이 제도주의시각에 의해 보완될 수 있다. 발전국가이론의 설명과는 달리 일본, 한국, 대만의 국가-사회관계는 서로 다른 특성을 보여준다. 한국의 권위정권은 금융기관을 독점적으로 통제하여 대기업 중심의 산업전환과정을 추진해 온 것과 달리, 대만의 일당독재레짐은 금융기관을 통제하면서도 대기업의 산업구조가 형성되지 못하도록 안정지향적 금융정책을 지속하여 중소기업위주의 경제발전 전략을 선택하였다. 한국의 국가-기업관계가 보다 직접적인 것과 달리 대만은 간접적 관계를 특징으로 한다. 대만의 경제발전을 이끌어온 추동력이 중소기업이었던 것과 달리 한국은 대기업이었다. 일본은 국가-기업관계가 상대적으로 협력적이며 대기업과 중소기업의 균형적 발전을 가져왔다. 외형적으로 한국과 대만의 국가가 권위정권이며 사회에 대해 보다 우월한 국가의 힘을 반영하는 유사한 특성을 보이지만 구체적인 국가-기업관계, 국가-사회관계는 서로 다른 제도적 역사성에 의해 상이한 발전패턴을 보여주고 있다.

합리적 선택시각에 의하면 제도는 효율성 증진을 위한, 그리고 거래비용을 줄이기 위한 대안으로 인식된다. 그러나 역사제도주의 시각은 제도를 정치권력의 동학, 이해집단의 정치적 갈등 대상으로 이해한다. 즉 제도란 승자와 패자간의 지속적인 갈등 대상이다. 제도는 제도적 고착성의 특성에 의해 쉽게 변화하지 않는 것으로 인식될 수도 있다. 그러나 제도를 정치적 갈등의 대상으로 인식하면, 제도변화의 동학을 좀 더 역동적으로 설명할 수 있다.[7] 최근 역사제도주의 시각은 기존의 정태적 분석이라는 한계를 극복하고 다양한 이해관계의 갈등에 초점을 둠으로써 제도변화라는 역동성을 설명하려는 유용성을 반영한다. 특히 제도주의 시각에서 국가는 다양한 이해갈등과정에서 중요한 역할을 담당하는 제도로 인식되며 또한 경제발전에 있어서 미래의 비전을 제시해 주는 기업가적 역할을 하는 주체로 강조되고 있다(Chang 2002, 52-63). 그러나 제도로서의 국가가 이해갈등 조정자, 미래비전 제시자로서 그 역할을 다해야 한다고 할 때, 문제는 국가 역시 다양한 이해갈등집단과 연합을 맺을 수도 있으며 또는 이해집단으로부터 포획됨으로써 그 역할을 다 하지 못할 상황이 많다. 앞서 논의했듯이 제도로서의 국가 역시 언제 약탈국가가 되지 않는지의 보다 구체적인 조건을 제시하는 이론적 논의가 뒷받침되어야 한다.

5. 문화주의 시각

문화주의 시각은 동아시아 국가가 유교자본주의 특성을 공유하며, 이러한 문화적 공통성인 유교가 경제발전을 가져왔다고 주장한다. 유교사회가 강조하는 교육, 저축, 근검절약 등의 가치와 정신은

7) 텔렌(Thelen)은 제도변화를 제도겹침(institutional layering)과 제도변환(institutional conversion)이라는 두 가지 개념에 의해 이해가능하다고 한다. 제도겹칩은 제도의 중요한 부분은 유지하지만 그 외 다른 부분은 이해집단간의 재협상을 통해 변화하는 것을 의미한다. 제도전환은 기존제도가 새로운 목적 하에 새롭게 변화되는 것을 의미한다(Thelen and Steinmo 1992; Thelen 2003).

경제성장에 긍정적 영향을 미쳤다는 것이다. 일찍이 베버는 종교적 가치의 사회적 효과에 대해 탁월한 분석을 시도한 바 있다. 서구 자본주의 정신의 뿌리로 16-17세기의 종교개혁과 금욕적인 프로테스탄트 윤리를 지적하였다. 베버에 따르면, 금욕적 생활과 저축 관념은 근대적 자본축적에 유리하게 작용했고, 자본주의 정신은 돈벌이를 자신의 물질적 생활 욕구를 충족하기 위한 수단이 아니라 삶의 목적 자체로 여기는 소명의식이나 다름없었다. 베버는 영리를 추구하는 자본주의적 경제질서가 동서고금 어디에나 존재했지만 금욕과 소명의식(직업)이 특징인 자본주의는 오직 서구에만 발생했으며, 그 기반이 바로 프로테스탄티즘(Protestantism)이라 강조했다. 그러나 베버의 생각과는 달리 유교윤리가 동아시아의 경제발전에 중요한 역할을 했다는 유교자본주의론이 주목받게 되었다. 동아시아 국가의 공통적인 유교의 특징은 교육의 중시, 정부와 기업간의 긴밀한 관계, 가족, 학연, 지연 등을 중심으로 한 대가족 개념, 도덕 윤리적 사회, 집단의식, 저축습관, 덕치주의 등을 지적할 수 있다. 그러나 경제발전에 대한 유교의 순기능을 지적한 주장에 반해 유교문화의 역기능을 지적하는 반대 의견도 만만치 않다. 즉 경제성장에 대해 유교문화의 혈연, 지연, 학연 등의 네트워크가 상호작용의 비용(transaction costs)을 줄여 준다는 점에서 긍정적 평가를 내리는 학자가 있는가 하면(유석춘 2005), 이러한 네트워크 사회가 오히려 경제발전에 역행하는 부정적 영향이 있었음을 강조하기도 한다. 이와 관련해 동아시아의 '경제기적'이 단순히 신화였을 뿐이었다는 주장은 동아시아의 위기를 예견한 논의가 되기도 했다(Krugman 1994). 1997년 동아시아 경제위기 이후 서구의 많은 학자들은 위기의 주범으로 동아시아의 정실자본주의와 유착에 의한 도덕적 해이를 지적하였다.

또한 동아시아 국가들의 유교문화를 보다 엄밀한 의미에서 비교해 볼 때 서로 상당한 차이가 있기 때문에 서로 다른 유교문화가 유사한 경제발전을 가져왔다는 주장은 설득력이 없다고 제기된 바 있다 (Hamilton and Biggart 1988).

유교자본주의 논의와 연관되는 또 다른 문화주의 시각으로 '사회적 자본(social capital)'의 중요성을 강조한 시각이 있다. 이 시각은 경제발전에 있어 개별국가의 부존자원 및 기술, 경제적 자본 그리고 인적 자본 등의 요소 외에도 개별국가의 사회구조 및 사회관계에 의한 사회적 자본을 중요한 요소로 인식한다. 사회적 자본은 사회네트워크, 규범, 신뢰와 같은 사회조직의 특성을 의미하며, 이는 상호이익을 위한 협력과 조정을 용이하게 한다(Putnam 2001). 후꾸야마는 국가의 경쟁력은 사회적 '신뢰(trust)'라는 문화적 특성에 의해 조건지워진다고 강조한다. 문화는 내재화된 규범 및 가치, 상호적인 도덕적 의무에 기반을 둔다. 사회적 자본이란 사람들이 공동의 목적을 위해 함께 일을 할 수 있는 능력이다. 이러한 능력은 공동체내의 규범과 가치의 정도에 달렸으며, 개인의 이익보다 더 큰 집단이익을 지향할 수 있는 능력을 의미한다. 결국 신뢰는 공유하고 있는 가치(shared values)에 의해 형성되는 것이지 합리적 사고(rational calculation)에 기인하는 것이 아니라고 강조한다. 그는 중국, 프랑스, 이태리, 한국과 같이 가족중심구조의 사회에서는 가족의 범주를 넘어서서는 사회적 자본인 신뢰가 낮기 때문에 큰 조직을 형성하기 어렵다. 따라서 대기업 형성을 위해 국가가 개입한다. 그러나 일본과 독일은 가족중심사회가 아니기 때문에 전체 사회적 범주에서 볼 때 높은 신뢰사회가 그 특성이며 이 경우 큰 규모의 기업을 형성하는 것이 용이하다. 후꾸야마는 신뢰는 법과 강제에 의해 유지될 수도 있지만 진정한 신뢰는 법 없이도 유지될 수 있는 내면화된 가치라고 강조한다(Fukuyama 1995).

그러나 신뢰가 문화의 산물이라는 후꾸야마의 논의와 달리 신뢰는 서로 다른 문화적 배경을 가진 개인들 사이에도 얼마든지 형성될 수 있다는 제도적 시각도 존재한다. 공통의 문화와 규범으로 신뢰를 이해하다 보면, 신뢰가 없거나 낮은 사회의 경우 신뢰창출 자체에 대한 논의가 어렵게 된다. 신뢰는 공통의 문화를 공유하지 않는 이방인들 간에도 네트워크 형성을 통해 제도적으로 창출될 수 있다. 신뢰의 원천을 어떻게 보느냐에 따라 정부정책의 역할에 대한 함의도 달라질 수 있다는 점에서, 제도의 관점이 문화적 시각과 더불어 보완될 필요가 있다(임혜란 2007). 이처럼 사회적 관계에 의한 신뢰형성이 경제발전과 민주주의에 긍정적 영향을 미친다는 논의는 많은 관심을 끌 수 있었다.

21세기 정보사회와 정보기술의 발전은 정치영역에서의 변화를 가져오고 있다. 특히 많은 국가에서는 전자투표와 같은 투표방법의 혁명적 변화를 시도하고 있다. 그러나 한편으로는 그러한 변화의 가능성이 전자투표의 보안(security)과 같은 문제에 대한 시민들의 신뢰에 기반을 두어야 하기 때문에 사회적 자본은 앞으로도 중요한 연구 주제로 남아 있을 것이다. 뿐만 아니라 21세기 세계화 시대에 많은 국가는 경제발전의 새로운 엔진으로서 '클러스터(cluster)' 경쟁에 돌입해 왔다. 지역 혁신 클러스터는 기존의 정적인 발전모형과 달리 다양한 행위자간의 상호작용을 통한 혁신(innovation)을 기반으로 한다. 예컨대 중앙정부, 지방정부, 다국적기업, 국내기업, 대학, 연구소 등 다양한 행위자간의 협력을 통해 기술혁신을 촉진하고자 한다. 이때 협력을 위해서는 그들 간의 신뢰, 즉 사회적 자본이 기본이 되어야 한다. 신뢰구축을 위해 그 원천이 문화인지 또는 제도인지 파악함으로써 신뢰의 문화적 전통이 낮은 곳에서는 정부가 네트워크 창출 등 신뢰구축을 위한 다양한 노력을 기울일 필요가 있다. 세계화 시대에 혁신 클러스터 조성을 통해 경제발전을 지속하기 위해서는 문화적 측면인 사회적 자본에 대한 연구가 지속될 가능성이 크다.

동아시아 성장, 위기, 개혁과정을 설명하기 위한 논의는 앞서 설명한 것처럼 국제정치경제, 국가, 시장, 제도, 그리고 문화 등 다양한 요인을 강조한다. 이처럼 다양한 이론적 시각이 존재하지만 이들 시각이 서로 배타적일 필요는 없으며, 연구자의 관심 주제 및 이론적 선호에 따라 보완적으로 이용될 수 있다. 최근의 이론발전 진행과정을 볼 때 자본주의 발전과정에 개별국가마다 다양한 패턴과 나름의 복합적인 길이 있음을 인정하는 경향이 나타나고 있다(Hall and Soskice 2001). 그런 점에서 한국 역시 제도적 · 역사적 유산을 바탕으로 독자적인 한국적 발전모델을 모색해 볼 필요가 있다.

Ⅲ. 새로운 연구영역 및 과제

동아시아 발전의 정치경제 분야에 대한 새로운 연구영역은 다음의 네 가지로 압축해 볼 수 있다. 첫째, 동아시아 위기 이후 개혁과정에 대한 경험적 분석이 그것이다. 1997년 동아시아 위기 이후 동아시아 발전국가가 이전의 발전모델을 그대로 따르고 있는지의 여부에 대해 논쟁이 지속되어 왔다. 동아시아 발전모델은 한때 성장의 원인을 설명했지만, 위기 이후에는 오히려 위기의 원인으로 지목된 바 있다. 앞서 말한 것처럼 동아시아 위기 직후 동아시아 정실자본주의의 도덕적 해이(moral hazard)는 위기의 보다 근본적 원인으로 비판받았다. 또한 내부적 요인에 대한 비판으로서 국가역할이 지나치게 개입적이었기 때문에 시장원리를 훼손했다는 주장과 발전국가에서의 국가역할이 1980년 이후 세계화바람에 의해 빠르게 축소되어 금융관리감독 부재 등을 가져왔다는 주장이 동시에 제기되기도 했다.[8] 그러나 위기가 어느 정도 진정된 이후 대외적 요소인 국제금융체제의 불안정성 및 국제투기자본가들의 비도덕적 투기행위가 보다 중요한 요인으로 부각되기도 했다. 위기 원인에 대한 다양한 비판과 더불어 위기 이후 동아시아 발전국가는 대내외적 개혁에의 압력을 받아 왔으며, 그 이후 정치경제적 개혁과정을 추진해 왔다. 동아시아 발전국가의 변화과정을 두고 발전국가의 지속, 규제국가로의 이행 등 다양한 논의가 지속되고 있다.[9] 제도주의 시각에서 볼 때 급격한 제도변화보다는 발전국가적 속성을 반영한 새로운 제도개혁과정으로 이해하는 것도 설득력이 있다. 동아시아 발전국가가 위기 이후 개혁과정을 통해 어디로 가고 있느냐의 문제는 추후 심도있는 분석이 필요하다는 점에서 새로운 연구영역 과제가 될 것이다.

둘째, 동아시아 발전국가의 변화과정에 대한 경험적 분석은, 동시에 동아시아가 앞으로 어느 방향으로 나아가야 하는가에 대한 비전제시와 연관된, 규범적인 정책적 함의를 필요로 한다. 규범적인 정책적 함의는 단순히 현실과 동떨어진 이상적 이론에 기반한 것이 아니다. 현실정책의 실패와 한계를 분석함으로써 보다 바람직한 대안

8) 이 논의는 "too much government intervention vs too little government intervention"의 상반된 주장으로 양분되었다. 시장에서의 국가역할에 대한 논의가 위기 이후 한국에서 혼란과 표류의 양상을 반영하고 있다(Chang 1998).

9) Chu. 2002; Kim. 2002; Moon and Rhyu. 2002; 이연호 외. 2002; 임혜란. 2006; Lim. 2007.

을 제시하는 분석에 기반한 것이다. 한국은 외환위기를 전후하여 뚜렷한 성장엔진을 찾지 못했으며, 시장에서의 국가 역할의 재조정 문제도 충분히 논의하지 않았다. 그 이유 중의 하나는 한국정당이 정치·경제적 이념에 기반을 둔 이념정당이라기보다 인물 보스 중심의 정당이었기 때문에 다양한 계층과 이익집단의 갈등을 반영할 사회적 담론을 제도적으로 흡수하지 못했기 때문이다. 한국은 권위주의 정권 이후 평화적 정권교체에는 성공했지만 '무정형 정당체계'의 특징으로 인하여 선거 때마다 새로운 정당이 형성되는 불안정한 정치지형이 지속되었다. 김대중 정권은 외환위기로부터 벗어나는 것이 최대의 목적이었기 때문에 금융개혁 등 경제개혁과정에 역점을 두었다. 따라서 대통령의 제왕적 권력, 사인주의와 지역할거의 정치가 온존하는 등 권위주의 유산이 잔존하였다. 노무현 대통령 시기에는 고비용 저효율의 정당구조, 제왕적 대통령제, 금권선거, 부패의 측면에서 다소 의미 있는 개선이 이루어졌다. 물론 불안정한 정당정치의 유산이 한국 민주주의의 공고화(consolidation)의 발목을 잡고 있는 실정이다(박찬욱 외 2007). 또한 경제개혁과정 및 성장에도 한계를 보이고 있어 2007년 대통령선거 결과는 이러한 경제성장 및 개혁에 대한 국민들의 염원이 반영된 것임을 알 수 있다. 따라서 새로운 연구들은 시장에서의 정부 역할에 대한 논의, 성장과 복지의 관계에 대한 논의를 통해 미래의 정치경제 발전모델의 구축을 논의해야 할 것이다.

세 번째 연구영역은 민주화와 경제발전 및 개혁 간의 상호관계에 대한 이슈이다. 민주주의와 경제개혁의 관계에 대한 논의는 남미지역을 중심으로 이루어져 왔으며, 따라서 동아시아 지역에 대한 이론적, 경험적 논의가 추가될 필요가 있다. 동아시아 위기 이후 동아시아 발전국가는 민주화와 경제개혁의 동시적 달성이라는 어려운 과제를 안고 있다. 뿐만 아니라 경제개혁과 성장을 동시에 진행해야 하는 난제도 갖고 있다. 과거 동아시아 발전국가는 권위주의와 경제성장을 병행할 수 있었다. 한국과 대만은 1980년대 이후 경제성장의 결과 민주화세력이 양성되었고, '과정적 의미의 민주화'를 첫 단추로 민주주의의 대장정의 길로 들어섰다. 그러나 이들 국가는 새로운 정치지형에서 또 다른 도전을 맞이하게 된다. 대만은 민주화 이후 정치인들이 선거를 정기적으로 치르게 됨으로써 선거비용이 증가하게 되어 정치인과 금융기관과의 유착이 필요하게 되었다. 대만은 1997년 외환위기를 모면했는지는 모르지만, 위기 이후 유착 관계는 금융기관의 자유화와 개혁과정에서 부정적 영향을 미치고 있다. 민주화의 경제개혁과정에 대한 단기적 영향은 매우 부정적임을 알 수 있다. 대만의 민진당(Democratic Progressive Party)은 선거에서 대만인과 중국인의 분리라는 민족성(ethnicity)과 정체성(identity) 이슈를 부각시킴으로써 선거에서 승리할 수 있었다. 대만선거에서는 진정한 의미의 이념담론의 경쟁이 지속되었다기보다는 중국과의 안보이슈, 독립 이슈가 선점되는 결과를 가져왔다. 민진당의 성공적인 선거전략은 중국, 미국과의 대외적 갈등과 국내의 정치적 불안정을 증가시켰다. 대만 민주화는 단기적으로 대만의 정치적·경제적 불안정을 증가시켰다고 평가될 수도 있다. 대만 국민의 민생, 복지, 경제성장과 같은 보다 실용적인 이슈들이 선거에서 선점되지 못하는 결과를 가져왔으며, 이는 최근 대만의 경기침체 등의 현상과 무관하지 않다. 그러나 최근 대만의 선거지형은 보다 경제·사회적 이념을 강조하는 전략이 대중의 관심을 끌고 있어 대만선거에서도 보다 다양한 이슈와 이념논쟁이 발전되고 있음을 알 수 있다. 그런 점에서 민주화의 대만경제 및 사회에 미치는 장기적 영향은 긍정적인 것으로 평가할 수 있다.

한국 역시 1980년대 말 민주화 이후 과거청산 및 정치개혁 과정이 진행되었다. 한때 중시되었던 민주-반민주 이슈의 중요성이 줄어들면서, 안보-경제 이슈로 이분화되다가, 최근 2007년 선거에서는 처음으로 국가-시장 패러다임도 중요한 이슈로 부각되었다. 새로운 이명박 정부는 친기업적, 친시장적 이념을 강조하고 있다. 민주화 이후 정부 관료에 중앙집중되었던 정책결정 및 실행권력이 점차 다양한 부처로 분산되었다. 그러나 다양한 부처간 이견과 갈등을 조정할 기제를 마련하지 못함으로써 정책결정과 실행과정에 비효율성이 증가하고 있다. 한국은 민주화 20년을 맞이한 오늘날 정치개혁에 상당한 개선을 이룩한 것도 사실이나 정당정치의 제도화 등 민주주의의 공고화 과제를 남겨 두고 있다. 한국 민주주의의 공고화와 경제성장 및 개혁과정이 병행될 수 있도록 하기 위해 이에 대한 학문적, 실천적 정책 연구가 지속되어야 할 것이다.

네 번째 새로운 연구영역으로 '굿 거버넌스(good governance)의 모색'을 지적해 볼 수 있다. 민주화 이후 권력은 정부 내에도 분산되고 있을 뿐만 아니라, 정부와 사회의 다양한 행위자에게도 분산되고 있다. 민주화 이후 권력의 탈집중화 현상은 기존의 국가중심적 분석틀에 한계를 가져왔다. 국가가 비록 주권과 힘의 합법적 사용의 독점권을 갖고 있어도 거버넌스 구조의 한 행위자에 속하며, 시민사회, 지역정부, 국제기구, 다국적기업 등 다른 행위자 역시 거버넌스에 기여할 수 있다(Peter 2000; Pierre and Peters 2000). 한곳에 몰려 있던 중앙집중권력이 다양한 행위자에게 분산됨에 따라 과연 이들 다양한 행위자간의 조율을 어떻게 해야 하는가 하는 '굿 거버넌스'의 모색 역시 새로운 연구과제로 남아있다. 새로운 발전모델을 모색하기 위해 과거에 성공적이었던 동아시아 발전모델로 회귀할 수는 없다. 21세기는 세계화된 시기이며 정부 외에도 다국적기업, 시민사회 등 다양한 행위자가 발전에 중요한 역할을 담당할 수 있게 되었다(임혜란 2006). 정부 내부에도 부처간 이견을 조정해야 할 제도적 기제가 필요하며, 정부와 비정부 행위자간의 협력을 이끌어낼 수 있는 '굿 거버넌스' 기제를 고안해야 하는 것이 오늘날 새로운 정부에게 주어진 과제라 할 수 있다. 민주주의의 공고화와 경제성장을 동시에 이뤄내야 한다는 점에서 굿 거버넌스에 기초한 새로운 정치경제 발전모델의 모색이 필요한 시점이다.

주요문헌 소개

Evans, Peter. 1995. *Embedded Autonomy: States and Industrial Transformation.* Princeton: Princeton Univ. Press. 이 책은 경제발전과 국가역할에 대한 비교제도 분석으로, 국가와 사회의 연계를 강조한 '배태된 자율성'의 이론적 개념을 경험적 사례에 적절히 적용하여 분석한 저서이다.

Hall, Peter and David Soskice. 2001. *Varieties of Capitalism: The Institutional Foundations of Comparative Advantage.* 세계화가 자본주의 국가들의 수렴을 가져온다는 논의를 비판하고 다양한 자본주의체제로의 분화 가능성을 주장한 비교정치경제의 대표적 저서이다. 자유시장경제와 조정시장경제 체제를 비교분석하고, '제도적 비교우위' 개념을 통해 발전을 위한 다양한 길이 있음을 강조하고 있다.

Polanyi, Karl. *The Great Transformation: The Political and Economic Origins of Our Time.* New York: Farrar and Rinehart, ins., 폴라니는 인류

의 경제사를 추적함으로써 19세기 이후 인류에게 익숙하게 된 '시장 경제'라는 것이 얼마나 불안정하고 파괴적 결과를 가져 오는 것인지를 밝히고 있다. 시장이 자율 조정적이라는 허구적 가설을 비판하고 시장과 국가의 관계에 대한 역사적, 제도적 이해를 강조한 저서이다.

Wade, Robert. 1990. ***Governing the Market: Economic Theory and the Role of Government in East Asian Industrialization*** **Princeton, New Jersey: Princeton University Press.** 동아시아 발전이 시장의 힘에 의해서도 진행되었지만 동시에 정부의 역할도 매우 중요했다고 강조한 저서이다. 시장과 국가의 이분법적 논의로부터 벗어나서 이 둘 간의 상호연계를 강조하고 발전의 정치경제적 측면을 분석한 글이다. 동아시아 국가에서도 대만의 경제 발전을 정치적, 사회적 연계를 통해 설명하고 있다.

참고문헌

길핀. R. 1990. 「정치경제의 속성」. 제 1장 『국제관계의 정치경제학』 서울: 인간사랑.

박찬욱 · 임경훈 · 임혜란. 2007. 「한국정치의 변화와 연속성」. 정운찬,조흥식 편. 『외환위기 10년, 한국사회 얼마나 달라졌나』 서울대학교 출판부.

안청시 · 정진영. 2000. 「현대 정치경제학의 연구대상과 주요 이론들」. 『현대 정치경제학의 주요 이론가들』 서울: 아카넷.

유석진 · 김의영 · 임혜란. 2005. 「정치경제」. 김세균 편. 『정치학의 대상과 방법』 . 서울: 박영사.

유석춘. 2005. 「유교윤리와 한국 자본주의 정신: 효를 중심으로」. 『한국사회학』 39집 6호

이연호 외. 2002. 「한국에서 규제국가의 등장과 정부-기업 관계」. 『한국정치학회보』 36집 3호

임혁백. 1994.「신보수주의 국가론」.『시장 국가 민주주의』 서울: 나남.

임혜란. 2000.「동아시아위기: 동아시아모델과 지역경제협력」.『국제정치논총』 40집 2호.

임혜란. 2006.「동아시아 발전국가와 거버넌스: 정보화 시대 한국과 대만의 산업정책을 중심으로」.『신아세아』 13권 1호, 봄 통권 46호.

임혜란. 2007.「한국, 일본, 대만의 사회적 자본 비교연구」.『한국정치연구』. 16집 2호.

Amsden, Alice. 1989. *Asia's Next Giant: South Korea and Late Industrialization*. Oxford Univ. Press. Part I and Part III.

Bates, Robert ed. 1988. "Governments and Agricultural Markets in Africa," *Toward a Political Economy of Development: A Rational Choice Perspective*. Ch. 10.

Bernard, Mitchell and John Ravenhill. 1995. "Beyond Product Cycles and Flying Geese: Regionalization, Hierarchy, and the Industrialization of East Asia," *World Politics*. 47, January.

Biggart, Nicole Woolsey and Gary G. Hamilton. 1997. "Explaining Asian Business Success: Theory No. 4," in Marco Orru, Nicole Woolsey Biggart, and Gary G. Hamilton eds. *The Economic Organization of East Asian Capitalism. Thousand Oaks: Sage Publication.*

Block, Fred. 1990. "Political Choice and the Multiple "Logic" of Capital," Sharon Zukin and Paul Dimaggio, eds. *Structures of Capital.* Cambridge: Cambridge University Press.

Chang, Ha-Joon. 1998. "South Korea: The Misunderstood Crisis," *World Development.* 26(8).

Chang, Ha-Joon. 2002. *Globalization, Economic Development and the Role of the State*. London and New York: Zed Books Ltd.

Chiu, Stephen W. K. and Tai-lok Lui. 1998. "The Role of the State in Economic Development," in edited by Grahame Thompson. *Economic*

Dynamism in the Asia-Pacific. London and New York: Routledge.

Chu, Yun-han. 2002. "Re-engineering the Developmental State in an Age of Globalization: Taiwan In Defiance of Neoliberalism," *Redefining Korean Politics: Lost Paradigm and New Vision*. edited by Young Rae Kim, Hochul Lee and In-Sub Mah. Korean Political Science Association.

Cumings, Bruce. 1987. "The Origins and Development of the Northeast Asia Political Economy: Industrial Sectors, Product Cycle, and Political Consequences," in Frederic C. Deyo ed. *The Political Economy of the New Asian Industrialism*. Ithaca; Cornell University Press.

Doner, Richard. 1992. "Limits of State Strength: Toward an Institutionalist View of Economic Development," *World Politics* 44, April.

Evans, Peter. 1995. *Embedded Autonomy: States and Industrial Transformation*. Princeton: Princeton Univ. Press. Ch. 3-6.

Fukuyama, Francis. 1995. *Trust: The Social Virtues and the Creation of Prosperity*. Free Press Paperbacks.

Gereffi, Gary. 1998. "Commodity chains and regional divisions of labor in East Asia" Kim Eunmi ed. *The Four Asian Tigers :Economic development and global political economy* 1998.

Gilpin, Robert. 2000. *The Challenge of Global Capitalism*. Ch. 3. 4. Princeton, New Jersey: Princeton University Press.

Gilpin, Robert. 2001. *Global Political Economy*. Princeton and Oxford: Princeton University Press.

Hall, Peter and David Soskice. 2001. *Varieties of Capitalism: The Institutional Foundations of Comparative Advantage*. Ch. 1.

Johnson, Charlmers. 1987, "Political Institutions and Economic Performance: The government-Business Relationship in Japan, South Korea, and Taiwan," edited by Frederic C. Deyo, *The Political Economy of the New Asian Industrialism*. Cornell University.

Kang, David C. "Bad Loans to Good Friends: Money Politics and the Developmental State in South Korea," *International Organization* 56. Winter 2002.

Kim, Euiyoung 2002. "Reconstructing the Developmental State." *Redefining Korean Politics*, *Redefining Korean Politics: Lost Paradigm and New Vision,* edited by Young Rae Kim, Hochul Lee and In-Sub Mah. Korean Political Science Association.

Krueger, Anne. 1990. "Government Failure in Development," *Journal of Economic Perspectives* 4, Summer.

Krugman, Paul. 1994. "The Myth of Asia's Miracle" *Foreign Affairs*. Nov/Dec.

Kurth, James. 1979. "The Political Consequences of the Product Cycle: Industrial History and Political Outcomes," *International Organization* 33. Winter.

Lim, Haeran. 1998. *Korea's Growth and Industrial Transformation*. Great Britain: Macmillan Press. Ltd.

Lim, Haeran. 2007. "Legacy of Developmental States: Industrial Policy and Governance in Korea and Taiwan," Midwest Political Science Association, Chicago, April.

Moon, Chung-In and Sang-Young Rhyu. 2002. "Dismantling the Developmental State," *Redefining Korean Politics*, *Redefining Korean Politics: Lost Paradigm and New Vision,* edited by Young Rae Kim, Hochul Lee and In-Sub Mah. Korean Political Science Association.

Onis, Ziya 1991. "The Logic of the Developmental State", *Comparative Politics* 24, October.

Ostrom, Elinor. 1990. *Governing the commons: the evolution of institutions for collective action*. Cambridge: Cambridge University Press. Thelen and Steimo. 1992.

Pempel T. J. 2002. "Revisiting the East Asian Economic Model,"

Redefining Korean Politics, edited by Young Rae Kim, Hochul Lee and In-Sub Mah. Korean Political Science Association.

Peter, B. Guy. 2000. "Introduction: Understanding Governance," in Pierre, Jon, *Debating Governance*. Oxford: Oxford University Press.

Pierre, Jon and R. Guy Peters. 2000. *Governance, Politics and the State*. New York: St. Martin's Press.

Polanyi, Karl. *The Great Transformation: The Political and Economic Origins of Our Time*. New York: Farrar and Rinehart, ins., Chs.. 10-14.

Putnam, Robert D. 2001. *The Collapse and Revival of American Community*. Simon and Schuster.

Ramo, Joshua Cooper. 2004. *The Beijing Consensus*. The Foreign Policy Centre. The Mezzanine Elizabeth House

Thelen, Kathleen and Sven Steinmo. 1992. "Historical Institutionalism in Comparative Politics," in Sven Steinmo, Kathleen Thelen, and Frank Longstreth, eds., *Structuring Politics: Historical Institutionalism in Comparative Analysis*. New York: Cambridge University Press.

Thelen, Kathleen. 2005. "How Institutions Evolve," in James Mahoney and Dietrich Rueschemeyer eds., *Comparative Historical Analysis in Social Sciences*. Cambridge University Press.

Vernon, Raymond. 1971. *Sovereignty at Bay: The Multinational Spread of U.S. Enterprises*. New York: Basic Books.

Wade, Robert. 1990. *Governing the Market: Economic Theory and the Role of Government in East Asian Industrialization* Princeton, New Jersey: Princeton University Press.

Weber, M. 1930(1920). The Protestant Ethic and the Spirit of Capitalism, translated by Parsons, T. Scribner (박종선 역, 1987. 프로테스탄트즘의 윤리와 자본주의 정신. 세계).

World Bank. 1993. *The East Asian Miracle: Economic Growth and Public Policy*. Oxford University Press. Overview.

10 세계화 시대 자본주의 다양성

권 형 기

Ⅰ. 서 론

1980년대 이래 자본이동의 강화, 생산의 유연화, 보다 격화되는 국제 경쟁과 급속히 발전하는 테크놀로지 등을 배경으로 선진자본주의 국가들은 기존의 자체 모델에 대한 반성과 변화된 국내외 환경에 대한 적응으로 새로운 발전 모델을 모색하고 있다. 이러한 논의는 우리나라에서도 예외는 아니다. 현재 우리나라에서도 진행되고 있는 "분배냐 성장이냐"는 논쟁은 바로 이러한 새로운 발전 모델의 모색을 둘러싼 논의의 단면을 보여준다.

세계화 시대를 배경으로 진행되는 자본주의 모델의 재편에서 가장 우위를 점하는 담론은 단연 신자유주의적 입장이다. 신자유주의자들은 "자유주의적 미국 대(對) 사회적 유럽의 경직성(Liberal America versus Social Europe)"을 제기하며 신자유주의적 탈규제, 시장중심의 자유주의 체제로의 재편만이 실업을 줄이고 경제성장을 이룰 수 있다고 주장한다. 이에 비해, 많은 정책입안자들이나 학자들은 영미식 신자유주의적 재편과는 다른 발전 모델을 모색하고 있다. 특히 신자유주의적 수렴론에 반대하는 대표적인 이론적 토대를 제공하는 신제도주의자들은 자본주의 발전 모델의 다양성(varieties of capitalism)을 강조한다. 다양한 자본주의 모델들의 분류와 그 다양성의 원인에 대한 분석에서는 매우 상이한 입장들이 존재하지만, 제도주의자들은 공히 세계화된 국제정치경제 환경에서도 선진 자본주의 국가들의 적응은 결코 앵글로색슨 모델로 수렴하지 않을 것이라는 것이다.

이 글은 이러한 세계화 시대 자본주의 다양성을 둘러싼 논의를 살펴보는 것을 주목적으로 한다. 이 글은 우선 세계화 시대 국민국가적인 모델의 유의미성이 존재할 수 있는지를 살펴볼 것이다. 그리고 또한 만약 신제도주의자들의 주장처럼 다양한 자본주의 모델이 존재한다면 어떤 형태의 모델이 존재하는지를 살펴볼 것이다. 끝으로 이 글은 자본주의의 다양성을 설명하는 이론들의 상이한 입장들과 접근법들의 강점과 약점들을 살펴볼 것이다.

Ⅱ. 비교 정치경제 이론들과 최근의 동향 개관

이 장에서는 우선 자본주의의 다양한 모델의 분류들을 살펴보기 이전에 세계화 시대 다양한 자본주의를 둘러싼 논의를 개괄할 것이다. 대표적인 이론들로는 앵글로색슨 모델로의 수렴을 주장하는 신자유주의와 이에 반대하는 신제도주의 그리고 그 외 세계화 반대론자들 등이 있다.

1. 신자유주의

IMF 이후 한국에서도 느낄 수 있듯이 세계화 시대 재편의 담론에서 우위를 점하고 있는 논의는 신자유주의적 입장이다. 이들은 기존 동아시아의 발전 국가 모델이나 서구의 복지 국가 모델은 많은 비효율성을 야기하기 때문에 세계화 시대 가장 유효한 것은 시장에 기반한 영미식 자본주의 모델이라고 주장한다. 스트레인지(Strange, 1997)를 위시한 많은 신자유주의적 정치경제학자들은 글로벌 시대의 자본주의 미래로 "자본주의의 다양성이 지속될 것인가(Will Divergence Persist Forever?)"라고 문제를 제기하면서 자본의 유동성 증가, 급속한 테크놀로지의 발전으로 민족 국가들의 국내 정치에 기반한 독자적 모델은 더 이상 유효하지 않을 것이며 오직 전 지구적인 보편적 기준과 경쟁 논리에 따라 가장 효율적인 시장 중심의 영미식 자유주의적 모델로 수렴할 것이라고 주장한다.

그런데 이러한 신자유주의의 우위는 그렇게 오랜 된 것이 아니다. 1980년대 말까지는 미국 자본주의의 상대적인 침체와 대비되게 독일과 일본의 장기적 성공으로 조직자본주의의 장점이 부각되었다. 미국의 경우는 경제적 효율성의 제고를 위한 절박한 필요에 놓여 있었다(Dertouzos, et al. 1989). 미국 자본주의의 문제점들이 임노동관계, 금융, 기업지배구조 등의 여러 측면에서 검토되었다. 가장 주요한 결함은 자본이 너무 지나치게 단기간의 이익에 매몰되게 하는 구조라는 것이다. 이에 비해 일본과 유럽은 은행에 기반한 자본 조달구조 하에서 보다 장기적인 관계를 수립할 수 있는 장점을 가진다고 평가되었다. 이러한 장기 관계는 임금협상과 임노동 보호에서 보다 안정적인 관계를 유지할 수 있게 하고 나아가 보다 협력적 관계를 유발시키기 때문에 일본과 유럽의 제조업이 미국에 비해 성과가 좋다는 분석이 대두되었다. 미국 자본주의의 단기적 속성은 제조업의 경쟁력 향상을 위한 기술 축적에 부정적인 효과를 지니고 있었다.

그러나 1990년대 비교정치경제의 논의 구조는 완전히 역전되는 분위기였다. 일본은 "잃어버린 10년(lost decade)"으로 침체의 늪에 빠져 거의 제로 성장을 경험했고, 유럽도 또한 높은 실업 낮은 경제성장과 경기침제를 면치 못했다. 반면 미국은 2차 세계대전 이래 가장 긴 상승무드를 탔다. 미국은 높은 성장률, 낮은 실업, 생산성의 재상승, 낮은 인플레, 사적 R&D 지출의 상승, 신기술집약 회사의 급성장 등 좋은 성과를 보여주었다. 미국의 쇠퇴니 미국자본주의 모델의 결함이니 하던 논의는 거의 잊혀 지다시피 되었고 오히려 미국 자본주의 모델은 경제적 역동성과 혁신의 결정판이 되었다. 많은 신자유주의자들은 "지식기반의 신경제"나 세계화에 따른 국제경쟁의 격화는 "자유시장"에 기반한 미국식 자본주의 모델이 가장 유효하다고 주장하였다.

신자유주의자들의 논의는 체계적이고 단일한 이론으로 존재하는 것은 아니다. 우선 정치적 의미에서 자주 거론되는 "워싱턴 컨센서스(Washington Consensus)"를 보더라도 하나의 체계적인 이론은 아니다. 그것은 IMF의 거시경제적 정책, World Bank에서 레이건 시절 워싱턴에서 유행하던 시장 탈규제 정책과 공급위주의 경제학 채택, 그리고 영국에서 채택된 공기업의 민영화가 결합된 것이다(Pieper and Taylor 1998: 41). 또한 신자유주의적 학자들은 복지나 노동시장 혹은 기업지배구조와 생산양식 분야 등 강조하는 초점과 분야가 다르다. 다만 그들의 전반적인 주장은 대체로 시장 중심의 자유계약관계를 가장 효율적으로 간주하는 것이다. 예를 들면, 복지와 노동시장의 측면에서 신자유주의자들(Berliner 1999; Siebert 1997; Bertola, et al. 2001; Heckman and Pages-Serra 2000; IMF 2003; Pissarides 2001; Strange 1997; Ohmae 1991, 1995; OECD 1994)은 세계화와 빠른 기술의 발전에 적응하기 위해서는 노동시장의 외적 유연성(external flexibility)이 가장 높은 "자유시장" 모델만이 유효하다고 주장하면서, 세계 자본주의 국가들은 기존의 다양한 임노동 관계에서 후퇴하고 지속적인 성장을 위해 "자유시장" 모델로 수렴할 것이라고 예상한다. 즉, 신자유주의자들은 현재 그리고 미래의 노동시장은 집단 협상을 포기하고 시장에 기반한 자유계약관계(individual free contracts)로, 그리고 장기 고용보다는 시장의 수요와 공급에 따른 단기계약관계(short-term contracts)로 각국은 수렴할 것이라고 본다. 이것은 자본시장과 기업지배구조에서 그리고 기업 간의 관계에서도 기존의 은행에 기반한 장기계약 관계보다는 영미식 자유시장 관계의 우월성을 강조한다. 만약, 이러한 자유시장관계로 이행하지 않을 경우, 신자유주의자들은 장기계약이나 사회적 규제 등은 유럽과 같이 "동맥 경화증"(sclerosis)의 병폐를 불러 온다고 주장한다.

2. 세계화 반대론자들

다른 한편, 리프킨과 하일브로너(Rifkin and Heilbroner 1995) 그리고 벡(Beck 2000) 같은 세계화 반대론자들(opponents of globalization)은 세계화는 자유주의적 노동시장의 유연성 강화로 인해 노동조건의 악화나 삶의 질적 저하를 가져온다고 보고 세계화에 부정적인 입장을 견지한다. 그럼에도 불구하고, 이들도 또한 기존의 장기계약이나 사회보장 등의 임노동관계가 세계화에 따라 더 이상 존속하지 않을 것이란 점을 인정한다는 점에서 자유주의와 일맥상통한다. 즉 세계화 반대론자의 주장은 자유시장관계가 지배할 것이라는 점에서 신자유주의자들과 동일한 인식을 가지고 있다. 그러나 많은 경험적 연구들이 보여주듯이 1990년대 자본주의 국가들의 재편은 반드시 "자유시장" 모델로 수렴되는 것은 아니었다. 오히려 다양한 재편을 보여주고 있다.

3. 신제도주의

신제도주의자들(Soskice 1990, 1991, 1999; Hall and Soskice, eds. 2001; Dore 1997, 2000; Kitschelt, et al. 1999; Crouch and Streeck 1997; Hollingsworth 1997; Hollingsworth and Boyer, eds. 1997; Streeck 1992; Boyer and Drache, eds. 1996; Hill 1995)은 각국의 자본주의는 자국의 문화나 제도에 맞추어져(embedded) 있어서 자체의 고유한 발전 경로를 가지고 있다고 한다. 이러한 발전 경로는 행위자들이 당연시 여기는 문화나 제도로 인해 쉽게 바뀌지 않기 때문에 경로의존적(path-dependent)으로 기존 발전 모델을 고수한다고 주장한다. 특히 홀과 소스키스(Hall and Soskice 2001)같은 신제도주의자들은 각국은 신자유주의 모델로 수렴하기보다 자국의 제도들이 주는 비교우위를 잘 이용하는 것이 경쟁력 향상에 더욱 도움이 된다고 주장한다. 예를 들면 독일이나 일본의 경우 미국의 신자유주의 모델을 받아들이기보다 자국의 제도의 이점을 살린 기존 모델의 합리성을 발전시킬 것을 권장한다. 당연시 되는 문화에 의해 행위자들이 새로운 모델을 받아들이지 않는다거나 혹은 제도의 이점을 살리려고 다른 모델을 받아들이지 않는다거나, 제도주의자들의 주장은 다양하지만 이들의 공통된 견해는 제도로 인해 각국은 자체의 경로의존적 발전 모델을 유지하지 결코 영미식 자유주의적 모델로 수렴하지 않을 것이라는 것이다.

이러한 제도주의의 자본주의 다양성 논리는 신고전파 경제학에 기반한 신자유주의의 효율성 논리에 반대되는 것이다. 신고전파 경제학자들에게서 제도는 단지 방해요소이다. 가장 이상적인 완전경쟁을 염두에 두고 제도가 들어오면 올수록 그만큼 비효율적이라는 것이다. 그러나 제도주의자들에 따르면, 현실에서 행위자들은 이러한 이상적 상태에 있지 않고 제도의 조건에 맞추어져(embedded) 행동한다는 것이다. 즉 동일한 합리적 행위자라 하더라도 상이한 제도적 맥락에서는 상이한 행동(make or buy)을 한다는 것이다. 예를 들면, 거래가 보다 안정적으로 이루어지도록 제도가 보완될 경우는 회사 내부 거래보다 시장에서 거래를 선호한다(Williamson 1985).

제도주의자들이 말하는 제도란 경제적 활동을 위한 게임의 규칙으로서 행위자들에게 인센티브(incentives)와 제약(constraints)을 부여함으로써 행위자로 하여금 특정 기술을 획득하고, 특정 자산에 투자하고, 협력적이든 혹은 기회주의적으로 행동하게 한다. 일단 규칙이 정해지면, 그 제도들은 행위자들이 그 규칙 내에서 행동하도록 강제하는 환경으로 작용한다. 제도는 행위자들 간의 거래의 불확실성을 낮추고 조정의 문제를 해결하기도 하고, 협력을 촉진하고 기회주의적 행동을 극복하도록 도와주기도 한다. 예를 들면, 노스(North 1990)는 제도적 구조에 경제성장을 결부시켜 제도가 어떻게 행위자들에게 영향을 미쳐 특정한 발전 경로를 형성하는지 보여준다. 숀필드

(Shonfield 1965)는 프랑스와 독일이 미국과 상이한 제도 때문에 신속히 미국을 추격해서 성장할 수 있었다고 본다. 이는 신고전파 경제학과 달리 비시장적 조정방식이 보다 효과적이라는 것을 보여주었다.

이렇듯이 제도적 맥락에서 자본주의 합리성의 실현방식은 다양하다는 것이다. 이는 곧 경제적 효율성이 신고전파 경제학이 전제로 하는 완전 경쟁의 자유시장만이 보편타당하게 가장 합리적이라는 일면적 합리성(one-dimensional rationality)을 벗어나는 것이다. 예를 들면, 캠포스와 드리필(Calmfors and Drifill 1988)의 낙타등 테제(hump-shaped thesis)에서 보여주듯이 임금 협상의 집중도에서 가장 탈집중적 자유시장뿐만 아니라 고도로 집중된 구조에서도 경제적 성과가 좋은 반면, 집중도가 중간정도의 경우에서 가장 효과가 낮다는 것을 보여준다. 또한 매디슨(Maddison 1995)의 경험분석에 따르면 스위스와 미국은 노동시장, 금융체계 상품시장 경쟁성에서 상이한 제도적 특징을 가지고 있음에도 불구하고 1870년에서 1990년 사이에 동일한 성장의 모습을 보여준다. 이는 상이한 제도하에서도 유사한 경제적 성과를 보여줄 수 있다는 것, 그리고 최고 효율적 제도는 단일한 것(one best way)이 아니라는 것을 의미한다.

Ⅲ. 다양한 모델들

이 장에서는 자본주의 발전 모델의 다양한 사례들을 구체적으로 살펴볼 것이다. 다양한 자본주의 모델의 분류들은 어떤 기준에 의해 구별하느냐에 따라 매우 다양한 분류법이 존재한다. 구분의 기준이 많을수록 보다 자세하지만 체계적이지 못한 반면, 분류기준이 적을

수록 다양성의 논리적 엄밀성은 분명히 보여주지만 소외되는 사례를 유발하는 약점이 있다. 여기서는 다양한 분류들을 통해 제시되는 모델들의 특징을 살펴보는 것을 주요 목적으로 한다.

그런데 다양한 분류들을 구체적으로 살펴보기 이전에 먼저 주목해야할 사실은 첫째 다양한 발전 모델에 대한 분석은 복지체제 같은 한 분야만의 제도만이 문제가 되는 것은 아니다. 생산양식, 임노동관계, 상품시장, 자본시장 등 다양한 분야의 제도들이 상호 연결되어 특정 발전 모델을 구성한다고 본다. 이를 전문용어로 제도들의 보완성(institutional complementarity)이라고 한다. 제도의 보완성이란 제도들은 독립되어 존재하지 않는다는 것이다. 특히 하나의 제도가 다른 제도의 효율성을 높일 때 두 제도는 상호 보완적이라고 한다. 예를 들면, 금융체제의 제도와 직업훈련 제도 간에는 상호보완성이 있다. 자유로운 노동시장제도와 주식시장을 중심으로 하는 금융제도하에서 노동자들은 어떤 회사에 특수한 기술을 축적하려는 경향이 적다. 오히려 일반적 기술(general skills)을 가지려는 경향이 있다. 반대로 안정적인 임노동 보호와 은행 중심의 안정적 금융시스템에서는 장기간의 투자계획과 더불어 회사특수 기술(firm-specific skills)을 축적하는 직업훈련제도가 발전할 수 있다. 또한 금융시장과 회사 간 관계에서도 상호 보완적 관계를 볼 수 있다. 영미와 같은 주식시장에 기반한 금융체제하에서는 금융자본과 회사 간의 관계가 단기적인 반면, 독일의 하우스방크(Hausbank)나 일본의 주은행제도(main bank system)에서는 회사와 금융 간의 정보문제를 해결하기 때문에 보다 장기적인 관계를 유지한다. 경제적 발전 모델이란 바로 이러한 상호보완적 제도들의 앙상블(ensemble)이라고 할 수 있다.

다양한 자본주의 발전 모델들은 분류방식에 따라 다르게 인식된다. 무한한 종류의 자본주의로 끝없는 회귀를 막고 다양성의 존재 가능성을 시사하기위한 분류로 대표적인 것이 영미식 자유시장 자본주의와 유럽식 조직자본주의로 분류하는 것이다. 예를 들면 앨버트(Albert 1993)는 앵글로색슨의 미국형 자본주의와 독일로 대표되는 라인 모델을 구별하여 서로 차이가 남을 보여주었다. 앵글로색슨형 모델은 개인성취중심, 단기 금융이익을 중시하는 체제, 자유방임형 국가 등을 특징으로 하고 있다. 반면, 라인 모델은 장기적 협력, 집단적 성취와 합의를 강조하는 특징을 가진다고 분석하고 있다. 앨버트의 분석은 현상적인 특징의 구분으로서 자본주의 국가들의 완전한 분류라고는 할 수 없다.

보다 체계적인 비교분석은 공동의 이론적 틀이나 기준 하에서 모델들을 분류하는 것이다. 이의 대표적인 것이 홀과 소스키스(Hall and Soskice 2001)의 분류이다. 홀과 소스키스는 조정(coordination)이라는 측면에서 두 종류의 자본주의 형태를 분류한다. "자유시장 경제(LMEs) 와 "조정적 시장 경제(CMEs)"가 그것이다. 이들에 따르면, 자본주의에서 회사들은 다섯 개의 중요한 영역에서 조정의 문제에 봉착하는데, 그것은 노사관계(industrial relations), 직업훈련과 교육, 기업지배구조, 회사간 관계(inter-firm relations), 그리고 회사내 임노동관계가 그것이다. 자유시장경제(LMEs)에서는 조정이 시장메커니즘에 의존하는 반면, 조정적 시장경제(CMEs)에서는 비시장적 제도들에 의해 경제적 상호작용을 조정한다. 자유시장경제(LMEs)는 단기 이익을 중심으로 하는 금융체계, 탈규제의 자유로운 노동시장, 일반적 지식을 위한 교육, 상품시장의 높은 경쟁성을 특징으로 한다. 반면, 조정적 시장경제(CMEs)는 장기적 금융관계, 협력적 노사관계, 높은 직업훈련, 약한 상품시장 경쟁성 등을 특징으로 한다. 이러한 제도의 차이는 혁신과 기술 변화 그리고 산업의 전문성의 패턴에도 영향을 미친다. 자유시장경제(LMEs)는 급격한 혁신(radical innovation)과 시장의 조건에 빠른 적응에서 오는 이점을 살리는 전략을 취하는 반면, 조정적 시장경제(CMEs)에서는 지식의 축적과 회사특수 기술의 축적에 기반한 지속적이고 점진적 혁신(incremental innovation)의 장점을 살리려고 한다는 것이다. 그러나 이러한 이분법적 접근은 자본주의 모델의 다양성을 보여주는 이론적 기반을 명확히 보여주는 장점이 있지만 프랑스 같이 어디에도 명확하게 속하지 않는 국가의 그룹을 낳을 수 있다는 문제점이 있다.

크라우치(Crouch 1993)는 이익매개의 형태에 따라 크게 3가지 형태로 자본주의를 구분하고 있다. 갈등적 산업관계(contestation model), 다원주의 모델(pluralist model), 신코프라티즘(neocorporatism)이 그것이다. 갈등적 산업관계는 이탈리아가 대표적인 예로서 자본과 노동간의 적대적 이해 대립으로 특징 지워진다. 사회세력간의 협력이 부재함으로 인해 이들간의 협상은 주로 제로섬 게임이 된다. 갈등이 증폭될 경우 국가가 개입하는 경향이 있다. 다원적 모델은 미국식 자유주의 국가에서 볼 수 있는데 여기에서는 중립적 법의 집행에 의해 상호 손해을 입히는 갈등을 피할 수 있다. 그러나 이 모델은 단기적 관계(short-termism)로 인해 사회적으로 손해를 보는 경향이 있다. 여기서 국가는 중립적 게임규칙의 강화 이외 실질적인 의미에서의 개입은 거의 하지 않는다. 네오코프라티즘은 조직된 자본과 노동간의 협력을 통한 장기적인 포지티브섬 게임(positive sum game)을 추구한다. 이는 국가로부터의 제도화된 지지와 포괄적 이익 대표 조직을 요구한다. 이러한 네오코프라티즘은 다시 세분하여 오스트리아와 스칸디나비아 국가들을 지칭하여 “포괄적 코프라티즘”이라 하는 반면, 독일의 경우는 네오코프라티즘의 단순 모델로 분류한다.

슈미트(Schmidt 2002)도 또한 자본주의 발전 모델을 3가지로 분류한다. 영국과 미국으로 대변되는 자유시장 자본주의, 독일과 스웨덴으로 대표되는 조절 자본주의(managed capitalism) 그리고 프랑스로 대표되는 국가주도 자본주의(state-enhanced capitalism)가 그것이다. 이 분류에서는 국가가 분류의 주요 측면으로 고려되었다 그래서 이전의 홀과 소스키스의 "자유시장경제(LMEs)"와 "조정적 시장경제(CMEs)"에 덧붙여 제3의 모델이 분류되었던 것이다. 자유시장 자본주의에서 국가는 경제 행위자들에게 아주 높은 자율성을 부여한다. 조절 자본주의에서 국가는 사적 행위자들 간의 거버넌스와 협상을 촉진하는 촉매자(facilitator)로서의 역할을 하는 조장적 국가(enabling state)이다. 국가주도 자본주의(state-enhanced capitalism)에서는 국가가 지도자(leader)로서 직접 사적 영역에 개입한다. 이러한 특징으로 인해 비즈니스 관계도 자유시장 자본주의에서는 시장에 의해 비즈니스 관계가 결정되는 반면, 조절 자본주의(managed capitalism)에서는 시장 외부의 조직들이 비즈니스관계를 조정하고 국가 주도 자본주의에서는 국가가 비즈니스 관계를 조직화한다.

에빙하우스(Ebbinghaus 1999)는 복지국가를 고려하여 유럽내 자본주의를 4가지 유형으로 분류하고 있다. 노르딕(Nordic), 중앙유럽(Central European), 남유럽(Southern European) 그리고 앵글로색슨(Anglo-Saxon) 모델이 그것이다. 보이어(Boyer 1997)도 노동시장과 산업관계(industrial relations)의 차별에 초점을 맞추어 크게 4가지의 자본주의로 분류하고 있다. 미국, 영국, 캐나다로 대표되는 시장중심의 자본주의(Market-oriented capitalism)는 임금협상의 탈집중화와 노동시장의 외적유연성을 보여준다. 여기서 노동조합은 별로 큰 역할을 하지 못한다. 독일과 일본으로 대변되는 조합주의 모델(corporatist model)은 엄격히 분화된 직능별 노동시장(occupational labor market)과 노동조합의 중요한 역할로 특징지어진다. 스웨덴과 오스트리아로 대표되는 사회민주모델(social-democratic model)은 노조, 경영자, 정부의 삼자 합의에 기초해 있다. 노조는 강하고 임금 결정뿐 아니라 기술과 훈련을 결정하는데 있어서도 주요한 역할을 한다. 프랑스와 이탈리아로 대표되는 국가주의 모델(the Statist model)에서는 정부가 경제활동, 특히 노동시장에 영향을 미치는 규칙을 정하는데 중심적 역할을 한다.

가장 광범위고 구체적인 분류는 애머블(Amable 2003)의 자본주의 모델 분류라고 할 수 있다. 애머블은 자본주의 발전 모델을 5분야 제도들의 차이에 기반하여 크게 다섯 종류의 모델로 자본주의 국가들을 분류하고 있다. 분류를 위한 제도의 다섯 분야는 상품시장 경쟁, 임금-노동, 노동시장 제도, 금융과 기업지배구조, 사회보장과 복지국가, 그리고 교육분야이다. 이 다섯 분야에서의 제도적 차이에 기반하여 분류하고 있는 다섯 종류의 자본주의 모델은 시장 모델(market-based model), 사회민주 모델(social democratic model), 유럽대륙형 모델(Continental European model), 지중해 모델(Mediterranean model), 그리고 아시아 모델(Asian model) 등이다. 애머블의 분류는 다양한 분류와 겹치면서 보다 상세히 자본주의의 다양한 모델들을 보여준다. 따라서 아래에서는 자본주의의 다양한 실제 모델들을 보여주기 위해 애머블의 5종류 분류에 기반하여 여타 자본주의 다양성 이론들이 공유하는 자본주의 국가들의 특징들을 살펴보고자 한다.

1. 앵글로색슨의 자유시장모델

미국, 영국, 캐나다, 오스트레일리아가 주요 국가들이다. 앵글로색슨 국가들은 노동시장과 상품시장에서 낮은 규제로 대륙형이나 여타 국가들과 차이를 보여준다. 상품시장의 높은 경쟁성은 노동시장의 높은 유연성과 연결된다. 높은 상품시장의 경쟁 압력은 변화하는 시장 조건에 빠르게 적응하고 사업전략을 신속히 변형시킬 것을 요구한다. 이것은 또한 빠른 구조 조정을 가능하게 하는 빠른 적응능력의 자본시장제도와도 결합되어있다. 미국과 영국을 위시한 앵글로색슨 국가들은 주식시장을 중심으로 금융시장이 잘 발달되어 있다. 특히 기관투자자에 의한 기업의 조정으로 주주(shareholder)중심의 기업지배구조를 보여준다. 이러한 조건에서는 노동자들은 회사특수기술(firm-specific)로의 투자에 높은 위험을 내포하기 때문에 보다 일반적인 기술 습득을 지향하는 경향이 있다. 다시 말해, 회사나 특정 직종 특수적 기술 축적을 꺼리는 이유는 유럽에서 처럼 복지체제나 혹은 고용안정법에 의해 직업이 보호되지 않고, 빠른 적응과 구조조정 하에서 그 가치가 급격히 떨어지기 때문이다. 이러한 경쟁구조는 교육체계에서도 드러난다. 조정되지 않는 이차 교육체계로 인해 대학들은 우수학생들을 유치하기 위해 심각한 경쟁에 돌입하고 학생들은 좋은 학교 입학을 위해 치열하게 경쟁한다.

2. 사회민주 모델(social-democratic model)

스웨덴, 덴마크, 핀란드 등 북구 국가들이 이에 해당한다. 노동시장은 대단히 유연한 편이다. 국제적으로 개방된 사회민주국가들은 외적 경쟁의 압력에 적응하기 위한 노동시장에서의 유연성을 필요로 한다. 그러나 사회민주 국가들에서 노동시장 유연성은 자유시장 모델에서의 유연성에서처럼 단순히 고용과 해고의 용이성만으로 이루어지는 것은 아니다. 노동시장의 유연성은 높은 사회보장 그리고 재취업을 위한 재훈련 등 적극적 노동시장 정책으로 보완되고 있다. 이로써 자유시장 모델과 달리 사회민주 모델에서는 노동자들의 특수기술로의 투자가 보호된다. 중앙집중화된 임금 협상은 임금의 불균등을 낮추고 단결된 임금책정 하에서 이윤을 높이기 위해 생산성 향상과 노동자들의 기술 축적에 초점을 두는 경향이 있다. 사회민주 국가들은 높은 사회보장체제뿐 아니라, 복지의 혜택이 보편적 시민권에 해당하는 것으로 사회적 평등이 높다. 또한 육아나 노인 보호 같은 가족 서비스가 사회화되어 있어 여성의 노동시장참여율이 높다.

3. 유럽대륙형(Continental European model)

독일과 네덜란드 프랑스 등이 여기에 속한다. 사회민주국가들보다는 높은 임노동 보호규제를 갖지만 사회복지에서는 사회민주국가들 보다 다소 낮다. 중앙집중화된 금융체제(financial system)는 기업의 장기 전략을 유리하게 한다. 임금 협상은 조정되어 단결적 임금체제가 발달되었지만 사회민주 국가보다는 덜한 편이다. 실업보험과 같이 임금노동자의 수입 안정성에 초점을 맞춘 복지 체제로 인해 적극적 노동시장 전략인 노동자의 재훈련은 사회민주국가들에 비해 덜 발전된 형태를 띠고 있다. 중복된 노동력에 대한 처리는 주로 사회보장과 연계된 조기퇴직 같은 노동력 삭감을 통해 노동생산성을 유지하는 경향이 있다. 복지 국가의 형태는 보수적인 성격에 해당하는 것으로 임노동에 기반하여 그 지위를 보호하는 측면의 성격이 강하다. 즉 실업수당과 연금이 주요 정책이다. 또한 사회민주 국가와 달리 육아나 노인 보호 서비스가 주로 가족에 의해 이루어지기 때문에 여성 노동시장 참여율이 상대적으로 낮은 편이다. 대륙형 국가들은 엄격한 노동시장 규제로 인해 빠른 구조적 변화나 노동력의 적응에서 느린 약점을 지니고 있다. 또한 은행 중심의 금융체제로 인해 신기술의 급격한 혁신에 기반한 회사들의 성장에 다소 불리한 측면이 있다.

4. 지중해 국가 모델(The Mediterranean model)

이탈리아, 스페인, 포르투갈, 그리스 등이 주요 국가이다. 노동시장과 상품시장에서 탈규제 자유경쟁을 특징으로 하는 앵글로색슨의 자유시장 모델과 대별되는 극단이 바로 지중해 모델 국가들이다. 지중해 모델 국가들은 경직된 노동시장, 상품시장의 높은 규제, 저발전된 금융시장, 그리고 비효율적인 기업지배구조로 특징 지워진다. 대륙형 국가들보다 엄격한 임노동 보호규제가 존재하지만 사회보장은 낮은 편이다. 노동시장의 유연성이 낮은 것은 상품시장의 경쟁성이 낮은 것과 중앙집중화된 금융체제와 결부되어 있다. 고용보호가 높지만 대륙형처럼 그것이 노동자의 기술향상으로 이어지지는 않고 있다. 노동자의 기술수준과 교육수준은 낮은 편이다. 그래서 대륙에서 처럼 높은 임금과 높은 기술에 기반한 산업 전략(high road)을 구사하지 못하는 편이다. 지중해 국가들은 주로 경공업과 낮은 기술을 위주로 하는 산업에 전문화 되는 경향이 있다.

5. 아시아 모델(Asian model)

한국과 일본이 주요 국가들이다. 아시아 모델은 복지국가 측면에서 사회민주국가와 가장 극명히 대별된다. 특히 한국은 사회민주국가 중에서도 핀란드와 가장 대척점이라고 할 수 있다. 아시아 자본주의 국가들은 국가와 결부된 대기업 중심의 경제체제이다. 중앙집중화된 금융체제는 기업들이 장기 전략을 추구할 수 있도록 한다. 법적이기 보다 실질적인 고용 보호에 의해 노동자들은 회사내 재훈련과 커리어를 통해 회사 고유의 기술획득에 투자한다. 사회보장은 매우 낮고 금융시장은 발달이 되어 있지 않다. 이로 인해 위험분산이 어렵다. 일본의 경우는 다른 자본주의와 구별되는 특수성을 가지고 있지만 때에 따라서는 독일과 함께 조정적 시장모델로 분류된다. 그러나 독일과는 많은 부분에서 다르다. 예를 들면 기술 교육에서 독일은 직능별로 노조와 고용주들이 협력하는 형태를 취하는 반면, 일본은 회사내 기술 습득에 초점이 두어진다. 회사간 협력적 조정의 측면에서도 독일은 지역별 혹은 직능별로 사회적 조정을 주로 하지만 일본은 계열사를 중심으로 이루어진다.

그런데 아시아 모델에서 주목할 사실은 아시아 국가들을 하나의 아시아 모델로 통칭할 경우 그 내부의 차이를 무시할 수 있다는 것이다. 예를 들면, 거대 재벌(large conglomerates)이 중심이 되는 한국은 세습주의(partrimonialism)나 가족네트워크(familial networks)가 중요한 대만과 구별된다(Orru, Biggart and Hamilton 1997). 아시아에서도 크게 3가지 유형의 자본주의가 분류될 수 있다. 일본의 경우는 유럽의 독일과 유사하게 연합 자본주의(alliance capitalism)로, 한국의 경우는 유럽의 프랑스와 같이 경제에서 국가가 중요한 역할을 하는 국가지도형 자본주의(dirigiste capitalism)로, 대만은 유럽의 이탈리아와 같이 중소기업과 가족의 네트워크를 중심으로 하는 가족적 자본주의(familial capitalism)로 분류될 수 있다.

Ⅳ. 자본주의 다양성의 원인에 대한 설명

자본주의 다양성을 설명하는 제도주의자들의 대다수는 "경로의존성"에 기반하여 신자유주의의 "수렴론"에 반대한다. 즉, 자본주의 국가들은 자체의 제도적 조건으로 인하여 고유의 발전 경로를 가지고 있다고 한다. 이러한 경로의존적 발전으로 세계화 같은 새로운 도전에 직면하여서도 각국의 자본주의는 자체의 발전 경로를 따라 적응하기 때문에 자본주의 발전 모델의 다양성을 유지한다는 것이다. 이 장에서는 우선 경로의존성의 의미와 그것을 설명하는 주요 이론들을 살펴볼 것이다. 그리고 끝으로 경로의존성의 문제점, 즉 최근 자본주의 국가들의 변화와 재편을 설명하기 어려운 약점이 있음을 지적하고 이에 제도의 변화를 설명하는 새로운 이론적 모색들을 소개할 것이다.

1. 경로의존성(path-dependence) : 모델 변화의 어려움

경로의존성을 정의하는 데는 크게 두 가지 상이한 입장이 있다. 우선 보다 광범위한 정의(definition)에 의해 역사적 유산을 강조하지만 결정론적 약점을 벗어나는 입장과 경로의존성을 보다 엄밀하게 규정하고자 함으로써 재편을 보다 결정론적으로 보는 시각이 있다. 우선 전자의 광의의 정의에 기초한 것으로는 윌리엄 수월(William Sewell 1996)의 경로의존성이 있다. 수월(Sewell)의 경로의존성은 역사적 유산이 새로운 혁신을 위해 활동하는 행위자들의 선택의 자유를 제한한다는 것이다. 이는 "역사가 중요하다(history matters)"는 입장이지만 특정 경로의 결정론적 입장은 아니다.

그러나 대부분의 제도주의자들은 수월의 정의가 엄밀성을 결여하고 있다고 비판하고 보다 정확한 정의를 추구한다. 마가레트 레비(Margaret Levi)는 보다 엄밀한 정의로 경로의존성을 다음과 같이 정의한다.

"경로의존성이 뭔가를 의미한다면, 그것은 일단 한 나라나 지역이 어떤 특정한 트랙(track)을 시작했다면, 그것의 역전 비용은 대단히 높다는 것을 의미한다. 다른 선택의 포인트들이 있을 것이다. 그러나 어떤 제도의 구조가 처음의 선택을 손쉽게 역전하는 것을 방해한다. 아마 보다 나은 은유는 경로라기보다 나뭇가지이다. 동일한 밑둥에서 시작하여 많은 상이한 가지들과 보다 작은 가지들이 존재한다…. 일단 오르기 시작한 가지는 그 오르는 사람이 계속 따라야 하는 가지이다" (Levi 1997:28).

폴 피어슨(Paul Pierson 2000)도 경로의존성을 레비(Levi)와 같이 엄밀하게 규정하고 이것이 지속되는 메커니즘으로 제도가 행위자들에게 주는 "증가하는 이득(increasing returns)"으로 파악하고 있다. 이러한 증가하는 이득과 긍정적인 피드백(positive feedback)은 "자본주의 다양성"의 대표적 학자인 홀과 소스키스(Hall and Soskice)에 의해 받아들여진 것이다.

이들은 제도의 장기간에 걸친 안정적 재생산 기간과 짧은 변화의 국면을 강조하는 단절적 균형이론(a punctuated equilibrium model)에 가깝다. 예를 들면, 마호니(Mahoney 2000)는 경로의존성에 대한 느슨한 정의를 비판하고, 경로의존성이란 우연적 사건들(contingent events)과 그 사건이후에는 결정론적 속성을 가지는 제도적 패턴의 안정성으로 역사를 묘사하고 있다. 즉, 경로의존성은 역사적 선택의 순간에는 상대적인 우연성(contingency)을 강조하지만 일단 선택된 경로(trajectories)는 상대적으로 결정론적 안정성을 가진다.

한편 장기간의 제도적 안정성과 단기간의 우연적 변화를 강조하는 단절적 균형 모델은 역사적 제도주의나 합리적 선택이론에서도 널리 받아들여지고 있는 실정이다. 예를 들면, 역사적 제도주의자인 이라 카츠넬슨(Ira Katznelson 2003)은 행위자들은 변화의 국면(unsettled times)에 우위를 점하는 반면, 구조는 정상적 국면(settled times)을 지배한다고 주장한다(Katznelson 2003 :277, 283). 합리적 선택이론도 제도적 변화의 단절성을 강조한다. 합리적 선택이론은 제도를 자기강화의 균형으로 파악하고, 변화를 외부의 충격에서 나온 다이나믹으로 봄으로써 내부적으로 일어난 제도의 변화를 무시하는 경향이 있다.

그 외에도 경로의존성의 원인으로는 비공식적 문화의 변화에 대한 지둔성(institutional resilience)이나 행위자들의 인식론적 세계관이 너무나 당연시(take for granted) 되기 때문에 행위자들은 새로운 패턴으로 재편을 잘하지 않는다는 문화론적 혹은 사회학적 제도주의가 있다. 로널드 도어(Ronald Dore 1997; 2000), 찰스 힐(Charles Hill 1995), 필리프 디리바른(Philippe D'Iribarne 1997) 등은 역사적으로 물려받은 문화에 기반한 인식의 틀(cognitive framework)로 인해서 미국식 자본주의로 수렴되지 않고 자체의 독특성을 유지할 것이라고 주장한다. 예를 들면, 도어(Dore 1997)는 교육과 사회관계에서 키워진 행위의 경향(behavioral dispositions)은 인식과 실천에서 불협화음(dissonance)을 피하려는 경향이 있기 때문에 일본은 여전히 장기적 협력관계를 유지한다는 것이다.

그러나 이러한 엄격한 의미의 경로의존성에 기반하여 자본주의 다양성을 설명하는 이론들은 최근의 선진자본주의 국가들의 다양한 재적응과 변화를 설명하는데 많은 어려움이 있다. 기존에 자신들도 이러한 경로의존성에 기반한 변화의 어려움을 강조하던 볼프강 슈트레이크와 케써린 씰린(Wolfgang Streeck and Kathleen Thelen 2005)은 기존의 "자본주의 다양성" 문헌들이나 복지국가 문헌들이 가지는 제도주의적 문제점을 다음과 같이 지적하고 있다.

> "상이한 이유이긴 하지만, '자본주의의 다양성'과 복지국가에 대한 오늘날의 학자들(scholarship)은 현재 변화의 크기와 중요성을 과소평가하는 분석들을 생산하는 것 같다. 홀과 소스키스(Hall and Soskice)의 자본주의 다양성에 대한 매우 영향력 있는 저작이 그 한 예이다. … 거의 모든 자본주의 시스템들이 앵글로 색슨 모델로 수렴할 것으로 예상하는 지배적인 수렴 이론들에 대항하여 홀과 소스키스는 지속적인 국가간 다양성을 예견하고 있다. …[그러나] 한편으론 제도의 저항성(institutional resiliency)에 대한 강력한 설명을 제공하지만, 다른 한편 그 이론은 현재의 변화를 이해하는 데는 결코 적당하지 않다. 기존의 제도적 구성에 뿌리를 둔 고용주들의 다양한 선호를 강조하면서, 그 이론은 사실 한 시스템내의 거의 모든 피드백을 전통적인 구조들을 유지하는데 긍정적으로 작동한다고 간주하고 있는 것 같다. 복지국가 문헌들에서도 마찬가지로, 가장 강력하게 영향력이 있는 이론적 틀들은 변화보다 지속성을 강조한다. 피어슨(Pierson)의 복

지국가 후퇴에 대한 문제제기적인 저작은 변화의 장애와 정치적 위험을 강조하는 그림을 그리고 있다. …그 [복지국가가가 쇠퇴하지 않는] 이유는 복지국가의 유지에 기득의 이해를 가지고 있는 새로운 유권자와 수혜자들이 창출되어서 거대 공공복지 프로그램은 이들의 피드백 효과에 종속되기 때문이라고 피어슨은 주장한다. 피어슨의 주장을 따라, 복지국가 문헌에서 널리 받아들여지는 통념(conventional wisdom)은 대부분 복지 축소의 어려움에 초점을 두고 있다"(Streeck and Thelen 2005: 5-6).

즉, 기존의 제도주의적 문헌들은 제도에 의한 모델의 지속성(continuity)를 강조하여 그것의 변화를 설명하는데 많은 어려움이 있다. 다시 말하면 기존의 제도주의적 문헌들은 자본주의 다양성을 설명하기 위해 제도의 행위자에 대한 규정성을 지나치게 강조하고 있다. 특히 경로의존성에 대한 최근의 저작들은 시간의 흐름에 따라 기존의 제도를 유지 강화하는 것만을 보여주는 "증가하는 이득(increasing returns)"과 "긍정적 피드백(positive feedbacks)" 만을 강조하고 있다. 이러한 경로의존적 설명에서는 어떤 모델의 변화를 외적 쇼크에 의한다는 점, 그래서 변화의 내적 메커니즘(endogenous mechanism)을 설명하기 어렵다는 것이 약점이다. 또한 경로의존적 이론들은 변화의 기간과 제도적 안정성의 기간을 지나치게 단절적으로 파악하고 있다는 약점이 있다. 즉 짧은 변화의 기간에는 많은 우연성(contingency)과 행위자들의 제도에 대한 우위성을 인정하지만 일단 이 짧은 국면을 벗어나면 새로운 제도들의 우위성에 의해 행위자들이 결박(lock-in)되어 그 발전 경로(path)를 가지 않을 수 없다는 것이다.

그러나 1980년대 이래 선진자본주의 국가들은 2차대전 이후 수

립된 정치적으로 조정된 사회시장경제(social market economy)를 재조직하고 있다. 이러한 재조직화는 기존의 공적 정치적 조정에서 보다 시장-적응적으로 변형되고 있다. 물론 나라마다 상이한 재편의 모습을 보여주고 있지만 그것은 기존 모델의 지속으로 파악될 수는 없다. 또 주목할 사실은 20세기 후반부터 시작된 현재의 변화들은 20세기 초에 특징적이던 전쟁과 혁명 같은 급격한 파열이나 변화라기보다 대부분 점진적이면서도 질적인 변화(gradual but transformative change)를 보여주고 있다. 따라서 짧은 기간의 특수 국면과 명확히 구별되는 장기간의 제도적 안정기를 상정하는 제도주의적 이론으로는 이러한 점진적 변화를 설명하기 어렵다는 약점이 있다.

2. 제도의 변화에 대한 설명 모색

최근 자본주의 국가들의 재편은 비록 앵글로색슨 모델로 수렴은 아니지만 그것이 기존 발전 경로를 고수하는 것도 또한 아니다. 최근의 재편은 점진적인 변화 속에서 새로운 다양성이 창출됨을 보여주고 있다. 이러한 변화를 설명하기 위해서 최근에는 몇몇 학자들을 중심으로 제도의 변화를 새로이 조명하는 이론들이 시도되고 있다. 이들 이론들은 현재 등장하는 초기 국면이기 때문에 간략히만 소개하기로 하겠다.

신제도주의자들의 경로의존적 설명에 대한 비판으로 등장하는 이론적 틀로는 싸프(Scharpf 1997)와 비써와 헤머릭(Visser and Hemerijck 1997)의 "행위자 중심의 제도주의(actor-centered institutionalism)," 페드슨(Pedersen 2006)의 "담론적 제도주의(discursive institutionalism)," 블리드(Blyth 2002)의 아이디어 중심(idea matters) 이론 등이 있다. 싸

프(Scharpf)의 합리적 선택이론을 제외하고는 대부분의 이론들은 행위자의 해석적 능력과 그들간의 담론적 정치를 강조하는 경향이 있다. 예를 들면, 슈트레이크와 씰린(Streeck and Thelen 2005)은 제도변화의 원인으로는 "사회 규칙의 제정은 결코 완전하지 않다는 사실, 그리고 규칙의 이상적 패턴과 규칙아래 실재 삶의 패턴사이에는 항상 차이(gap)가 존재한다는 사실과 관련이 있다"(14)고 주장한다. 즉, 행위자들의 권리와 의무를 규정하는 제도들과 행위자들의 실행에서 존재하는 갭(gap) 그리고 제도에 대한 경쟁하는 해석들(competing interpretations)이 변화의 근원이라고 평가한다(Streeck and Thelen 2005: 11). 보다 구체적으로 분석하면, 우선 규칙의 의미(the meaning of a rule)는 결코 명확하지 않고 항상 행위자들의 해석에 의존 한다는 것이다. 이러한 점은 1930년대와 1970년대 기존 자본주의의 위기에 봉착하여 근본적으로 다른 재편을 이룬 것을 분석하는 블리드(Blyth 2002)의 주장과 맥을 같이 한다. 블리드(Blyth)는 재편의 방향을 이해하기 위해서는 위기의 크기나 성격이 중요한 것이 아니라 위기를 해석하고 이해하는 행위자들의 아이디어가 결정적으로 중요하다는 것이다.

V. 결 론

자유로운 자본과 노동의 이동으로 인해 국경의 의미가 약화되고 전지구적 경쟁과 이의 조절이 강조되는 지금 신자유주의적 수렴론이 강세를 보이고 있다. 특히 기존의 조직자본주의 국가라고 할 수 있는 유럽국가들과 일본이 1990년대 많은 어려움을 겪었던 데 비해 영국과 미국은 상대적으로 높은 성장과 낮은 실업으로 성과를 거두었다. 이를 배경으로 신자유주의의 수렴론이 더욱 힘을 얻고 있는 실정이다.

그러나 21세기 초엽의 현실은 신자유주의자들이 주장하듯이, 영미식 자본주의만이 성공을 거둔 것은 아니다. 북구의 덴마크와 노르웨이, 유럽대륙의 네덜란드 그리고 북구와 같은 사회협약을 통해 성공한 아일랜드 등은 영미식 자유시장 경제의 보편적 우월성에 기반한 신자유주의적 논리가 타당하지 않음을 보여준다. 각국의 제도적 여건에 기반하여 행위자들의 다양한 대응의 정치 속에서 다양한 성공적 모델이 존재한다. 그런데 이러한 자본주의 모델의 다양성은 기존의 제도주의처럼 반드시 경로의존적 재편이라고는 하기 어려운 측면들이 많이 존재한다. 예를 들면 더 이상 케인즈주의적 복지국가 모델 혹은 완전고용 정책이 타당하다고 받아들여지지 않고 있다. 그것은 현재 개혁의 대상이 되고 있다. 또한 아일랜드에서 보이듯이 영국적인 자본주의의 제도적 여건에도 불구하고 영국과는 전혀 상이한, 오히려 덴마크의 사회협약 모델과 유사한, 경로혁신적(path-breaking) 재편을 이루는 경우도 허다하다. 이러한 다양한 현실의 재편과 변화는 새로운 이론적 틀을 요구하고 있다.

주요문헌 소개

Peter A. Hall and David Soskice (eds.), ***Varieties of Capitalism: The Institutional Foundations of Comparative Advantage*** **(Oxford: Oxford University Press, 2001).** 이 글은 자본주의 다양성의 논리와 사례를 가장

체계적으로 분석하고 대표적인 책이다. 특히 홀과 소스키스가 쓴 긴 서문은 기존의 다양한 제도주의적 입장들의 소개뿐 아니라 자신들만의 독특한 “자본주의 다양성”에 대한 설명이 돋보인다. 그 외에도 이 책속의 여러 저자들에 의한 다양한 측면에서의 자본주의 다양성에 대한 분석은 반드시 읽어야할 필독서라 할 만하다.

Colin Crouch and Wolf Streeck (eds.), ***Political Economy of Modern Capitalism: Mapping Convergence and Diversity*** **(London: Sage Publications, 1997).** 이 책은 자본주의 다양성에 대한 다양한 이론들, 즉 수잔 스트레인지(Susan Strange)같은 신자유주의적 이론뿐 아니라 홀과 소스키스와는 다른 다양한 입장의 제도주의자들의 주장도 볼 수 있다. 또한 미국, 일본, 독일 프랑스 영국등 주요 국가들의 자본주의 특징을 장별로 나누어 그 분야의 대가라고 할 수 있는 학자들이 잘 기술하고 있다. 따라서 특정 국가의 자본주의 특징을 살펴볼 때에도 이 책은 유용하다.

Fritz W. Scharpf and Vivien Schmidt (eds.) ***Welfare and Work in the Open Economy*****, vol. 1 and 2 (Oxford: Oxford University Press, 2000).** 이 책은 세계화로 인한 복지와 노동시장의 변화를 살펴보고 있다. 첫째 권(Volume one)에서는 2차 대전이후 최근의 세계화까지 국제정치경제의 변화와 그에 따른 도전의 성격 그리고 이에 대한 각국의 다양한 대응 방식들을 개관하는 글들이다. 특히 2장의 Scharpf 글을 추천한다. 둘째 권(volume two)에서는 각국의 구체적 사례를 다루고 있다.

Kozo Yamamura and Wolfgang Streeck (eds.) ***The End of Diversity?: Prospects for German and Japanese Capitalism*** **(Ithaca: Cornell University Press, 2003).** 자본주의 다양성을 논할때 가장 대표적인 국가로 독일과 일본을 든다면, 이책은 독일과 일본이 미국 자본주의 다른 형태의 자본주의가 역사적으로 어떻게 형성되었으며 오늘날 까지 어떻게 적응하고 있는지를 잘 보여준다.

Vivien A. Schmidt, *The Futures of European Capitalism* (Oxford: Oxford University Press, 2002). 이 책은 유럽 자본주의 국가들의 크게 세 부류(영국식 자유주의, 프랑스의 국가주도형, 독일과 스웨덴의 조절자본주의)로 나누고 이들이 세계화의 도전들에 어떻게 대응하는 분석하고 있다. 특히 이 책은 기존의 경로의존적 설명과 달리 보다 역동적인 재편의 양태를 설명하고 있다.

Mark Blyth, *Great Transformations: Economic Ideas and Institutional Change in The Twentieth Century* (Cambridge: Cambridge University Press, 2002). 이 책은 1930년대와 1970년대의 두 재편의 시기에 미국과 스웨덴에서 각각의 재편을 비교 분석하는 책이다. 이 책을 권하는 이유는 기존의 제도주의적 접근이 가지는 약점을 행위자의 해석과 아이디어를 중시하는 새로운 접근을 시도하고 있기 때문이다.

참고문헌

Albert, Michel. 1993. Capitalism versus Capitalism. New York: Four Wall Eight Windows.

Amable, Bruno. 2003. *The Diversity of Modern Capitalism.* Oxford: Oxford University Press.

Beck, U. 2000. *Die Zukunft von Arbeit und Demokratie*. Frankfurt: Suhrkamp Verlag.

Berliner, J. S. 1999. *The Economics of the Good Society*. Oxford: Blackwell.

Bertola, Giuseppe, Francine D. Blau, and Lawrence M. Khan. 2001. "Comparative Analysis of Labor Market Outcomes: Lessons for the U.S. from International Long-Run Evidence," NBER *Working Paper*

Series 8526.

Blyth, Mark. 2002. *Great Transformations: Economic Ideas and Institutional Change in The Twentieth Century*. Cambridge: Cambridge University Press.

Boyer, Robert. 1997. "French Statism at the Crossroads," in C. Crouch and W. Streeck (eds.) *Political Economy of Modern Capitalism*. London: Sage.

Boyer, Robert and Daniel Drache. (eds.) 1996. *States Against Markets: The Limits of Globalization*. London: Routledge.

Calmfors, Lars and John Drifill. 1988. "Bargaining Structure, Corporatism and Macroeconomic Performance," Economic Policy 3(1): 13-47

Crouch, Colin. 1993. *Industrial Relations and European State Traditions*. Oxford: Oxford University Press.

Crouch, Colin, and Maarten Keune. 2005. "Changing Dominant Practice: Making use of Institutional Diversity in Hungary and the United Kingdom," in Wolfgang Streeck and Kathleen Thelen (eds.) *Beyond Continuity* (Oxford: Oxford University Press), 83-102

Crouch, Colin and Wolfgang Streeck. (eds.) 1997. *Political Economy of Modern Capitalism*. London: Sage.

Deeg, Richard. 2005. "Change from Within: German and Italian Finance in the 1990s," in Wolfgang Streeck and Kathleen Thelen (eds.) *Beyond Continuity*. Oxford: Oxford University Press. 169-202.

Dertouzos, M., R. Lester, and R. Solow. (eds.). 1989. *Made in America: Regaining the Productive Edge*. Cambridge, Mass.: MIT Press.

Dore, Ronald. 2000. *Stock market capitalism: Welfare capitalism-Japan and Germany versus the Anglo-Saxons*. Oxford: Oxford University Press.

Dore, Ronald. 1997. "The Distinctiveness of Japan," in Colin Crouch and Wolfgang Streek (eds.) *Political Economy of Modern Capitalism*. London: Sage Publications.

Ebbinghaus, Bernhard. 1999. "Does a European Social Model Exist and Can It Survive?" in Gerhard Huemer, Michael Mesch, and F. Traxler (eds.) *The Roel of Employer Associations and Labour Unions in the EMU: Institutional Requirements for European Economic Policies*. Aldershot: Ashgate. 1-26.

Hacker, Jacob S. 2005. "Policy Drift: The Hidden Politics of US Welfare State Retrenchment," in Wolfgang Streeck and Kathleen Thelen (eds.) *Beyond Continuity*. Oxford: Oxford University Press. 40-82.

Heckman, James, and Carmen Pages-Serra. 2000. "The Cost of Job Security Regulation: Evidence from Latin American Labor Market," *Economia* 1.

Hill, Charles. 1995. "National Institutional Structures, Transaction Cost Economizing and Competitive Advantage: The Case of Japan," *Organization Science* 6, No. 1.

Hall, Peter and David Soskice. (eds.) 2001. *Varieties of Capitalism: The institutional foundations of comparative advantage*. Oxford: Oxford University Press.

Hollingsworth, J. Rogers. 1997. "The Institutional Embeddedness of American Capitalism," in C. Crouch and W. Streek (eds.) *Political Economy of Modern Capitalism*. London: Sage.

Hollingsworth, J. Rogers and Robert Boyer, eds. 1997. *Contemporary Capitalism: The Embeddedness of Institutions*. Cambridge: Cambridge University Press.

IMF (International Monetary Fund) 2003. *World Economic Outlook. Washington*, D.C.: IMF.

Jackson, Gregory. 2005. "Contested Boundaries: Ambiguity and Creativity in the Evolution of German Codetermination," in Wolfgang Streeck and Kathleen Thelen (eds.) *Beyond Continuity*. Oxford: Oxford University Press. 229-254.

Katznelson, Ira. 2003. "Periodization and Preferences: Reflections on Purposive Action in Comparative Historical Social Science," in J. Mahoney and D. Rueschemeyer (eds.) *Comparative Historical Analysis in the Social Sciences*. New York: Cambridge University Press.

Kitschelt, Herbert, Peter Lange, Gary Mark, and John D. Stephens, (eds.) 1999. *Continuity and Change in Contemporary Capitalism*. Cambridge: Cambridge University Press.

Levi, Margaret. 1997. "A Model, a Method, and a Map: Rational Choice in Comparative and Historical Analysis," in Mark I. Lichbach and Alan S. Zuckerman. (eds.) Comparative Politics: Rationality, Culture, and Structure. Cambridge: Cambridge University Press.

Maddison, A. 1995. *Monitoring the World Economy* 1820-1992. Paris: OECD.

Mahoney, James. 2000. "Path Dependence in Historical Sociology," *Theory and Society* 29, pp. 507-48.

North, D. 1990. *Institutions, Institutional Change and Economic Performance*. Cambridge: Cambridge University Press.

OECD 1994. "Job study evidence and explanations," in The adjustment potential of the labour market. Paris: OECD. 95-109.

Ohmae, Kenichi. 1991. *The Borderless world: Power and Strategy in the Interlinked Economy*. New York: Harper Business.

Orru, M., N. W. Biggart and G. G. Hamilton. 1997. *The Economic Organization of East Asian Capitalism*. Thousand Oaks: Sage.

Pedersen, O. K. 2006. "Corporatism and Beyond: The Negotiated Economy," in J. L. Campbell, J. A. Hall, and O. K. Pedersen (eds.) *National Identity and the Varieties of Capitalism*. Montreal & Kingston: McGill-Queen's University Press. 245-270.

Philippe D'Iribarne. 1997. "A Check to Enlightened Capitalism" in C. Crouch and W. Streek (eds.) *Political Economy of Modern Capitalism*.

London: Sage.

Pieper, Ute, and Lance Taylor. 1998. "The Revival of the Liberal Creed: the IMF, the World Bank, and Inequality in a Globalized Economy," in Dean Baker, Gerald Epstein and Robert Pollin (eds.) *Globalization and Progressive Economic Policy*. Cambridge: Cambridge University Press, 1998.

Piore, Michael J. and Charles F. Sabel. 1984. *The Second Industrial Divide*. New York: Basic Books.

Pierson, Paul. 2000. "Increasing Returns, Path Dependence, and the Study of Politics," American Political Science Review 94(2).

Pissarides, C. A. 2001. "Employment Protection," in *Labour Economics*, 8(2).

Rifkin, J. and R. L. Heilbroner. 1995. *The end of work: The decline of the global labor force and the dawn of the post-market era*. New York: G.P. Putnam's Sons.

Rothstein, Bo. 1998. Just Institutions Matter: *The Moral and Political Logic of the Universal Welfare State*. New York: Cambridge University Press.

Scharpf, F. W. 1997. *Games real actors play: Actor centered institutionalism in policy research*. Oxford: Westview Press.

Schmidt, Vivien. 2002. *The Futures of European Capitalism*. Oxford: Oxford University Press.

Sewell, William H. 1996. "Three Temporalities: Toward an Eventful Sociology," in T. J. McDonald (ed.) *The Historic Turn in the Human Sciences*. Ann Arbor, MI: University of Michigan Press.

Shonfield, Andrew. 1965. *Modern Capitalism*. New York: Oxford University Press.

Siebert, H. 1997. "Labor market rigidities: At the root of unemployment in Europe," *Journal of Economic Perspectives*. 11(3): 37-54.

Soskice, David. 1999. "Divergent Production Regimes: Coordinated and Uncoordinated Market Economies in the 1980s and 1990s," in H. Kitschelt, P. Lange, G. Marks, and J. D. Stephens (eds.) *Continuity and Change in Contemporary Capitalism*. Cambridge: Cambridge University Press. 101-134.

Soskice, David. 1991. "The Institutional Infrastructure for International Competitiveness: A Comparative Analysis of the UK and Germany" in Anthony B. Atkinson and Renato Brunetta (eds.) *Economics for New Europe*. New York: New York University Press.

Soskice, David. 1990. "Reinterpreting corporatism and explaining unemployment: Coordinated and non-coordinated market economies," in R. Bruneta and C. D. Aringa (eds.) *Labour relations and economic performance*. New York: New York University Press. 170-211.

Strange, Susan. 1997. "The Future of Global Capitalism: Or, Will Divergence Persist Forever?" in Colin Crouch and Wolfgang Streek (eds.) *Political Economy of Modern Capitalism*. Thousand Oaks, Calf.: Sage Publications. 182-191.

Streeck, Wolfgang. 1992. *Social Institutions and Economic Performance*. London: Sage Publishers.

Streeck, Wolfgang, and Kethleen Thelen (2005) "Introduction: Institutional Change in Advanced Political Economies," in Wolfgang Streeck and Kathleen Thelen (eds.) *Beyond Continuity: Institutional Change in Advanced Political Economies*. Oxford: Oxford University Press. 1-39.

Visser, J. and Anton Hemerijck. 1997. *A Dutch Miracle: Job Growth, Welfare Reform, and Corporatism in the Netherlands*. Amsterdam: Amsterdam University Press.

Williamson, O. (1985) The Economic Institutions of Capitalism: Firms, Markets, Relational Contracting. New York: Free Press.

[집필자 약력]

어수영(魚秀永)
이화여자대학교 정치외교학과
미국 University of Michigan 정치학 박사

임석준(林錫俊)
동아대학교 정치외교학과
미국 University of Chicago
정치학 박사

류석진(柳錫津)
서강대학교 정치외교학과
미국 Yale University 정치학 박사

한영빈(韓永彬)
서강대학교 사회과학연구소
독일 Freie Univ. Berlin 정치학 박사

주성수(朱聖秀)
한양대학교 행정대학원
미국 Northern Illinois University
정치행정학 박사

임경훈(林炅勳)
서울대학교 정치학과
미국 University of Chicago
정치학 박사

고상두(高相斗)
연세대학교 지역학협동과정
독일 Freie Univ. Berlin 정치학 박사

정병기(鄭柄基)
서울대학교 교수학습개발센터
독일 Freie Univ. Berlin 정치학 박사

구춘권(具春權)
영남대학교 정치외교학과
독일 Marburg 대학교 정치학 박사

임혜란(林惠蘭)
서울대학교 정치학과
미국 University of California at Davis
정치학 박사

권형기(權熒基)
서울대학교 정치학과
미국 University of Chicago
정치학 박사

정치경제

2008년 3월 10일 초판인쇄
2008년 3월 15일 초판 1쇄발행

편저자 한 국 정 치 학 회
발행인 배 효 선
도서출판 法 文 社

413-756 경기도 파주시 교하읍 문발리 526-3
등 록 1957년 12월 12일 / 제2-76호(윤)
전 화 (031)955-6500~6 FAX (031)955-6525
E-mail (영업) bms@bobmunsa.co.kr
(편집) edit66@bobmunsa.co.kr
홈페이지 http://www.bobmunsa.co.kr

조 판 한 미 문 화 사

정가 20,000원 ISBN 978-89-18-03157-6